胶东抗日根据地合作运动研究

CO-OPERATIVE MOVEMENT IN THE ANTI-JAPANESE BASE OF JIAODONG AREA

房桂芝◎著

中国社会科学出版社

图书在版编目(CIP)数据

胶东抗日根据地合作运动研究/房桂芝著. —北京：中国社会科学出版社，2019. 6

ISBN 978 - 7 - 5203 - 4372 - 5

Ⅰ. ①胶… Ⅱ. ①房… Ⅲ. ①山东抗日根据地—农业生产互助组—研究 Ⅳ. ①F321. 2

中国版本图书馆 CIP 数据核字(2019)第 079985 号

出 版 人　赵剑英
责任编辑　张　湉
责任校对　姜志菊
责任印制　李寡寡

出　　版　中国社会科学出版社
社　　址　北京鼓楼西大街甲 158 号
邮　　编　100720
网　　址　http://www. csspw. cn
发 行 部　010 - 84083685
门 市 部　010 - 84029450
经　　销　新华书店及其他书店

印　　刷　北京明恒达印务有限公司
装　　订　廊坊市广阳区广增装订厂
版　　次　2019 年 6 月第 1 版
印　　次　2019 年 6 月第 1 次印刷

开　　本　710 × 1000　1/16
印　　张　18. 5
插　　页　2
字　　数　265 千字
定　　价　78. 00 元

凡购买中国社会科学出版社图书，如有质量问题请与本社营销中心联系调换
电话：010 - 84083683

目录

前　言

本书受青岛农业大学人文社会科学研究基金资助。

笔者的学术研究长期以来一直聚焦于近现代“三农”问题，2008 年青岛农业大学率先成立我国第一个合作社学院以来，研究近代中国的合作运动更成为笔者教学科研的职业使命。2014 年本人因工作需要，开始搜集山东抗日根据地合作社相关资料，在查阅历史档案的过程中，惊叹于历史资料的丰富性和鲜活性，更憾于曾经的波澜壮阔被尘封在历史的档案中。作为史学工作者，拂去历史的尘埃，重现当年的历史画卷，让今天的人们认识、记住曾经为中国合作事业而努力过、奋斗过的先驱，是我们义不容辞的责任；同时，在研究这段历史的过程中，深深地感受到成长于战争时期所形成的执政方式和工作路径，依然深刻地影响着我国今天的合作事业。通过研究历史，总结当年的经验教训，为今天的合作事业提供些许镜鉴，由此萌生了写书的念头。同时，也以此书向曾经为我国合作事业做出贡献的先驱们致敬！

胶东是历史悠久而富饶美丽的文化热土，也是为近代中国革命做出重要贡献的革命老区，但是对胶东抗日根据地的研究却一直是学术界的薄弱环节，在目前鲜有的对胶东根据地的研究中，学者们更注重对胶东根据地的军事和政治研究，而对胶东根据地合作社的研究则是付之阙如，只散见于对山东根据地研究的著作和文献中，系统研究的并不多见，至今未有一部系统完整研究胶东抗日根据地合作运动的学术成果。胶东抗日根据地的合作事业是胶东各项事业浓墨重彩的篇章，更是山东根据地合作事业的一枝“独秀”，到1945年，胶东合作社发展到2416个，社员96万人，股金4400万元，分别占全省的53.1%、66.7%和63.7%，由此可见，胶东根据地合作社占据整个山东根据地合作社的半壁江山。本书旨在通过对胶东抗日根据地合作运动史实的文献梳理，运用丰富的历史资料，尽可能向读者还原历史的原貌，重现胶东根据地民众轰轰烈烈开展合作运动的历史场景；从学术意义上来看，对胶东抗日根据地合作社的研究不仅可以弥补胶东抗日根据地研究的不足，而且，胶东根据地作为山东抗日根据地的重要组成部分，通过对胶东根据地合作运动的研究，可以窥见山东抗日根据地合作运动发展的整体状况，对于进一步丰富山东抗日根据地合作社的研究亦具有重要学术意义；从现实性上来看，系统梳理胶东抗日根据地合作运动的基本历程，科学评价其地位与作用，深刻总结其经验教训，提炼出具有历史借鉴意义的合理因素，对于观照当前我国合作事业的发展亦具有重要的现实意义。

本书研究思路是在描述史和社会史的视野下对胶东抗日根据地合作运动的发展概况和合作运动对乡村社会建构的影响进行研究。首先，对胶东民间传统的合作行为进行梳理。在长期的生产生活实践中，胶东民众创造了许许多多的民间互助合作形式，从生产中的劳动合作，患难时的赈济相恤，到日常生活的守望相助，公益事业的群力合办等，这种合作传统为胶东根据地合作运动产生、发展提供了文化支撑。其次，研究抗战时期中国共产党的合作思想以及山东抗日根据地合作运动的发展历程。胶东抗日根据地的合作运动是中国共产党合作运动的重要组成部分，中国共产党的合作政策以及思想直接影响着胶东根据地合作运动的发展趋向。作为山东抗日根据地的重要组成部分，山东抗日根据地合作运动的发展状况也深深影响胶东根据地合作运动的发展，因此，有必要对其进行研究和梳理。再次，从过程、制度、实践等多维层面全面系统地考察胶东抗日根据地合作运动的发展状况，系统总结胶东根据地合作运动的发展历程，描述其产生发展的过程；在制度层面，探讨胶东根据地合作运动的行政资源、法律资源以及资金资源；在实践层面，一是考察胶东根据地合作社发展的数量、类型及其业务，二是对胶东根据地合作社的内部管理、合作社经营等进行了剖析，力求从制度和实践两个层面的分析能较全面准确地把握根据地致力于合作运动的努力及其所取得的实际成效和经验教训。最后，探究根据地合作运动对农村社会变迁的影响。抗日根据地是中国共产党建立新的社会制度的“试验场”，合作社作为“生产制度上的革命”，既是一场经济变革，也是一场政治变革和社会文化变革。中国共产党以合作社为契机，全方位地推进了乡村社会政治、经济、文化方面的改造，对新的乡村社会秩序的建构产生了深远的影响。本书从阶级结构、乡村权威、民主政治以及文化素养等方面进行了研究。

本书第一次比较系统地对胶东根据地的合作运动进行了梳理，研究中力求以比较丰富的史料展现胶东根据地人民在战乱纷飞的特殊年代所从事合作运动的全貌，通过对合作运动的规章制度、行政系统、数量类型、股金分配、内部管理等的微观分析，揭示胶东根据地合作运动的具体运行，并运用社会学、历史学等研究方法，力求揭示这样一场改变中国两千多年的小农经济的经济革命，是怎样影响了根据地的政治、经济及社会文化各个方面。由于知识水平所限，研究尚有不足之处，敬请同仁专家海涵赐教！

2018 年 1 月 24 日

第一章　合作的理论释义及传统的民间合作

合作是人类活动的基本方式。从合作的内涵来看，合作有广义和狭义之分；从合作的发展历程来看，合作与人类社会的历史一样久远，一部人类发展史就是一部合作进化史。从生产中的农事习惯到日常生活中的婚丧嫁娶、慈善救济等各个方面，人类创造了涵盖日常生产生活领域的诸多合作形式，这些合作传统为近代合作运动在我国的发展奠定了基础。

第一节　合作的理论释义

1844 年，罗虚戴尔公平先锋社的诞生引发了世界范围内的合作运动，作为一种新的经济制度，"合作"一词也被赋予了新的含义，要准确理解现代意义上的合作运动，就需要区别"广义的合作"与"狭义的合作"。

一　广义的合作

合作，"Collaboration"，源于拉丁文，原意是共同行动，或联合行动。"合"是"联合"，"作"是"工作"，"合作"就是联合起来工作的意思。《辞海》对"合作"的解释为："社会互动的一种方式。指个人或群体之间为达到某一确定目标，彼此通过协调作用而形成的联合行动。"[①] 韦氏

① 夏征农等主编：《辞海》，上海辞书出版社 1999 年版，第 389 页。

(Noah Webster) 大辞典解释："合作乃一群人为了他们的共同利益所作的集体行动。"① 华特金斯 (Watkins) 认为"合作"的一般含义是指"以各种形式或方式共同工作。"② 这是广义上的合作，它广泛存在于人类社会的不同发展阶段和社会互动的不同领域，与人类社会生活的历史一样久远。自有了人类活动起，人们就存在着各种各样的合作行动。从历史上看，人类社会的各个阶段和各种活动领域都曾经出现过广泛的合作行为。譬如，在古代，为了防止盗贼和野兽的侵袭，世界上许多地方产生了在收获时合作"护秋"的传统，这是日常生活中最常见的一种合作行为。又如，一些游牧民族在某地区定居下来以后，他们往往会共同建筑和管理某些能够使合作者普遍受益的工程，如水利、道路、教堂等。传统社会中的一些手艺人或商人组建的行会，也具有为其成员进行平等互利的合作服务的职能。总之，在日常生活中，人们为了生产、生活以及日常消费中的某些活动，依照传统习俗或约定而采取短期的、临时性的、季节性的合作行为，是非常普遍的。如救治重灾重病的合作集资、轮流受治，婚丧嫁娶的送礼"凑份"等。所以说，广义上的人类合作观念及其合作活动，从时间上看，其产生的历史十分悠久，从范围上来看，其普遍存在于人类社会的各个领域。

但是广义的合作也并不是人类所独有的现象，生物界也普遍存在着合作。"合作普遍存在于相同种类的生物个体之间，甚至存在于不同种类的个体之间"③，相同种类的生物个体之间的合作主要发生在具有密切亲缘关系的生物种类中，例如蚂蚁、蜜蜂、黄蜂等高度的分工；不同种类生物个体之间的合作主要表现为相互之间的互惠共生，例如海洋中的海葵和小丑鱼，广西的古榕树和兰花，豆科植物和根瘤菌等。勃卡达将这两种合作称为"本能性的合作"与"反射性的合作"，蚂蚁、蜜蜂、黄蜂

① 参见蒋玉珉《合作经济思想史论》，安徽人民出版社 2008 年版，第 2 页。
② 同上。
③ 朱晓鹏：《走向发展之路——合作社会主义研究》，当代中国出版社 2003 年版，第 20 页。

是“本能的合作”。在反射性的合作中，个体只有依靠团体才能生存，如海葵和小丑鱼的共生现象，海葵虽然有很多毒刺，但不会伤害小丑鱼，并保护小丑鱼不受其他鱼类攻击，而小丑鱼则吃海葵消化完的残渣，帮他清理身体。

当然，生物界的合作是本能的、不自觉的行为，人类的合作则是自觉的、理性的行为，而且人类社会的合作活动往往是通过一定的组织和规范实现的，大量的特别是那些持久、广泛的合作总是表现为一种制度化的合作。

二　狭义的合作

狭义的合作仅就指经济方面，指产业革命以来，社会经济的弱者，为了共同的利益和需要，按照一定的原则，组成团体，合力经营业务的一种集体活动。狭义的“Collaboration”是从“泛合作”中独立，是合作成员之间相互合作的一种特定的劳动形式。这种劳动形式，欧文、傅立叶等社会主义者将其命名为“Co-operation”，本书所研究的是“狭义的合作”。

这种狭义上的合作，按照朱晓鹏的界定，应具有五个方面的特征。

一是合作主体的多元性。参与合作的主体至少在两个（含两个）以上，并且能够对自己的合作行为负责。

二是合作主体的独立性。首先，参与合作的主体是能够独立地进行合作活动并对自己的行为负责的主体，是拥有人身自由的独立个体。因此，在奴隶社会，处于奴役状态的奴隶之间的合作并不是真正意义上的合作。其次，参与合作的主体必须独立拥有或掌握一定的能够自由支配的资源，这是形成和参与合作行为的前提条件。这些资源包括人的智力、劳动能力、资金、技术、生产资料等。

三是合作者行为目标的一致性。参与合作的主体不仅要拥有可以自由支配的资源，而且这些资源应具有一致性或互补性，从而能够通过合作行为达到共同的目标。没有合作者之间共同的目标，合作很难持久有效。

四是合作者之间的平等性。参与合作的所有合作主体都有平等的权利，比如共同参与合作的经营活动、对相互之间的合作进行民主管理、监督制约等，合作者所有的合作活动都是大家平等协商、共同行动的结果。

五是合作行为的互利性。所有合作主体合作的目的是为了通过合作行为获得利润，并共同分享合作收益剩余，而且这种分享是公平的、互利的，是合作者之间的共赢。这也正是合作行为能够存在和发展的根本原因。①

狭义上的合作体现的是平等互惠、民主自由、互利共享的基本精神，这种合作精神在近现代以来各国合作社的制度设计和合作活动的实践中都得到了充分的展现。

第二节　民间传统的日常合作

合作是人类古老的社会现象。从远古时代起，野兽的侵袭、战争的破坏、频发的自然灾害等，人们的生命财产安全时刻受到威胁，互助合作也就成为人类共同预防、抗击灾害的生存选择。《吕氏春秋》言及："凡人之性，爪牙不足以自守卫，肌肤不足以扞寒暑，筋骨不足以从利辟害，勇敢不足以却猛禁悍。然且欲裁万物，制禽兽，服狡虫，寒暑燥湿弗能害，不唯先有其备，而以群聚耶？群之可聚也，相与之利也。"② 荀子曰："力不若牛，走不若马，而牛马并用，何也？曰：人能群，彼不能群也。"③ 为保障维持人类生存的基本生产和生活条件，共同抵御强大的外部世界，中国很早就形成了各种各样的互助组织。

中国是一个宗法社会，长期以来以一个相对封闭的固定区域为边界，形成了以血缘关系为纽带的熟人社会，费孝通曾对此进行过生动的描述：

① 朱晓鹏：《走向发展之路——合作社会主义研究》，当代中国出版社2003年版，第23页。
② （汉）高诱注：《吕氏春秋》，上海古籍出版社2014年版，第474页。
③ 张文治：《国学治要·集部·子部》，北京理工大学出版社2014年版，第708页。

“乡土社会在地方性的限制下成为生于斯长于斯的社会。……这是一个‘熟悉’的社会，没有陌生人的社会”[1]，“乡土社会是靠亲密和长期共同生活来配合各个人的相互行为，社会的联系是长成的，是熟习的，到某种程度使人感觉到是自动的。只有生于斯、死于斯的人群里才能培养出这种亲密的群体，其中各个人有着高度的了解”[2]。在这样一个“熟习性的”网络中，人们很早就产生了如搭套、雇工、换工、合会等若干合作形式。这些合作形式既可以是宗族内部的家族合作，也可以是邻里之间的相互帮衬，它渗透在农民日常生活的各个领域，无论是生活领域的患难相恤，还是生产过程中的邻里互助，随处皆能看到人们相互之间的合作行为。虽然这些合作是短期的、临时的、不固定的，没有现代经济合作组织原则的理念，组织化程度低，但却在民间埋下了合作的种子，为现代合作运动的传播奠定了基础。就当时的山东而言，民间传统的合作形式主要有以下几类。

一　婚丧嫁娶合作

婚嫁丧葬是村民生活中的大事，在注重礼制的山东，婚丧嫁娶的礼仪既烦琐，又需耗费大量的人力、物力。如山东临淄，“娶之前夕，门上悬灯结彩，张鼓乐……堂中张盛筵，款来客，鼓乐为侑（富豪者每终夜乃止，赏仆役及乐户，动需钱数十缗），饮无算爵”[3]，“富室婚嫁有奢无俭，中资亦求观美，往往有因而倾家者”[4]。婚礼繁文缛节，对于重孝道的山东人来说，丧礼更加铺张。如在邹平，“婚娶视家之丰啬为礼，丧葬颇祟外饰”[5]。在禹城，“祝阿县俗，宾婚大会肴饷，虽丰至于蒸炊尝之而已，多

① 费孝通：《乡土中国》，生活·读书·新知三联书店1985年版，第4—5页。
② 同上书，第44页。
③ 丁世良、赵放：《中国地方志民俗资料汇编（华东卷·上）》，书目文献出版社1995年版，第103页。
④ 同上书，第107页。
⑤ 孙葆田等纂：《山东通志》（1—10册），华文书局股份有限公司印行，1969年，第1499页。

则谓之不敬。地介省会及东昌、临清、德州之中，而能特以俭朴著，其风可尚，惟于丧葬之事，竞华奢靡以为荣”①。在鱼台，“为婚不拘六礼，但以通启为定，不计财礼，不侈妆奁……丧，则衣衾、棺椁不惜厚费”②。在济阳，“独于送死一节竟事观美，张灯结彩，多陈古玩，广设宾筵，至假贷破产不惜”③。济宁县农村举办丧礼，“即贫寒之家，亦皆用鼓吹，杠夫亦 24 人，家中亦设宴款待，甚至有以丧礼奢靡倾家荡产者”④。

铺张的婚嫁丧葬仪式，要耗费大量的人力和财力，不是一家一户所能承办的，于是便产生了各种婚丧嫁娶的互助组织。各地普遍流行的是存在于民间的红白会。红白会主要是针对某家有红白大事发生时，以一家之力不能负担，乃集合多数人家组织此社，达到邻里相济的目的。其社员 30 人到 50 人不等，社费也根据临时情形随时筹集，由全体社员选举出正副社长各一人，负责社内事宜。遇有社员有红白事发生，社员不仅将社费凑齐，交给办事社员家中，而且各社员皆分担工作，以帮助办事之社员，各自在自己家中吃饭，不收有事社员之家报酬。这种合作组织有单纯嫁娶之合作，即红会或喜会，亦有丧葬之合作，名曰白社或亡会，具体来说有如下几种。

（一）红会

1. 喜会

贫穷农户，当嫁娶时，因为经济困难，便相约组织喜会。会中有会头，遇有会员娶亲时，会头敲锣集会，入会者各照规定数目，交给会头，由会头收齐交给娶亲的会员，不到者按照规定进行处罚。

2. 轿社

传统中国，迎亲之礼甚为隆重，士大夫家，仪仗鼓乐咸备，普通民众

① 孙葆田等纂：《山东通志》（1—10 册），华文书局股份有限公司印行，1969 年，第 1500 页。

② 丁世良、赵放：《中国地方志民俗资料汇编（华东卷·上）》，书目文献出版社 1995 年版，第 298 页。

③ 《济阳县志》（卷一）《舆地志·风俗》，乾隆三十年刊本。

④ 丁世良、赵放：《中国地方志民俗资料汇编（华东卷·上）》，书目文献出版社 1995 年版，第 296 页。

也要肩舆，奏乐张灯。但对于一般农家而言，婚娶时雇轿奏乐是一笔不少的花费，于是，有的村庄就组织了类似今天婚庆公司的合作组织。庄内各户愿入此会者，共同摊钱，购置迎亲用具，如轿、锣、旗等，各家迎亲时均用之，抬轿之人按户轮流。所置迎亲用具本庄不用时，可出借给其他村庄使用，但要收取一定的费用，年终结账，由会首召集开会结算，平分给入会各户人家。这是我国婚庆公司的雏形。

除了这种有组织的互助之外，民间更多的是人情互助。邻里结婚，村里人都会或多或少以红纸相裹，送一点钱以进行经济上的相助，乡人称之为人情。至娶亲之日，村人亦会纷纷前来帮忙，有些人是办某项事务的有经验的里手，如记账的、采购的、办宴的、接待的、跑腿的等，常见为办事人家借物的人，谁家有条凳桌椅、谁家有盘碗酒具、谁家有彩绸桌围等皆了如指掌，短时便可筹集具备。依靠全村人的热情帮助，婚礼有条有序，作为报酬，亦不过吃杯喜酒，吃碗喜面而已，真正体现了邻里互助的良好传统。

（二）白会

1. 老人会

这是各地普遍存在的殡葬互助组织，名称各异，亡人会、殡葬社、葬亲会、丧亡社、助丧社、杆子会等名称，随各地而异，但其性质大体相同。死亡人家，自己不能办理丧事，乃约全庄，共起一社，遇有某户有丧事时，则全庄协同办理。社成立时，选二人为社首，每户摊钱若干（也有摊面若干斤的），由社首收齐，交与丧主备用。出殡之日，各户出壮丁一人，若无壮丁，须雇壮丁一人，共同抬柩，各自回家吃饭，不收丧主报酬。

2. 殡差社

这类组织与老人会略有不同。山东对丧礼尤为重视，每逢丧礼便广设宾筵，即使贫寒之家也要设宴款待，不堪重负。为帮助解决丧主丧礼期间的待客招待问题，许多地方成立了殡差社、小饭社的互助组织。家有老人或高寿者自由联合，十人或二十人不定，共同选举二人管理此社。社员有丧亲者，出殡之日，其他社员为丧亲者款待宾客，所有酒席用费，均由社员共同均摊，招待标准统一规定，用具由社员共同出钱购买，存放社长家中保管，其他社员有丧事时，亦照此办理。

3. 棺“椁”社

土葬是中国传统的丧葬方式，《周礼》中说“众生必死，死必归土”，入土为安也就成为中国人恪守的丧礼习俗。但穷苦人家，当家里有老人去世后，无资购买棺椁，遂约多人成立棺椁社或板社，于丰年蓄积，预先办好棺椁，做未雨绸缪之举。社成立时，规定社员应缴纳钱数若干，或一次缴纳，或按月零缴，于一定期限内交齐。所缴之款，或放债生息或做买卖。社内有社首一人，会计一人，催账一人。社首负责买木材、找工人做棺椁等事，社员家里有老人去世时，即可向社首声明，领取棺椁一副。

4. 架子社

“架子社”是旧时农村比较盛行的合作组织，主要用于丧葬时期，旧时山东几乎各村都有。“架子社”的人数各地不尽相同，如章丘，一般是32个人组成一个“社”，自愿参加，自由结合，社头由大家共同推选产生，所有社员的名字写在一块长方形的木牌上。当社员有家人去世时，社员可向社头提出使用架子社，社头随即通告所有社员，按木牌点名，全部聚集在哀主家中，共同承担丧事杂务，其中，最为重要的是在上坟埋葬时帮忙抬架子。丧事结束后，每人交钱二吊，作为帮助丧主的丧仪费。

二 农业生产合作

我国是一个农业国，小农经济长期占统治地位，但受封建统治经济的残酷剥削，大量土地被地主富农占有，广大农民没有或只有少量的土地。抗日战争时期，中共山东分局对1937年前山东各阶级的土地占有状况做过如下的估计：富农人均占有耕地5.98亩，户均占地37亩；中农人均占地3.99亩，户均占地19.55亩；贫农人均占有耕地1.9亩，户均占地8.87亩。[①] 而从当时的生产力水平来看，拥有20亩左右的土地才能够勉

① 周婷婷：《20世纪上半期山东乡村互助研究》，博士学位论文，山东大学，2012年，第79页。

强维持生计。农民不仅土地少，也缺乏劳力和生产工具，为了解决这些困难，在长期的生产实践中，农民找到了适合农业生产特点和农民需要的合作形式。

（一）耕地合作

由于土地被地主和富农占有，贫农没有土地或有少量的贫瘠土地，为了生存，贫农需要租种地主的土地，但自己单独租地，经济上又不许可，于是有共同要求的农家便凑在一起，合伙租地耕种。办法是数家无地的农户向地主商量租地，订立契约，并找相当之人做担保，租价于秋收后，共同缴纳。耕种时，各出人工，共同耕种，购买化肥种子亦共同出资。庄稼成熟收获后，根据生产量的多寡，先缴纳租价，剩余者平均分用。大多数合伙租地者，多用来种植经济效益较高的瓜果蔬菜，秋收后缴纳租价时，常以自己地里收获的一部分卖出，凑够租价，租地内所生产者，则全数均分之。

（二）换工

换工是山东民间农村普遍存在的一种劳动力、畜力间对等交换的互助形式，互助形式灵活多样。史敬棠在《中国农业合作化运动史料》中，记载了我国传统的民间互助形式，大约有 8 种：人工换人工、人工换畜工或人工变畜工、畜工换畜工、伙喂牛、扎工队或唐将班子、搭庄稼、伙种、合伙榨糖等初级产前产后合作等，在这 8 种类型中，最普遍的是前 3 种互助。从当时山东的情况来看，换工也主要是人工换人工、人工换畜力、畜力换畜力等方式。20 世纪 40 年代，南满洲铁道株式会社调查人员曾详细调查了山东历城县农村的换工情况。调查资料记载，冷水沟换工多在除草、收割等农忙季节进行，两户农家暂时组合在一起，在农耕上相互帮助。这种换工主要有人工换人工和人工换畜工两种情况。在人工互换的情况下，如果两家的耕作面积相差不大就不会出现什么问题；如果两家的耕作面积相差较大，比如甲家有地十亩，而乙家有地五亩，两家如果进行换工的话，乙家需要提供两倍的劳力。为了避免这种不公平现象的出现，甲家要用别的方式来补偿多付出劳力的乙家。人工和役畜换工的情况，一般情况下换工的双方是拥有牲畜的农户和缺乏牲畜的贫困农户，这种换工也是不同农户间一时的结合，如果畜力与人力之间不能相抵的话，就要根据一定计算方法进行协调，例如借用一匹马一天，借用方要给马的主人干一天的活。而向亲戚借用牲畜则是无偿的，借用者只需提供牲畜的饲料即可，“这是早年间常见的换工方式”[①]。这种换工的范围比较窄，一般是2—3户之间，临时性、季节性比较强。规模较大时，能够在等价交换的基础上，“合理地计算”田亩、劳力和牲畜之间换算关系，相对公平地进行互助。民间传统的生产合作，是个体经济的产物，是劳动协作的一种比较低级的形式，从根本上说是社会生产力低下，民众生活“贫困的产物”[②]。

（三）水利合作

也叫合伙水车、官井等，是一种灌溉合作。贫穷的农户，“耕地甚少，又常有旱魅之虞”[③]，于是便共同出资，凿井买车，轮流浇灌，其组织三四家、五六家不等，出资以耕地多少及距井远近而定。还有一些普通农家，有井不过一二眼，独置一罐，嫌费钱多，而用时太少，乃联合若干家，于麦收后，出麦子几升作资本，将麦子卖出后，所得之钱，用以购罐，共同利用。

三 金融合作

在传统的封建社会，农民不仅要饱受地主、中间商人、高利贷者的盘剥，还要负担沉重的地租、苛捐杂税，农民生活极度贫困，“二月卖新绢（丝），五月祩（粜）新谷，医得眼前疮，剜却心头肉”是传统中国农民的生活写照。而鸦片战争以来，由于频繁普遍的自然灾害，此起彼伏的战祸、兵灾、匪患，农村经济极度衰落，农民生活异常窘迫，农村

① 中国农村惯性调查刊行会：《中国农村惯行调查》第4卷，转引自周婷婷《20世纪上半期山东乡村互助研究》，博士学位论文，山东大学，2012年，第84页。

② 王贵宸：《中国农村合作经济》，山西经济出版社2006年版，第165页。

③ 蓝梦九：《中国农村固有合作雏形的记载》，《乡村建设旬刊》1932年第2卷第2期。

里“银圆与铜圆几乎是断绝了踪迹”[①]。在这种情况下，成立各种资金互助组织，进行资金上的相互救助，解决资金的短缺，就成为较为普遍的调剂资金的方法。

（一）合会

合会是我国民间最为流行的一种信用合作组织，又名拔会、轮会、积钱社等名称，随各地而异。“合会制度之产生，由于人类发扬本位之互助精神，集合财力以满足其计划之一种方法”[②]，是会员间相互合作、互助、救济的社会组织，主要包括轮会、摇会、标会三种。合会在我国各地通行，流行千年而不绝。据20世纪30年代国民政府对22省871县的调查统计，全国各省平均每县合2.21个钱会，山东地区平均每县合1.45个，略低于全国平均水平。合会的种类名目繁多，山东有合会报告者83县，有合会报告次数120次，其中摇会约占58.4%，轮会占14.1%，标会占17.6%，形式简单且民主色彩较浓的摇会在山东占绝对多数，而需要协商议定的轮会和竞价出标的标会相对较少。[③]

合会这种民间自发产生的经济互助形式大多是由于经济萧条和生活贫困所致。中小农家发生意外之事时，由于经济窘迫，急需用钱，便主动邀集若干人组成合会，主动请会者称会首，被邀参加者称会员。成会之后，第一期由各会员交钱若干，归会首使用。以后每期则由会首与会员分别交钱若干，由未得会者使用，当所有的会员均已得会时，该会便宣告结束。一般情况下，先得会者逐期所付出的金额，比后得会者要付出的多，所以，“先得会者付出之数含有还本加利之意，后得会者收得之数含有本利并收之意”[④]。

① 章有义：《中国近代农业史资料》第3辑，生活·读书·新知三联书店1957年版，第681页。

② 朱铁士：《从合会之优点说到信用合作》，《农行月刊》1936年第3卷第6期。

③ 周婷婷：《20世纪上半期山东乡村互助研究》，博士学位论文，山东大学，2012年，第111页。

④ 李金铮：《借贷关系与乡村变动——民国时期华北乡村借贷之研究》，河北大学出版社2000年版，第120页。

合会得会的方法依会的种类不同而不同：（1）“轮会”。“轮会”由会首指定或按次序规定或抽定。如20世纪40年代，在历城县冷水沟村，会员先定期存入一小笔钱，由该会负责保管，每个存钱的会员可以借走所有的存款，但还钱时则不用付利息。借贷权则用轮班的方式，以保证每个会员都能轮到一次。有的轮会是需要支付利息的，如在恩县后夏寨村，有一个轮流储蓄协会，参加协会的会员分别缴纳一小笔钱，积攒起大约50—100元的基金。如果一个会员想要借钱交税，或支付婚丧费用甚至做小买卖时，他可以把全部的存款借走，但是每月要支付2%至3%的利息，成员要轮流借钱。[①]（2）“摇会”。“摇会”是各会友以骰子摇得最高点子的得会或抽签决定，如在济宁，“贫苦农民之间，由许多户，少至六、七户，多达十几户不等自由结合，由最急户召集选出会首，与会户按平均数量交出会金，用抽签方式轮流使用。使用时间由会户议定，少则几天、十几天，或一个月、三个月，最多半年不等”。[②]（3）“标会”。“标会”是各会友用纸投标，纸上写明利息，以实收数目最小的得会。在章丘，标会也叫“当会”，是困苦农民的自发性互助组织，当“有人遇到困难，又借钱无门，就约好朋友故交，下请帖，人数一般为八至十人，人们按期得会，主人（即会首）备好酒饭，大家吃喝完毕，共议集资，每人所凑钱数必须相等，……交给会首解决困难，以后每隔数日（一般是一年四次）集会，每次酒饭都由会首一人承担，算作会首分期偿还第一次集资的债务……第二次，再由谁来先使这笔钱呢？这就需要当众‘拔’，即每人根据自己的需要出价，出价形式是‘出分’。出分多少，是交钱时倒扣的比率，……谁出的分高谁先使”[③]。会员标息越高，得会越早，受损越大；标息越低，得会越晚，受损越小。

这三种会式要以轮会包含互助合作的意义最深，方法简单，利率低

① 中国农村惯行调查刊行会：《中国农村惯行调查》第4卷，转引自周婷婷《20世纪上半期山东乡村互助研究》，博士学位论文，山东大学2012年，第110页。

② 林飞：《济宁市金融志》，山东人民出版社1995年版，第90页。

③ 孟昭训：《旧时乡社》，《章丘文史资料》第12辑，内部发行，1996年，第125—126页。

微，尤能聚零为整，是为其优点。合会运用的方法千变万化，无虞其穷，合会的人，可根据自己的需要以及自己的财力以定会额的大小，会脚的多寡，会期的久暂，以及会式的繁简，而后就流行的会式选择一种，凡此种种都可随合会者的需要而变通，所以合会的方法非常完美。合会会首对于会额的按期偿还，大都不给利息，纵有也不过三四厘而已，是以合会利息的低微远过于通常贷款。合会会脚既得成人之美以增进其友谊，又可将零星的资金集成整数而便于投资，盖会金为数不多，按期累增至收会时亦可得一巨款，集腋成裘，聚沙成塔，洵不失为储蓄的本旨。[①]

（二）储蓄合作

储蓄合作是以储蓄生息为目的的合会。合会所集得的款项或存于金融机构，或贷放他人，或作生产投资，以期获利。储蓄合作各地均有组织，如河北的攒钱会，武汉的堆金会等。这种会式，大都采取合会的方法，以互相勉勤储蓄为目的，征得的会金，或则存蓄于银行，或放贷他人，也有作投资的，内部组织各地不同，就山东而言，主要有小攒会、储蓄社。

1. 小攒会

小攒会是一般贫穷人家的储蓄生利组织。一般穷苦百姓，劳动一年，剩余甚微，因为数额太少，无人取贷，终年放在家里不能生息。于是具有相同境遇的数人或数十人，共同集资出贷，日久形成此会。会中有会首一人，会友推举产生，管理社内的贷款业务，按储金生息之多寡酌情抽取报酬。社员得随时将平时所余之钱，送缴会首，由会首借出生息。借钱者须先与会首商明，并须有两人作保，每年春二月间开会结算一次。

2. 储蓄社

亦称同志储蓄会，多系稍有资产之营利组织。社内设总理一人，并加入绅士富豪为发起人。社内设公积金若干股，于成立时决定，名曰坐根。此外每股每月再入钱若干，常年如此。一人认股之多寡随便，均放出息，普通年利二分以上，月利三分以上，每年阴历二月二日开会一次，按每年

① 郑厚博：《我国原有合作制度之介绍》，《农行月刊》1937年第4卷第1期。

之利息多寡，分配红利，股东占60%，总理报酬职员薪金及其他人费用等，在剩余40%内支出。

四 消费运销合作

我国虽然是一个小农经济社会，市场流通不发达，但民间集合多人共同去购买一件物品，大家分用后，按照所花费用，大家平摊的事例非常多。例如广东乡间有一种月饼会，每年正月集合村中数十家，每家缴钱若干集成巨款，去趸买月饼再分配给各家，可节省不少费用。这种联合购买与贩卖，类似于近代合作制度中的消费合作与运销合作，在近代山东主要有以下几种。

（一）购买消费合作

1. 年社

年社也叫年会。穷人家不能过年，遂起此社聚钱，共同购买过年所用之物品。由发起人为社首，社员人数不定，送钱数目也不定。其每月每人所送之钱，交社首设法贷出生息。年终结算，将钱一半分给社员购买猪肉等年货，剩余一半，继续放贷生息。也有的年社在年底结算时，将本息同时交给社员，各自购买年货。也有的将全部所积蓄之钱，全部购买年货均分之，方法不一。

2. 七月十五会

性质与年社类似。每年六月初旬，由三四人作发起人，愿意加入者，每股大洋二元一元八角不等，由发起人规定之。以后每半月交纳一次，交纳之数较第一次少，如初次交纳二元者，以后每次不过大洋三角。交至六月三十日，即行停止。此款由发起人经营之，临时收入，随时贷出生息，月利在五分以上。至六月二十日管理人员将本利合计，完全买成猪肉、羊肉、面粉、瓜果、蔬菜等，按每人积钱之多寡，进行分配，七月十五之后，此会亦随之结束。

（二）贩卖合作

农村中有各种各样的小商小贩，从事着贩卖货物方便百姓生活的行业，每逢农村集市，他们便进行买卖。但他们都有行规，入其行者，必须遵守行内的公共规则。比如簸箕一行，有张庄王某，李庄赵某，康庄魏某等十家或八家，皆以此业为生。每到农村集市，他们彼此招呼，随便用谈话方式，甚至彼此用手指藏在袖里一握，以共同商议当天各种簸箕的价格，无论当天生意如何不好，甚至终日一钱不获，亦不准任何人随便减价出卖。如有私自减价出卖者，一经查出，必有惩罚。但是谨守行里规定的价格，偶有一两人全天不卖一文时，则同行中已经卖出的，除去其本钱后，应将所赚的利润全部拿出来，共同均分，如此可以保障同行中彼此的相互利益，这就叫行规。行中不得由任何人随便加入，加入本行时，至少要有几个老行户的介绍才行。行中也有实际的行头或行长，一般都是以售货较多的，买卖稍大的，或营业较久的，稍有才干的人来充当，没有一定的产生方法，一般是自然产生的。这种合作对于调节市价、保障公共利益有一定的作用。

五　手工业合作

我国农村的手工业，多以个体为主，资金及人力皆有不足，单纯依靠个人的力量，实在力不从心。因此，民间就产生了许多联合在一起的各种手工业团体。比如工匠会，农村的小木工人，自己不能伐木，也没有斧子锯子等工具，自身资金不足，不能将伐木的工具全部备齐，乃联合若干木工，集资买树，合伙做工，所得利益平均分配。

有的地方还组织了公共染坊，村中的人为染布方便，集资组织染坊，买染料者及染布者，由全村各家轮流担任，具有公共资产的性质。

近代以来，随着丝绸业的发展，山东的养蚕业逐渐兴盛，于是就产生了蚕业社。这种蚕业社与近代的合作组织更为类似。社中有正副社长各一人，会计一人，社员出资，分四次缴纳。春季饲蚕时，各家须出妇女或儿童一人，帮助工作，饲蚕制丝，均求改良。所得利息，连本钱一同购买存蓄，待第二年春卖出，复以此资饲蚕。

六　利用合作

中国是历史悠久的文明古国，灿烂的中华文化蕴含着丰厚的合作思想。《礼记·礼运》描述人类未来美好的理想社会就是“故人不独亲其亲，不独子其子，使老有所终，壮有所用，幼有所长，鳏寡孤独废疾者皆有所养”，男女老幼皆各得其所，大家和睦相处，相互尊敬，互助友爱，提倡“乡田同井，出入相友，守望相助，疾病相扶持”。正是这种浓厚的友爱文化，中国百姓始终是患难相恤，形成了从生产到生活消费的各种互助合作共同团体。

（一）生产资料合作

1. 农具社

农具社是一种生产资料合作，是指农户之间共同使用农具或畜力的互助形式。穷苦农家因不能单独购买或饲养牲畜，更无力购买全套农具，乃自行组织了农具社。或李家买牛，张家买马，郑家买农具，王家买大车，搭伙轮流交换使用，农具仍旧各自保管。也有的地方，牲畜自己购买，两三家合伙购买大车一起使用。各地根据当地的实际情况，农具社的内容十分广泛，如黄河两岸的土地，多系沙土，每年春天在播种之前，必须翻地，用铁锹甚多，很多农户无力购买多把铁锹，于是就组织了铁锹社。凡村中有地者，都要加入此社，根据地亩的大小平均分摊，全村共同购买，共同使用，社员皆有使用权，农具轮流存放管理，毁坏者必须赔偿。农具社是农民之间合伙购买农具以共同使用的一种互助形式，但农具社没有换工这种形式普遍，大多数农民不愿合伙购买农具，因为他们认为“农具到底比畜役便宜，真的需要的话自己去买，不想买的话可以找他人借用”①。

2. 合犋

合犋也是互助生产的一种组织形式。在旧时农村，农业生产落后，生

① 张思：《近代华北村落共同体的变迁——农耕结合习惯的历史人类学考察》，商务印书馆2005年版，第302页。

产工具缺乏，比如章丘，农村大约只有10%左右的农户农具比较齐全，能够独立地进行生产；有30%以上的农户既无耕畜也无农具；约有半数以上的农户，虽有农具，但不齐全，有的有牛、驴，有的有犁、耙等。由于生产工具不全，难以耕作，于是农民就自动结伙，你出牛或驴，我出犁耙，一起耕作，轮流进行。这种合作组织形式在旧时农村非常普遍。

3. 合伙大车

贫穷农家，因无力购买大车，每到秋收之际，深感无车运输之苦，于是联合本村有同样情形的两三家，合伙购买大车，共同利用，至于牛驴等畜力，则各自购买。

（二）生活资料合作

1. 器具社

民间婚丧嫁娶甚为隆重，不仅仪式烦琐，所用器具也多。不仅桌椅板凳甚多，还要花轿、旗子、抬杆等，一家单置，颇感困难，遂发起成立器具社，组织若干户，按户摊钱若干，置办婚丧嫁娶所需的各种器具，并选举两人为社长进行管理，放在公共场所，不准私人存留使用，使用时有损坏者，应赔偿之。

2. 瓷器社

瓷器社亦叫碗社，与器具社类似。民间婚丧嫁娶都要大宴宾客，所用碗盘碟甚多，一家要全部够齐十分困难，于是联合十家或数十家组织瓷器社，每家摊钱若干，购买瓷器，公推一人保管，社员遇红白喜事进行使用，如遇两社员同时有婚丧大事时，则分用。损坏者负赔偿之责。

3. 木板会

夯土墙是乡村民居建筑的重要组成部分，这种传统的营造技艺如今已经渐行渐远了。土墙夯筑不仅需要专门的技术，还需要一套专门的工具，墙板是所有工具当中最大的，为很厚实的木板制作而成，长2米，高0.48米，其次是墙头板，即墙板两头挡住墙土的厚木板。普通农家因财力不足，难以购买夯墙所用木板，乃集合同村中一二十家，组织木板会，每月纳钱若干，举会长一人保管，储蓄一年或二年，会长即拿出此款购买木料，制成所用之墙板，会员使用不纳钱，借给非会员使用时，须收一定之借金。借金积累三年后，会员有急需用款者，可无息借贷，但日期不得超过一年，若会员中无用款者，会长即将借款借出生息。

民间传统的邻里合作体现在日常生活的方方面面，比如，有的地方还组织了毡被社，农家如果在冬季举办婚丧大事，宾客比较多，自家毡被不够用，遂组织若干家，共制毡被，推举一人保管，专供社员家中婚丧时使用等，这种民间合作真正体现了我国邻里相助、患难相济的民间传统。

七　劳务合作

劳务合作是民间劳力之间的相互合作，这种合作既有邻里遇事人手不够时的临时无偿帮忙，也有贫穷人家靠出卖劳动力获得报酬的劳务服务。以民国初期山东济南为例，比较典型的主要有以下两种。

（一）公益会

此会为共同劳动之组织，由会员三十九人组织而成，分为六组，一二三组每组六人，四五六组每组七人。会员选举一人为会首，遇本村有丧事，由会首包办开填、埋葬等事。所包各事，各组轮流担任（如此次开填，第一组担任，再遇丧事，则第二组担任，不论闲忙，均按此次序轮流，葬埋时，全体会员帮工）。各组会员由组长召集，如有会员不到，则另行雇人代替，所有雇人一切费用，均归不到之会员负担。使用器具，各人自带。当工作时，会内只供给开填组馒头十斤，其余各组，概不供给饭食。所得工资，除饭食费外，均入会内，举书记一人管理，放出生息。这种合作是专为举办丧事提供劳力的合作。

（二）舆轿社

这是一种被动的劳务合作。族长或村人见族中或村中有贫寒不能糊口者乃提议按地亩摊钱，制舆轿捐杆等与贫苦人共立舆轿社，由贫寒者共同经营，社员有红白事时不收报酬。但可以出租给非社员，并收一定的租金，租金为劳动的报酬，劳动报酬由经管人使用，具有劳资合作的性质。

除此之外，民间还有肩膀会，又名抬死抬活会。贫穷人家将剩余劳动力组织在一起，成立此会，会内有人遇喜庆丧忧之事，责相互帮助，不收报酬，会外有人有喜庆丧忧之事，帮忙后，则取相当之报酬后均分之。传统民间的劳动合作不胜枚举，主要体现在民间日常的生产生活、建筑、婚丧嫁娶等领域，虽其内容有所不同，但“大体上都具有互助合作的性质”①。

八　赈灾合作

我国是世界上遭受自然灾害最严重的少数国家之一，种类多、发生频率高、灾情严重。在与自然灾害做斗争的长期实践中，我国人民总结了很多有益的经验，形成了一整套较为系统的救灾制度——仓储制度。仓储制度种类很多，主要有常平仓、义仓和社仓三种。常平仓通常由官府在丰年拨款收购谷物，歉年出售谷物，以平抑粮价；义仓通常由有钱的豪绅义捐或由政府开征特别税，收购谷物，由官府管理，在交通便利的重要地方设置仓库储蓄，在天灾人祸时用以赈济贫民；社仓由农民自由结社，农民捐献谷物，贮藏在仓上，公举管理人处理其事务，歉年时用于借贷。就山东而言，在济南附近比较流行的是积粮会。贫苦农家苦于青黄不接之时粮食恐慌，乃自由结合多家共同积粮，推举一人保管。每人一次凑粮食一升或二升不等，交会长存储于适当地方。遇年成好则将积粮卖出，卖得之钱，借出生息。遇荒歉年或青黄不接之时，则分用积粮，并提前收买粮食准备。一年或二年结算一次，会员可以自由退出。这种积粮会，是民间社仓的一种，社仓与近代合作制度更为相似，“其邻里相恤之精神则与合作之自助互助的含义，初无二致，可算吾国古代合作制度最完备的一种”②。

① 郑厚博：《我国原有合作制度之介绍》，《农行月刊》1937 年第 4 卷第 1 期。
② 同上。

除此之外，山东民间的合作广泛存在于旅行、祭祀、自卫、教育、娱乐等方面，蓝梦九将其划分为18类：婚丧合作类、农业生产合作类、家具利用合作类、置产合作类、信用合作类、储蓄合作类、购买合作类、贩卖合作类、劳动合作类、娱乐合作类、备荒合作类、自卫合作类、祭祀合作类、教育合作类、副业合作类、工艺合作类、商人合作类、旅行合作类。[①]（参见表1－1）

表1－1　山东传统合作组织

类型	名称
婚丧合作类	老人会（又名亡人会、殡葬社、灯笼会、葬亲会、丧亡社、助丧会、架子社、杆子会、乾抬社）、殡差社、棺椁社、板社、小饭社、棺罩社、红白社、喜会、娶亲会
农业生产合作类	合伙租地、耕地会（耕地社）、括具、耕种合作、灌溉纠合会、合伙大车、罐社、铁锹社
家具利用合作类	器具社、瓷器社、毡被社、木板社
置产合作类	造屋社、购地会、房屋会
信用合作类	钱社（钱会、拔社、拔会、请会、轮会、当社、积钱社）
储蓄合作类	放账社、小攒会、储蓄社、当会
购买合作类	年社、七月十五会
贩卖合作类	为手工业入行、议价、交易等的相互合作
劳动合作类	屋社、肩膀会、公议会、舆轿社
娱乐合作类	灯社、乐器社、元宵社、同乐社
备荒合作类	积粮会
自卫合作类	枪炮会、公看义坡、刀枪社、青苗会
祭祀合作类	香社、天灾会、关爷会
教育合作类	私塾、读书社
副业合作类	蚕业社
工艺合作类	工匠会、公共染坊
商人合作类	烘茧合作社
旅行合作类	府社、都市社、泰山社

资料来源：蓝梦九：《中国农村固有合作雏形的记载》，《乡村建设旬刊》1932年第2卷第2期。

① 蓝梦九：《中国农村固有合作雏形的记载》，《乡村建设旬刊》1932年第2卷第2期。

总之，传统民间合作组织延续千年而不辍，其主要原因是由于乡村生产生活的现实需要。在面对个体家庭所不能应对的家庭大额支出、婚丧嫁娶等重大事情、难以抵御的灾荒灾难、需要巨额资金及众多人力物力的生产活动、乡村公共娱乐等时，互助合作的需求等使得民间以村、宗族等为基础，形成了规模不一、形式多样的互助合作组织，“农村旧日组织，含有合作性者颇不少。例如在各地方之青苗会，堰塘会，土地会等，均为应合作之需要而产生”①。中国传统的合作互助组织培养了民众互助、互济、仁义的合作意识，为近代西方合作制度在中国的传播、推行提供了深厚的文化基础，正如民国学者所指出的，“我们提倡农村合作社，应以中国农村中固有合作雏形作基础”②。

第三节　胶东传统合作雏形

胶东三面环海，背依齐鲁，独特的地理环境形成了胶东民众粗犷奔放、团结互助、包容性强的文化特点，相对独立的生存空间使胶东民众更加具有合作的观念和行为。在长期的生产生活实践中，胶东民众创造了许许多多的民间互助合作形式，这些合作形式渗透在乡村生活的各个领域，农业生产、农民生活、日常消费、金融借贷、商业贸易等领域，可以说，合作无处不在，合作组织形式也名目繁多，“虽无合作之名，而有合作之实”③。这些合作行为和组织绵延千年，已经成为胶东民众日常生活须臾不可分离的一部分。纵观胶东民间传统的合作行为，我们大体可以将其划分为以下几种。

---

①　董时敏：《改良乡村旧式会社与农村合作》，《民间》1935 年第 1 卷第 18 期。

②　蓝梦九：《中国农村固有合作雏形的记载》，《乡村建设旬刊》1932 年第 2 卷第 2 期。

③　蔡斌咸：《本省农村社会固有组织在农村建设上的评价》，《浙江建设月刊》1936 年第 10 卷第 2 期。

一 生产性合作组织

我国是一个农业国，生产力落后，畜力和生产工具比较缺乏，为维持生产，民间历来就有农业生产合作的习惯。胶东地区多为山地和丘陵，丘陵占整个胶东地区的60%，土地资源比较贫乏，地少人多的矛盾十分突出。据1930年国民政府主计处的统计，山东省农户平均耕地亩数为19亩，胶东地区户均耕地低于山东省平均数的县就有15个。[①] 民国《牟平县志》记载，“若按户口均地，每户不遏十亩有奇，每口尚不足二亩”。[②] 即墨县“普通农户拥田在十亩以内者最多”[③]。由于生产力比较落后，农民进行农业耕作需要大量的人力和畜力的投入，但近代胶东大部分农户缺乏耕地所需的耕畜和农具。从耕畜、农具的占有情况来看，大部分富农拥有比较完备的农具和牲畜配置，而中贫农户的生产工具都存在不同程度的缺乏。在即墨县浮山后村、胶州湾口薛家岛的大洼村一带的中、贫、佃农只能用构造简单的三角“铁铲”耕地或播种，莱阳和栖霞这些牲畜最多的地方，人力代替畜力用铁锹翻地的现象随处可见。抗战前，青岛地区耕牛缺乏，“有大多数人民，于缺牛之时，代以骡、驴或人力耕种”[④]。为解决人力畜力的不足，提高劳动效率，以变工、换工为主要形式的生产合作互助组织在胶东广大农村就普遍流行开来。

以变工、换工为主要形式的生产合作互助组织开始于什么时间，并没有明确的记载。顺治《登州府志》记载：“耕用牛四，谓之一具。穷民有至三、四家合一具者”[⑤]；光绪《登州府志》中，也有“耕用牛四，谓之一具。贫者数家合一具”[⑥] 的记载；《莱阳县志》载：“民有三四家合

---

① 陈国庆：《胶东抗日根据地减租减息研究》，合肥工业大学出版社2013年版，第21页。

② 宋宪章等修，于清泮等纂：《牟平县志》卷四《政治志·实业·农业》，1936年铅印本。

③ 胶济铁路管理局车务处：《胶济铁路经济调查报告》分编第1册（即墨县），青岛文华印刷社1934年版，第2页。

④ 刘行冀：《中国耕牛问题》，《中国实业》1935年第1卷第12期。

⑤ 施闰章等修纂，任璇续修：《登州府志》卷八，康熙三十三年（1694年）刻本。

⑥ 张思：《近代华北村落共同体的变迁——农耕结合习惯的历史人类学考察》，商务印书馆2005年版，第72页。

一犋者耕"[①]。这些文献不仅记载了当时胶东的耕种役畜使用习惯，描述了民间传统的农耕结合方法，更重要的是向我们展示了当时人们之间的一种合作的方式。拥有4头牛是贫苦农家进行生产的基本条件，但贫苦农家大多牲畜缺乏，为解决各自役畜不足的问题，三四家贫苦的农民便将各自的役畜组合在一起，结为一具，合力进行耕种，这种相互合作的方式被称作"合一具"。除了畜力之间的合作外，还有人工与人工的合作。光绪《登州府志》中记载了一种被称作"伴工"的农耕结合方式："田多人少，彼此相助，曰伴工"[②]。"伴工"是旧时农村在农耕生产时，为了弥补劳动力不足的问题，普遍流行的一种互相交换劳动力的农耕结合习惯，它几乎存在于中国的各个省份，从东北到山东再到江南等，遍及大江南北，伴工的名称虽然各地相异，但合作的方式等基本相同。这种"合具""伴工"的相互合作，历史悠久，在胶东广大农村十分普遍。从时间上看，有长期的合作，也有短期的，大多为临时的；从形式上看，既有人工之间的合作，也有人工畜工之间的交换。但这种传统的民间互助形式，是人们自发的一种行为，参加者多为贫下中农，靠亲朋好友之间的感情维系，具有季节性、临时性、狭隘性的特点，农忙时在一起，农闲时散伙，互助对象也不固定。这种传统的合作虽然也蕴含着适应农业生产过程的积极意义，但总起来说，它是旧时农村农业生产力低下的反映，是贫困农民的无奈选择。农民并不是为了"合作而合作"，而是由于贫困，为了生存而合作。他们采取这种方式，只是为了解决生产困难，"是农民救济自己悲惨生活的一种方法"[③]。这种互助越多，越说明当时农民生活水平的低下。

二　信用性合作组织

我国传统的信用互助组织是以亲朋为主要对象，以信用为主要条件，

---

① 万邦维修，张重润等纂：《莱阳县志》卷二，清康熙十七年（1678年）刻本。

② 方汝翼、贾瑚修，周悦让、慕容翰纂：《增修登州府志》卷六，清光绪七年刻本。

③ 毛泽东：《论联合政府》（1945年4月24日），《毛泽东选集》第3卷，人民出版社1991年版，第1078页。

立有会规，以义起信终，缓急相继，有无相通。互守信用的“合会”“标会”“房会”“老人会”各种内容的经济互助，在农村流传甚为广泛，几无处无之。[①] 合会作为我国传统的民间信用互助方式，一般情况下是由一个“会首”邀请若干与其关系比较密切的亲朋好友（称“会脚”）组成。谁家有难，急等钱用，就可以发起“请会”。合会成立后，按照约定的时间如（每季、每月等），定期在会首家里举行聚会，每次聚会时须缴纳一定的会款，供会员轮流使用，使用的次序共同商议决定。在银行信贷业不发达的传统中国，这种组织的长期存在，对于解决农家的突发性紧急需要以及日常生活中的重大事情，具有一定的积极作用。

合会可分为轮会、摇会和标会。“轮会”采用按顺序轮流收取的方法。收会次序，合会时由各会预先认定，依次轮收，不再变动。各会员所交会金，根据各会员收会先后，前伸后缩，各不相同，收会期越前者，所交会金越少，即用前者多交的会金贴补后者的利息，用后者少交的会金扣回每次预付会金的利息。因此，会金的分配，是据一定的利率计算出来的，不是随意定的，此会金前伸后缩，所以又称为伸缩会。[②] “摇会”，即以摇或抽签决定会员得会先后的钱会。“摇会”与“轮会”之间并无实质性的差别，都是由会员轮流使用会金，只不过在得会的方法上，“摇会”更原始、更简单也更公平一些。在胶东农村，基本上是用抓阄的方法来决定还钱次序，“请会的人每年将入会的人凑在家中吃两次饭，每次请吃，便用抓阄的办法决定还谁的钱，每次一人抽回入会的本金和利息。……若请会的人期间破产，抓阄得着钱的就占便宜，抓不着钱的人就吃亏，也有入会人的钱瞎了的事”[③]。“摇会”在胶东的某些地方又称“彩会”，“彩会”是由一定数量的会员组成，成会时确定每人应交的金额，用抽签的方法确定用钱

① 中国农业银行烟台市分行：《烟台农村金融志（1840—1985）》，内部发行，1989年，第152页。

② 张振国：《当代中国经济大辞库（农业卷）》，中国经济出版社1993年版，第907页。

③ 山东省档案馆藏：《群众运动材料——丙种类型村典型调查》，1948年，G031-01-1573-003。

的顺序，一般是一年分九次抽签，谁抽中号，谁就首先使用钱，没有中号的，待下次再抽，以此类推，完结为止。“标会”，即以投标方式决定会员得会先后的钱会。在栖霞，这种合会又被称作“坌台分”，农家因婚丧嫁娶、修建房屋或经商缺少资本等，急需用钱，遂邀请亲戚朋友，立脚起会。会首“以请客的方式召聚十人或十多人，规定资助钱额即为‘请会’。第一次入会者资助10元，合计100元，供会首使用。以后每年春秋两次聚会，成为‘杖会’或‘扒会’。会员根据自身的经济状况和急缓之需，投票舍息，以投票多少定为本次会款的使用权。如甲只要其他九个会员每人拿出七元钱，乙却要各会拿八元钱，甲少要的三元，乙少要的二元叫‘舍息’。本次会款当由‘舍息’多的甲使用，其他九个会员拿的七元钱，就叫‘随会’。轮流到第十次（最后一次）杖会者按规定应得100元，即‘成会’，也是‘合会’的完结”①。

三　赈灾性合作组织

胶东三面临海，一面与陆地相连，由于地理位置比较特殊，自然灾害比较频繁，尤其是风暴潮灾灾害较为严重。据史料记载，明朝时期，胶东的海洋灾害有18次，清朝有63次。1613年“七月七日青州、广饶、寿光海潮入侵一百二十里，害民田产无算，同时潍县、昌邑均潮溢逾百里，登州海溢，蓬莱、福山、文登等县异风暴作，大雨如注，经三昼夜，舍庐倾圮，老树皆拔，禾稼一空，蓬莱海啸入城，沿海居民溺死无算”②。为赈济灾荒，保障基本的生产与生活，胶东地区形成了各种各样的赈灾互助组织。

（一）仓储

仓储制度是我国最重要和最普遍的应对灾荒的救济制度。仓储制度起

---

①　中国农业银行烟台市分行：《烟台农村金融志（1840—1985）》，内部发行，1989年，第153页。

②　魏光兴、孙昭民：《山东省自然灾害史》，地震出版社2000年版，第53页。

源于汉代，至清、民国时期逐渐衰落，但在胶东有的地方民国时期仍存在。如掖县，光绪十六年（1890），县常平仓存谷三千五百一十二石，历经折损，至1925年尚存三千一百石。1927年实行出陈易新案，变卖仓谷七百三十二石，得京钱一万七千五百八十五千文（约洋三千二百元），除卖出者外，实存常平仓谷二千三百六十七石。1933年12月，按照国民政府的规定，组织仓储保管委员会，县府将存谷六百五十一石交保管外，另给谷款京钱一万七千五百八十五千文，以备购谷实仓。各社仓旧存穀八千七百领九石，仍归各乡社分储。[①] 但总起来说，至民国时期，胶东许多地区的仓储基本废除了，如莱阳，1933年奉山东省政府的命令，办理积谷，但当时莱阳"已无谷仓"[②]。

（二）普济堂

仓储在近代逐渐衰落，而清代开始设立的普济堂，至民国时期仍继续存在。普济堂是周济贫民生活的机构，资金来源靠私人捐助。莱阳的普济堂，清末原有专款基金四千千文（约1667元），救济贫民114名，到1924年11月，城内郭张氏捐基金二百千文（约36元），存正和号，月息一分，加贫民十名，共124名。[③] 牟平的普济堂，主要靠捐主捐地收租以维持普济堂的运转，救济方式比较多样，除"每月按三旬发给贫民"租粮外，还支放贫民柴薪，余则"分别拨充学堂、县农会等经费"[④]。掖县的普济堂，有义田三百余亩，收租充孤贫口粮。[⑤] 从这些例子可以看出，普济堂的义田及救济金主要来自私人的捐助，体现了中国邻里互助的传统。

（三）粥厂

中国是一个灾害频发的国家，每一个时期贫穷无衣、三餐不继者甚多，粥厂的设置从清代到民国初年，历久不衰。以胶东的掖县和青岛为例，1930

① 刘国斌修，刘锦堂纂：《（四续）掖县志》卷三《仓储》，1935年铅印本。
② 梁秉锟等修，王丕煦等纂：《莱阳县志》卷一《仓廒》，1935年铅印本。
③ 梁秉锟等修，王丕煦等纂：《莱阳县志》卷二《任恤》，1935年铅印本。
④ 宋宪章修，于清泮等纂：《牟平县志》卷五《恤政》，1936年铅印本。
⑤ 刘国斌修，刘锦堂纂：《（四续）掖县志》卷三《仓储》，1935年铅印本。

年，掖县普济堂董事翟震起、乐济社王同方等发起组织贫民粥厂，分头调查极贫无告之男妇稚弱，准其如厂食粥，定于每年十二月起，至次年三月止，每日一餐；老弱病残者间给以米。1930年冬食粥米者22869人，1931年食粥领米者17534人。[①] 1927年1月，胶澳商埠局在青岛市区设临时粥厂四处，于旧历冬月十五日开始施粥，救济贫苦的市民。[②] 粥厂的资金多由捐助而来，有些是临时捐助，有些设有基金，但粥厂不是经常存在的，只在每年的冬春季开放，约三个月左右。

除却这些赈灾机构外，胶东民间邻里之间的互助渗透在民众的日常生活中。在国家救济能力有限，无法保障每个贫困社会成员的生存时，民间互助在很大程度上弥补了官府力量的不足，也增强了邻里之间的认同感，减少了一些非人道行为的发生。荣成县遇年荒岁歉，“族党比邻犹知矜恤，故卖男鬻女者绝少”[③]。当然，在农业社会，由于人们普遍处于贫困状态，邻里之间的救助十分有限，灾荒时期，道馑相望、四处逃难的悲剧并不能避免。

四　服务性合作组织

我国是一个小农社会，农民大多聚族而居，世代定居在一个村落繁衍生息，是一个以血缘关系为核心的熟人社会，社会流动性小，人们安土重迁，自给自足，封闭保守，具有强烈的感情色彩、内聚力和稳定性，“浓厚的平等、相互信任、互助、利他等社会心理气氛，使得农村生活的田园牧歌色彩更为扑朔迷离、令人向往”[④]。“乡田同井，出入相友，守望相助，疾病相扶持，百姓亲睦”是中国农民的优良传统，宋代的《吕氏乡约》规定遇到水灾、盗贼、疾病、死丧、孤弱、诬枉和贫乏等方面困难时，乡民要互相帮助。患难相恤、邻里互助在农村已蔚为成风。

---

① 刘国斌修，刘锦堂纂：《（四续）掖县志》卷三《慈善》，1935年铅印本。
② 青岛市史志办公室编：《青岛市志·民政志》，中国大百科全书出版社1996年版，第165页。
③ 李天骘主修，岳庚廷编纂：《荣成县志》卷一《风俗》，道光二十年刊本。
④ 李秋洪：《中国农民的心理世界》，中原农民出版社1992年版，第53页。

（一）喜会

婚嫁是人生的头等大事。旧式婚礼烦琐，又需耗费大量的人力、物力。胶东迎亲之礼甚为隆重，“士大夫家仪仗鼓乐咸备，即普通民户亦必用肩舆彩饰，衣冠楚楚，名为‘小登科’。婿至妇家，主婚者揖以入，既婚，行宴礼。黎明，偕女升舆同归。女家请男一人或二人往送，谓之‘送客’。婿家请二妇延扶新人，谓之‘扶客’。新人自出舆进门过庭，入房坐床、至礼毕，俗忌甚多，非尽关仪文之繁缛也”①。铺张的婚嫁仪式，要耗费大量的人力和财力，贫穷的农家，由于经济困难，根本无力担负，每当此时，乡亲都会主动帮忙。在乳山、海阳一些地方，当有人家嫁女儿，亲戚邻居们会送一些麦面，称为“送面”。当村中有人娶媳妇，村里人会或多或少送上点钱，称作上帐子、上人情。在办喜事的那一天，村里有经验的老人或有能力的年轻人会组成一个领导班子，俗称“柜上”，来统一安排结婚时的记账、采购、接待、司仪以至劈柴、挑水、跑腿等事宜。在即墨等县，当喜讯传出后，同村的族人好友，会自动向喜主要一桌客，就是代为喜主招待吹鼓手、轿夫、送嫁妆等客人的宴席，这在胶县称为“喜庆圈”，在平度称为“互助会”，这一礼尚往来的风俗，充分展示了胶东乡人的浓厚人情。

（二）老人会

结婚烦琐隆重，而丧葬则更为铺张。旧式丧礼，“中产之家，类皆延请礼宾，粗具鼓乐，于短期间成服行礼。宦族富室，则初丧多不开吊，大殓停柩于堂，然后择日开吊、发引安葬或浮厝，讣告戚友。至期，张棚屋外，迁柩其内，延诸生相礼，请乡宦点主、祠土，或延僧道诵经；吊客毕至，鼓吹助哀，盛设仪仗，精治馔具，费款无算。若普通民户，大抵初丧即遣人走报至戚，三日或五日滨葬，一切礼节简易，而衰麻哭泣、受吊、谢客诸仪，大体亦皆从同”②。对于习尚简朴的山东人来说，婚礼的操办有

① 丁世良、赵放：《中国地方志民俗资料汇编（华东卷·上）》，书目文献出版社 1995 年版，第 248 页。

② 同上。

时是可以从简的，但蕴含鬼神信仰和孝道观念的丧礼是无论如何也不能简单了事的。烟台附近的福山县农民“尤对婚丧等事好事铺张，有钱者借此表示荣耀，无钱者也要借贷花费为了维持局面”[①]。在栖霞，“一家死了父母，总得多花钱出殡，若是节省一点，本家、尊长、街坊、邻居，都说大逆不孝，毁坏名誉”[②]。外国传教士明恩溥对此曾指出，中国人在葬礼上铺张浪费，“只是从这种炫耀的形式中得到满足”，在对“来世的享乐”的追求中，“中国人对这种炫耀的热衷无法阻挡”，“如果不能为死者办一场像样的葬礼是很没面子的事”[③]。为了在老人去世后能够体面地操办葬礼，在胶东蓬莱、龙口、莱州、莱阳、海阳等的广大农村中，就出现了专门帮助丧主家治办和料理丧事的一种群众自发组织——老会或长寿会等，这种组织在今天胶东的广大农村还依然存在。

一般说，老会多是一宗一族组合而成，或者是邻里之间感情比较好的、交往密切、脾气相投的街坊邻居自愿结合组织而成。户数没有一定的成规限制，但大多都15—25户。老会成立，定有一定的期限，通称“一段老会”。父母不在者无须入会。父母全者，入会为正，父母一方不在者为半股。老会的头目叫“会首”，也有的叫“会长”，一般由有威信、能办事、身体强壮、遇事有担当的人担任，由本段老会内民主推选产生。老会的民主氛围比较浓厚，会内不分贫富，所有会员股金一律平等，遇丧事化钱时亦一律平等。当会员中家有丧事时，无论农忙农闲，夏热冬寒，会首召唤，成壮人皆须到场帮忙，直到丧事完毕。本段老会的成员，不能因自己父母已经去世而不听会首指挥，必待本段成员所有人的父母均已去世，这段老会才算完结，俗称“扒了”。老会的主要任务是帮助丧主料理丧事，并资助一定的丧葬费用，但丧主铺张（如雇吹手、请道士等）开支则由丧主自负。[④]

① 高紫庭：《福山县之社会及农村》，《农业周报》1935年第4卷第5期。
② 陈波：《山东栖霞县丧礼之一斑》，《新运导报》1937年第5、6期合刊。
③ ［美］明恩溥：《中国乡村生活》，午晴、唐军译，时事出版社1998年版，第192—193页。
④ 宋凤西：《老会》，《民俗研究》1989年第4期。

“老会”“童子会”，这种形式在农村亦较为广泛，它是一种不带利息报酬的互助组织。每担会组织十六人，丧事规定每人拿一定数量的小米，一部分现钱，喜事规定每人拿多少大米，一部分现钱，谁家有喜事、丧事，各户按规定拿齐米和钱，还得到喜主、丧主家帮忙（如抬轿、抬灵和服务）。[①]

但在很多村庄并没有老人会等组织。如长岛县等许多村庄，村里只有两位善理丧事的老人，一男一女，男曰“土公头”，女曰“浆水老婆”。村民家有丧事即请二人来，从更换寿衣、整容、报庙、烧倒头包袱、挺尸、报丧、入殓甚至出殡下葬等诸种礼仪、事务均由此二人主持。“土公头”主外，“浆水老婆”主内，分工明确，绝不紊乱。[②]

（三）其他互助组织

胶东民间传统的合作组织涉及日常生活的方方面面，除红白喜事会外，比如还有族公会，由同一家族的人组织，族有总会，支有支会，由会内公推一人经理会事，或有公款则储蓄生息以备祭扫缮修及临时公用；因同里关系而有村公会，推举品行兼优者为总会首，亦曰村主任，掌全村公务，春则雇人看青支更，遇有水火则鸣钟击鼓，群相救护，旱或虫灾则延僧道祈祷等；因储蓄关系而有集股会，各出资财共同积蓄或商营或生息或做公益事业。

总之，在长期的生产生活实践中，胶东人民创造了许多互助合作组织。从生产中的劳动合作，患难时的赈济相恤，到日常生活的守望相助，公益事业的群力合办等，渗透到日常生活的方方面面，这些合作行为已经成为胶东人民日常生活不可分割的一部分，为抗战时期合作运动的开展奠定了深厚的文化基础。

---

① 中国农业银行烟台市分行：《烟台农村金融志（1840—1985）》，内部发行，1989 年，第 152 页。

② 陈光林：《山东省志·民俗志》，山东人民出版社 1996 年版，第 125 页。

第二章　抗战时期中国共产党抗日根据地的合作运动

中国共产党第一次独立开展合作运动是在土地革命战争时期，但是大规模、轰轰烈烈地开展合作运动则是在抗日战争时期。从实践上来说，中国共产党在推进合作运动的过程中，不断总结经验教训，成功探索了一条“民办公助”的合作运动道路；从理论上来看，这一时期，中国共产党的合作理论逐步发展和成熟，为抗日根据地合作运动的发展提供了有力的政策指导。

第一节　中国共产党抗日根据地合作社的发展

抗战爆发后，中国共产党率领八路军、新四军深入敌后，先后建立了晋察冀、晋冀豫、冀鲁豫、山东、鄂豫皖等抗日根据地。但抗日根据地大多位于偏僻贫瘠的广大农村，经济十分落后，工业生产几乎是空白，而农业生产也相当薄弱，人民生活非常贫困。更为严重的是抗日根据地遭受日本侵略军惨无人道的蹂躏，日本侵略军不仅对根据地进行严密的经济封锁，尤为残暴的是对根据地实行野蛮的烧光、杀光、抢光的“三光政策”。抗日战争期间，晋察冀边区被敌人抢掠和勒索的粮食达 13322209168 公斤，牛马驴骡等损失 630222 头，猪羊等损失 3703086 只，农具家具损失约 26211357 件，被抓壮丁约 505000 人，修筑碉堡、开挖公路及封锁沟墙等占地15052800公亩。[1] 除此之外，抗日根据地还经常遭受自然灾害。如1939年晋察冀边区大水灾，17万顷农田被毁，损失粮食不下60万担。[2] 在经济十分困难的条件下，为解决根据地军民的吃饭穿衣问题，为抗日战争提供充足的物质基础，各抗日根据地先后开展了轰轰烈烈的合作运动。

一　抗日根据地合作运动的发展历程

由于各抗日根据地的斗争环境及经济、群众基础的不同，各抗日根据地合作运动的发展过程并不尽相同。陕甘宁边区作为中共中央所在地，其合作运动的发展过程及其政策等在根据地合作运动的发展中都具有代表和指向意义，根据其发展过程，大体可分为三个时期。

（一）合作社普遍恢复时期

1937—1939年是陕甘宁边区休养生息时期，合作社在各地开始恢复。1937年，中共中央国民经济部召开了省、县级经济部部长联席会，讨论组织合作社的办法。会议结束后，在国民经济部的领导下，陕甘宁边区成立了合作社指导委员会，1938年春天，合作社指导委员会改称为合作指导局，受陕甘宁边区政府领导。此后，各县、乡开始建立消费合作社，合作社开始逐步复苏。但在抗战初期，出于国共两党共同抗战的需要，国民政府允许中国共产党领导下的边区政府作为特区存在，各边区普遍能够获得各社会团体以及国民政府的资助，根据地大部分的必需品能够自由输入，工商业也得到了自由发展。因此，根据地外部的经济封锁消失，边区的经济压力也随之减轻，这就使根据地举办合作社的动力减弱；而合作社在分配过程中，分配给社员的利润太少，引不起社员的兴趣；同时，边区政府也没能在新的形势下提出新的发展方针。所有这一切都阻碍了合作社的发展，因此，这一时期合作社的发展速度较慢。由于群众对合作社普遍没有参与，这时期组织的合作社，大多存在着包办代替的现象。

---

① 李占才：《中国新民主主义经济史》，安徽教育出版社1990年版，第163页。

② 同上书，第164页。

“在1939年以前，各地合作社以公家的股金为基础，再加上向群众摊派而得的股金，这时候是带着公营性质的，多成为县、区政府的公营商店。合作社的事业不是面向群众，而主要的是面向政府，替政府解决经费，一切问题由政府解决”①。

（二）合作社“官办”时期

1939年至1941年为合作社的“官办”时期。抗战进入相持阶段后，根据地面临的环境日益恶化。国民党由抗战初期的积极抗日逐渐变为消极抗日，不仅对边区开始实行经济封锁，而且不断制造军事摩擦事端，而日本侵略者也加强了对根据地的经济封锁和军事“扫荡”，根据地陷入了严峻的生存困境。为摆脱根据地面临的严酷形势，1939年6月10日，毛泽东在延安高级干部会议上作了《反投降提纲》的讲话，要求在“一切可能地方，一切可能时机，一切可能种类，必须发展人民的与机关部队学校的农业、工业、合作社运动，用自己动手的方法解决吃饭、穿衣、住屋、用品问题之全部或一部，克服经济困难，以利抗日战争”②。在党的号召下，大生产运动在根据地逐步开展起来。在开展大生产运动的过程中，中国共产党再次认清了合作社是组织群众、进行生产、发展经济的有力工具，加强了对合作社的组织领导，合作社在各个根据地普遍地建立起来。1939年，陕甘宁边区共成立110个消费合作社，共有社员72083人；组织生产合作社137个，发展社员28326人；成立工业合作社14个，社员298人。工业合作社和生产合作社都是在1939年以后才发展起来的。③ 为推动合作社的发展，晋察冀边区政府也颁布了一系列发展合作社的政策法规，1939年3月30日颁布了《奖励合作社暂行条例》。为促进合作社的快速发展，

① 毛泽东：《关于发展合作事业》（1942年12月），杨德寿《中国供销合作社史料选编》第2辑，中国财政经济出版社1993年版，第311页。

② 毛泽东：《反投降提纲》（1939年6月），《毛泽东文集》第2卷，人民出版社1993年版，第224页。

③ 《陕甘宁边区两年来的合作社工作总结及今后任务》（1939年10月31日），杨德寿《中国供销合作社史料选编》第2辑，中国财政经济出版社1990年版，第510页。

1939年，毛泽东提出了“合作社群众化”的口号。为了推动“群众化”，各根据地发生了命令式限期成立合作社的强迫现象，强制摊派股金，或按村按户征收，强迫社员入社的现象也时有发生。

“绝大多数合作社，还不是由社员自己做主，而被少数政府工作人员包办了。合作社的工作，不是由社员自己主持（合而不作），而是由政府工作人员决定。扩大股金由政府向人民摊派，人民认为‘负担’愈少愈好，以致有建立几年了的合作社，还是千余元，甚至数百元的股金，起不了作用。谁在合作社工作，由政府派定，待遇由政府决定，职员便认为替‘公家做事’，合作社就是‘公家的生意’，一切都‘公家化’。政府完全脱离了社员，使合作社不能取得广大社员的监督，工作也就无法健全。政府并有决定合并或取消合作社，支配合作社的股金和盈余之权，因此，社员认为‘出钱替公家做生意’，不感觉合作社是自己的，做好做坏，均不过问。结果，社员愈不过问，政府人员就愈是包办；愈包办，愈脱离社员，工作就愈坏，愈不起作用，愈失掉信仰，愈没有办法扩大。”①

由此可以看出，“官办”的合作社缺乏民主作风，合作社由政府包办，股金由政府摊派，干部由政府指派、调度、补津贴、享受代耕待遇；买货时间、地点及价格由政府决定，“合作社的社务多数取决于少数干部，而非社员大会决定。部分盈余提充群众团体经费，而其中有少数干部有坐分红利、贪污腐化和滥行开支的现象”②。社员无权无利，他们不关心社务，对合作社不感兴趣，有些地区大批要求退社，合作社不能很好地发展。

（三）合作社“民办公助”时期

1942年至1945年为边区合作社由“官办”转为“民办公助”时期。

① 高自立：《巩固扩大合作事业的关键》（1942年3月20日），杨德寿《中国供销合作社史料选编》第2辑，中国财政经济出版社1990年版，第542页。

② 张苏：《整理合作事业，加强经济阵营，开展对敌经济斗争》（1942年4月2日），杨德寿《中国供销合作社史料选编》第2辑，中国财政经济出版社1990年版，第438页。

太平洋战争爆发后，日本侵略者为了把中国变成其战争的后方基地，加紧了对抗日根据地的掠夺，不断对根据地进行反复“扫荡”。蒋介石一方面停发八路军的薪饷和弹药等物资，另一方面在军事上侵犯我敌后根据地，以数十万大军对抗日根据地进行包围，不断发动反共高潮，制造军事摩擦。在日、伪、顽的联合夹击下，抗日根据地军民的处境更加艰难。能否战胜严重的经济困难，成为根据地面临的首要任务之一，“自己动手，丰衣足食”也就成为根据地军民的唯一选择。为此，中共中央号召根据地军民立即行动起来，开展大生产运动。为充分发挥合作社在生产中的组织作用，中共中央开始纠正合作社在前期工作中出现的强迫命令、官办包办等不良现象。1942 年 1 月，陕甘宁边区政府明确提出了“克服包办代替，实行‘民办官助’的方针”[①]，对不符合要求的合作社开始大刀阔斧的清理整顿，发出了“为胜利的改造合作社而斗争”的口号，并提出了“真正合作社”的标准，“必须是广大群众的经济组织，必须是集体互助的经济组织，必须是群众自定的组织，必须是社员的权力组织”[②]。在清理整顿的过程中，行政命令式的强制组织合作社的不良现象被逐渐取消了，社员入社自由，入股自愿，禁止摊派入股，在充分坚持合作社自主权的基础上，政府也不断加强对合作社的扶持力度。

为提高根据地军民对合作社的认识，毛泽东在 1942 年 12 月作了《关于发展合作事业》的报告，指出我国的农村地广人稀，是一个小农经济据支配地位的区域，要在这样的环境中贯彻党的经济政策，领导和组织农民发展经济，就必须依赖真正群众化的组织发挥杠杆的作用，而合作社就是这样的组织。1943 年 10 月和 11 月，毛泽东又分别发表了《论合作社》和《组织起来》的重要讲话，对根据地合作社的性质、特点、内容及形式进行了全面系统的论述。他指出：合作社是“目前我们在经济上组织群众的

① 中国财政科学研究院、陕甘宁边区财政经济史编写组、陕西省档案馆：《抗日战争时期陕甘宁边区财政史料摘编·第 7 编·互助合作》，长江文艺出版社 2016 年版，第 421 页。

② 张苏：《整理合作事业，加强经济阵营，开展对敌经济斗争》（1942 年 4 月 2 日），杨德寿《中国供销合作社史料选编》第 2 辑，中国财政经济出版社 1990 年版，第 439 页。

最重要形式……这是人民群众得到解放的必由之路，由穷苦变富裕的必由之路，也是抗战胜利的必由之路”[①]。毛泽东还高度评价了合作社的地位，他认为减租减息、土地革命只是使农民摆脱了封建地主的压迫，这只是中国革命的第一步，毛泽东将其称为“第一个革命”；但是，中国革命的最终目的是要引导农民走集体化的道路，实现社会主义社会，而合作社可以有效地将农民组织起来，因此，毛泽东又把建立在个体经济基础之上的劳动互助组织——农民的农业生产合作社，称为“第二个革命”。对于合作社的性质，毛泽东说“我们的经济是新民主主义的，我们的合作社目前还是建立在个体经济基础上（私有财产基础上）的集体劳动组织”[②]。合作社的形式应该多样化，但主要有四种形式，即农业生产合作社、运输合作社、综合性合作社及手工业合作社。合作社是群众的自主组织，毛泽东强调合作社必须要“为群众服务，这就是处处要爱护群众，为群众打算，把群众的利益放在第一位。这是我们与国民党的根本区别，也是共产党员革命的出发点和归宿”[③]。1944 年 6 月底 7 月初，在延安召开了陕甘宁边区合作社联席会议，总结了过去的工作经验，重申“民办公助”的基本方针，进一步强调坚持群众自愿的原则，明确提出了对合作社工作的 8 项具体任务。

在这些方针政策的指导下，合作社比较快速地发展起来。至 1942 年，晋察冀边区共组织合作社 4624 个，发展社员 68 万人左右，股金约 136 万元；[④] 1943 年，陕甘宁边区共组织合作社 259 个，社员 15 万人，股金约 1.7 亿元；[⑤] 淮北苏皖边区 1944 年共组织合作社 347 个，社员 234065 万

① 毛泽东：《组织起来》（1943 年 11 月 29 日），《毛泽东选集》第 3 卷，人民出版社 1991 年版，第 931—932 页。

② 同上书，第 931 页。

③ 毛泽东：《论合作社》（1943 年 10 月），孙晓忠、高明《延安乡村建设资料》（二），上海大学出版社 2012 年版，第 118 页。

④ 聂长林：《晋察冀的合作事业》（1943 年 1 月 30 日），杨德寿《中国供销合作社史料选编》第 2 辑，中国财政经济出版社 1990 年版，第 553 页。

⑤ 《陕甘宁边区合作社工作总结》（1943 年 9 月 29 日），杨德寿《中国供销合作社史料选编》第 2 辑，中国财政经济出版社 1990 年版，第 556 页。

人，股金163.6万元左右。[①]

二 抗日战争时期中国共产党的合作思想

（一）抗日根据地合作社的性质

抗日战争时期，中国社会的主要矛盾发生了变化，民族矛盾上升为社会的主要矛盾，任何的阶级矛盾都必须服从于抗日的民族斗争，这是中国共产党制定政策的出发点。“党的策略路线，在现在和过去是有原则区别的。在过去，是反对地主和反革命的资产阶级；在现在，是联合一切不反对抗日的地主和资产阶级”，“联合一切反对日本帝国主义的社会阶层，同他们建立统一战线”[②]。党的政策路线的变化，合作社的性质也随之发生了变化。在土地革命战争时期，合作社只吸收中农以下包括贫雇农以及小手工业者等工农大众，而地主、富农、商人以及资本家等剥削阶级，则被排斥在合作社之外。但在抗日战争时期，建立抗日民族统一战线是一切工作的出发点，合作社也必须坚守这个原则。1939年，中共中央财政经济部颁布《各抗日根据地（简称本边区）合作社暂行条例示范草案》明确规定：“凡本地区之居民除汉奸卖国贼外，不分阶级、职业、性别、信仰，均可入股为合作社社员，并得享有同样之权利与义务”[③]。1944年毛泽东在陕甘宁边区合作社联席会议上的讲话中明确指出：“合作社是统一战线的性质，所有农民、工人、地主、资本家都可以参加合作社，它是政府领导，各阶层人民联合经营的经济、文化及社会公益事业的组织”[④]。根据党的政策的变化，各根据地合作社都

① 邓子恢：《一年来淮北解放区的经济建设》（1944年12月），杨德寿《中国供销合作社史料选编》第2辑，中国财政经济出版社1990年版，第574页。

② 毛泽东：《〈农村调查〉的序言和跋》（1941年3月、4月），《毛泽东选集》第3卷，人民出版社1991年版，第792页。

③ 《各抗日根据地（简称本边区）合作社暂行条例示范草案》（1939年），杨德寿《中国供销合作社史料选编》第2辑，中国财政经济出版社1990年版，第361页。

④ 毛泽东：《毛泽东同志谈合作社的方针与业务》（1944年7月4日），杨德寿《中国供销合作社史料选编》第2辑，中国财政经济出版社1990年版，第347页。

相继取消了对社员入社资格的阶级限制。1940 年山东省临时参议会制定的《山东省合作社暂行规程》规定："除汉奸外，任何人均可入股为合作社社员"①。1941 年，晋察冀边区《合作社法草案》规定："边区一切抗日人民年满 16 岁者，均得为合作社社员"②。1942 年颁布的《合作社组织条例》也规定："边区一切抗日人民不分民族阶级性别年龄职业均得为合作社社员"③。在实践中，合作社的统一战线性质也得到了充分体现。比如，1939 年 10 月，陕甘宁边区合作总社召开成立大会，在名誉主席团的成员中，就包括国民政府官员蒋介石、孔祥熙、翁文灏，国民政府合作事业管理局局长寿勉成，热心于中国合作事业的外国友人斯诺、艾黎等。陕甘宁边区的许多合作社是由地方士绅或开明商人组织的。在浙江，有些地方的合作社是在国民政府的号召下，由中共组织创办的。从这里可以看出，从性质上来看，抗日根据地的合作社是"各阶层的经济合作"，不再是"阶级的组织"；从财产关系上看，合作社是建立在私有财产基础上的；从开放程度看，任何人都可以加入合作社，除汉奸外，一切抗日力量包括地主、富农、士绅、商人等都可以参加，这与世界通行的合作原则是基本一致的。

（二）边区合作社的方针

合作社"社务的基本方针是民办公助"，"所谓民办是为群众服务并由群众自己经营；所谓公助，是由政府给以方针上和业务上的指导帮助，使其掌握正确方针，助其解决业务上的各种困难"④。这一方针是 1942 年 1 月陕甘宁边区在总结延安南区合作社基本经验时正式提出的。毛泽东对此

① 《山东省合作社暂行规程》（1940 年 12 月 17 日），山东省供销合作社联合社史志办公室编《山东省供销合作社史料选编（1924—1949）》，内部发行，1991 年，第 6 页。

② 《晋察冀边区合作社法草案》（1941 年），杨德寿《中国供销合作社史料选编》第 2 辑，中国财政经济出版社 1990 年版，第 397 页。

③ 《晋察冀边区合作社组织条例》（1942 年 5 月 1 日），杨德寿《中国供销合作社史料选编》第 2 辑，中国财政经济出版社 1990 年版，第 406 页。

④ 薛暮桥：《怎样办合作社》（1945 年 1 月 13 日），山东省供销合作社联合社史志办公室编《山东省供销合作社史料选编（1924—1949）》，内部发行，1991 年，第 121 页。

十分重视，强调合作社必须要恪守“民办官（公）助”的办社方针，认为这是根据地合作社事业能否正确发展的关键。合作社是群众自愿的组织，只有社员自主管理，并在政府的积极支持和帮助下，合作事业才能得以发展和巩固。为深入贯彻实施“民办公助”的方针，1944年7月，陕甘宁边区合作社联席会议对“民办公助”的内涵进行了更加详细的阐述，指出所谓“民办公助”，“就是人民要办他们自己要办的事，党政帮助他们。民办为主，公助为辅”[①]。公助要注意防止两种倾向：“一是包办与脱离社员……合作社的工作当然政府要帮助，但是，只应该在方针政策上加以领导帮助，不应该事事去干涉。……还有一种叫作不管。什么叫不管呢？就是不去提倡，不去帮助，办或不办，办好或办坏一个不管”[②]。不论是“包办”还是“不管”，都会阻碍合作事业的发展。为落实“民办公助”的方针，陕甘宁边区政府提出了具体的实施指标，即在合作社管理中，要“社员选举主任，主任不称职，社员有撤换之权；民主公议社务，社务有毛病，社员有批评之权；入社自由、出社自由、入股自由、退股自由；按期算账、按期公布、按期分红、按股分红；社员一律平等，不论股金大小，都有选举权、表决权”。[③]

“民办公助”的方针实行后，广大群众办社的积极性被充分地调动了起来，边区合作社的发展数量增加了，发展质量也有了明显的提高，尤其是合作社的业务克服了过去单纯搞消费、供给的现象，而是根据边区经济建设和群众的实际需要，向生产、运输、信用、医药等综合性发展，实行一业为主，综合经营，边区的合作社真正成为人民群众广泛参与的紧紧与生产密切相结合的事业。

---

① 高自立：《合作社联席会议总结报告》（1944年7月），中国财政科学研究院主编，陕甘宁边区财政经济史编写组，陕西省档案馆编：《抗日战争时期陕甘宁边区财政经济史料摘编·第7编·互助合作》，长江文艺出版社2016年版，第53页。

② 同上书，第53—54页。

③ 《陕甘宁边区合作社联席会议决议》（1944年7月7日），杨德寿《中国供销合作社史料选编》第2辑，中国财政经济出版社1990年版，第351页。

（三）根据地合作社的作用

合作社是一个经济组织，在战争环境中建立和发展起来的合作事业，其主要任务就是发展生产，支持抗战，充分发挥合作社经济堡垒的作用。1939年，中共中央财政经济部制定颁发的《各抗日根据地合作社暂行条例示范草案》指出："合作社系用群众集体经营方式以发展国民经济改善人民生活，并组织与教育广大群众共同完成'抗战建国'之需要为目的"[①]。抗战后，由于大城市及主要交通线都被日寇占领，再加上日寇对根据地不断"扫荡"破坏，要在城市建立大工厂实所难能，只有在农副业的基础上发展手工业生产才能支持根据地的抗战，而合作社是组织手工业小生产的最好形式，"怎样供给原料，怎样改用新式工具，怎样召集和培养熟练的技术工人，怎样推销制成了商品……这些问题都要靠着合作组织才能圆满解决。"[②] 根据"自给自足"的经济政策，1942年以后，各根据地在消费合作社的基础上，集中力量发展生产、运输等合作事业，积极鼓励农村家庭副业和各种手工业生产，不断壮大根据地的经济实力，到1944年，根据地军民日常生活必需品如粮食、食盐、棉花、纸、火柴、棉布等，基本实现自给，逐渐摆脱了对外的经济依赖。

同时，合作社还是开展对敌经济斗争的坚强堡垒。在残酷的战争环境下，经济发展萎缩，商品奇缺，物资供应紧张，奸商趁机投机操纵，贱买贵卖，群众深受剥削之苦。组织合作社是制止投机商人操纵剥削的有力武器。陕甘宁边区合作社始终把抵制奸商投机操纵、调节与平抑物价作为一项重要的任务。他们从群众利益出发，设法把群众日用必需品贱价买回来，把剩余农产品高价卖出去，使社员减少开支，增加收入。陕甘宁边区90%以上的合作社能够起到平抑物价、抵制投机剥削、优待抗属、低价售货的作用。

合作社亦具有政治组织的作用。1939年，晋察冀边区行政委员会在

① 《各抗日根据地（简称本边区）合作社暂行条例示范草案》（1939年），杨德寿《中国供销合作社史料选编》第2辑，中国财政经济出版社1990年版，第359页。

② 薛暮桥：《战时合作运动的特殊任务》（1938年9月20日），《薛暮桥文集》第2卷，中国金融出版社2011年版，第92页。

《关于发展边区合作事业的指示》中指出，边区合作社在政治组织上的作用主要体现在以下几个方面：第一，“合作事业是利用经济关系组织民众的手段”。合作社将群众组织起来，使他们在切身利害的经济纽带里，形成一种力量，以强化政治组织；第二，合作事业是用经济关系促进民主政治的手段。合作事业是集体的经济组织，“一方面易于吸收群众，可以作为组织民众的手段，另一方面和群众利害关系深切种种集会，种种讨论，以及日常的接触往来，可以作为训练民众的手段，使他逐渐学会大家管理大家的本领，好去运用自己的政权”。第三，合作事业是用经济方法防止汉奸活动的手段。“抗战以来，以商人姿态出现的敌探和借商业活动的汉奸，层出不穷，无往不有，所以除奸工作，应格外从商业上着眼。消费合作，运输合作，如果能广泛的普遍设立，就可将大部的商业‘化整为零’，登记监督既易实行，汉奸敌探活动的机会便自然减少了”①。

根据地合作社还具有改造社会的作用。合作社发挥互助协作的精神，团结群众，共同经营生产、消费、运输、信用等合作社，以达到共同改善人民群众生活的目的，“它是一种修身、养家、治村、富国的整套基本工作”，“它是社会改进的全面工作”，“无论在农民精神上在农工商的动作上”，合作社推进了社会的多面改进，它出发点是“由小而大，循序渐进”，最终目标是将“社会全部都纳入合作组织系统之中公平生活的大同世界”②。因此，合作社有治社会之本的功能。

（四）根据地合作社与政府的关系

罗虚戴尔合作社成立时，特别强调了一个原则，就是对政府的中立，这主要是为了保证合作社的独立发展，防止政府对合作社的过度干预。但从合作社发展的历史轨迹来看，经济落后的国家，政府对合作社的发展都给予了积极的支持和帮助。就根据地而言，根据地并不具备自下而上发展

① 《晋察冀边区行政委员会关于发展边区合作事业的指示》（1939 年），杨德寿《中国供销合作社史料选编》第 2 辑，中国财政经济出版社 1990 年版，第 271—272 页。

② 郑刚：《合作社的性质与任务》（1939 年 11 月 1 日），杨德寿《中国供销合作社史料选编》第 2 辑，中国财政经济出版社 1990 年版，第 268 页。

合作社的内生性动力，合作社的发展必须依靠政府的帮助和扶持。从各个根据地颁布的政策法令来看，为促进合作社的发展，各根据地都给予了合作社许多政治上、经济上帮助和优待，虽具体内容各不相同，但主要内容大体包括以下几个方面：

1. 政府经常帮助合作社的宣传组织工作；

2. 公家工厂商店及运输机关，对合作社买货运货有优先权，并得减少价格；

3. 政府给予合作社减免租税及一切承租的优先权；

4. 政府保护合作社的货物流通；

5. 银行给予合作社以经济的帮助；

6. 政府除指定公积金、公益金用途外，不干涉合作社财政，但遇有营私舞弊者，政府经常帮助取缔之。①

合作社要定期向政府报告其业务经营并遵守边区政府法令，政府对合作社有指导义务，但不得干涉其业务。政府对合作社的经营不加过问，但有检查合作社的权力，如依法检查合作社是否符合组织条例，是否按照规定投资生产事业，贷粮贷款是否能够按照规定执行等。县联社、村社等要遵守政府的法令，并要实现政府的合作经济政策，根据政府经济建设的方针指导合作社完成政府的任务。

为体现政府对合作社的资金支持，政府也可向合作社投资。但政府对合作社投资有严格的规定，政府向县联社投资，最高不超过全县村社股金总数；县联社向村社投资，最高不超过村社员股金总数；村社须以股金十分之一加入县联社，作为县联社资金；政府投资，县社必须以50%用于生产，否则，政府得撤回投资；县社向村社投资时，村社也必须以50%用于生产，否则，投资亦被收回。②

① 叶彬：《消费合作社经营》（1939年），杨德寿《中国供销合作社史料选编》第2辑，中国财政经济出版社1990年版，第471页。

② 《晋察冀边区行政委员会关于合作社工作的指示》，杨德寿《中国供销合作社史料选编》第2辑，中国财政经济出版社1990年版，第340页。

（五）根据地合作社的股金与分红

根据地合作社股金形式多种多样。为了解决资金不足的问题，合作社一方面极力争取政府的投资和贷款，另一方面，采用灵活多样的方法吸引农民入股，主要有：

1. 农民以自产土货作价入股，合作社作价可比市场作价略高。如延安南区合作社“号召群众可用一切有价值的实物入股，如粮食、鸡蛋、柴草、牲畜等等”[①]，几张羊皮，一双鞋，一只鸡，甚至几根麻绳头等都可以折价入股。

2. 农民股金年终不抽红利，加利入股。比如延安南区合作社，年终红利 0.7 元则作价 1 元入股，1.3 元的红利则作价 2 元入股，这样，农民宁肯年终不提红利。

3. 以劳力入股，为合作社打油、纺线、织布、运盐等，以其工资的一部分作为股金。

4. 先后入股，平分红利，即 1 月入股和 8 月入股，年底享受同股同利。

5. 入社股金的数目、地区不受限制，可以 1—2 元，也可以 1 千元—2 千元，总之，“在股金数额上不加任何限制”[②]。

在人员成分上，打破了“以阶级画线”的限制，贫雇农可以入股，地主、富农、商人也可以入股。

合作社采取灵活办法激励农民入股，使得股金额大增，极大增强了合作社的实力。

同时，合作社还与群众合股投资经营。某些比较富有的群众比如小商人等，他们对合作社有顾虑，不愿意大量入股，但是自己的资金又不充足，不能独立经营，他们更愿以合股的方式共同经营，在人力上进行人份分红，合作社与之合股可以扩大自身的业务，增加合作社的经济收入。

---

① 毛泽东：《关于发展合作事业》（1942 年 12 月），杨德寿《中国供销合作社史料选编》第 2 辑，中国财政经济出版社 1990 年版，第 311 页。

② 蒋玉珉：《合作经济思想史论》，安徽人民出版社 2008 年版，第 315 页。

合作社的分配方式关系到社员个人的切身利益，也关系到合作社的兴衰。不同类型、不同规模的合作社采取了多种分配方式：

有的合作社所得盈利“40%按资金分红，40%按劳力（纺线织布数量）分红，10%公积金或公益金，10%是职员奖励”①。

有的合作社在“总盈余中抽出25%，其中10%为公积金，10%为公益金，5%为奖励基金。其余75%部分作为100%，其中70%按股分红，30%按劳力分红”②。

劳力如何分红？由合作社全体社员民主讨论，决定每人每月“应支”的数目。但这种“应支”并不是实支，只是作为社员分红的比例。如晋绥边区规定，头等技术工人如果每天织9丈布，则每月“应支”2斗6升米，二等工人每天织6丈布，则每月“应支”1斗5升，三等日织4丈，则每月“应支”1斗。其他木工、运输脚夫亦评出每月“应支”数目。合作社干部则按照能力与实际贡献相当于何种等级工人，订出每月的“应支”数目。年底分红时，在总盈余内抽出25%作为公积金（10%）、公益金（10%）和奖励金（5%），其余部分的70%归社员分红，30%按照社员的“应支”数目分得红利。③

边区合作社按劳力分红的这种办法近似于当代国外合作社的“评分”做法，“股”类似于“分”。按“股”分红等于按“分”取酬。④

抗日战争时期中国共产党的合作思想体现了极为卓越的创新精神和高度的灵活性。在抗日战争艰苦的岁月里，敌、伪、顽的封锁“扫荡”破坏，使根据地失去了一切可以利用的外部资源，中国共产党必须在极为残酷的环境中和极为恶劣的自然条件下，最大限度地调动人民群众的积极性

---

① 薛暮桥：《山东抗日根据地内的纺织手工业》（1944年7月），山东省供销合作社联合社史志办公室编《山东省供销合作社史料选编（1924—1949）》，内部发行，1991年，第94页。

② 《晋绥边区一年来综合性合作社的经验（节录）》（1943年），杨德寿《中国供销合作社史料选编》第2辑，中国财政经济出版社1990年版，第565页。

③ 同上。

④ 蒋玉珉：《合作经济思想史论》，安徽人民出版社2008年版，第315页。

和创造性。中国共产党审时度势，放弃了第二次国内革命战争时期视合作社为“阶级的组织”的“歧视性观念”①，还原了合作社开放、平等的本来面目，在维持土地私有权的基础上，发展合作经济，符合各阶层人民的共同利益，最广泛地团结了人民；充分尊重合作社自主、民主的原则，赋予了合作社独立完整的产权，合作社有自由的决策权和利益处置权，合作社的事务由社员民主讨论决定，调动了群众参与、关注合作社的积极性；打破常规，从中国的历史传统出发，创造了多种入股方式和业务方式；坚持群众利益第一，强调政府要对人民负责，强调政府对合作社的扶持、指导作用，合作社也成为沟通人民与政府的桥梁。1943 年，《解放日报》在推广延安南区合作社的经验时，做过高度的概况，指出合作社在业务经营方式、社员股金方式等方面都有创造性的发展，“第一，它冲破了合作社的教条主义、公式主义，不拘守成规。……第二，打破了合作社的形式主义，认真贯彻面向群众，替人民谋利益的方针。……第三，它以公私两利的方针，作为沟通政府与人民经济的桥梁。……第四，它根据人民的意见来改善合作社的组织形式”②。正是在这种政策的正确指引下，根据地的合作社如火如荼地开展起来。大量组织起来的合作社，集中了有限的人力物力，对发展根据地的农业生产，流通物资，克服根据地的经济困难，改善人民生活，争取抗日战争的最后胜利，发挥了巨大作用。

第二节　山东抗日根据地合作事业发展概况

一　山东抗日根据地面临的严峻形势

抗战爆发后，在人民群众的支持下，中国共产党领导的武装力量创建了山东抗日根据地，但从创建伊始，根据地的生存就时刻受到威胁。

① 张曼茵：《中国近代合作化思想研究（1912—1949）》，上海书店出版社 2010 年版，第 361 页。

② 高自立：《向南区合作社学习》（1943 年 3 月），孙晓忠、高明《延安乡村建设资料》（二），上海大学出版社 2012 年版，第 75—76 页。

首先，根据地不断受到日伪的残酷“扫荡”和经济掠夺与封锁。由于山东抗日根据地所处的战略地位和它的迅速发展，令日寇十分恐慌，其不断集中兵力对山东抗日根据地进行疯狂的“扫荡”。据不完全统计，1939年至1940年，敌人万人以上的“扫荡”2次，千人以上的达25次；而1941年至1942年，敌人万人以上的“扫荡”9次，千人以上“扫荡”多达70余次，千人规模以下“扫荡”几乎每天都在发生。鲁中、清河、鲁南、冀鲁边、胶东各区无一幸免。1942年，在鲁中山区，敌人在137天的时间内发动了9次大的“扫荡”，动用兵力多达5万人。1942年，敌人在山东各地建立了2418个据点，占据公路13852里，建筑封锁沟墙约8494里，被蚕食村庄达2291个。1944年，日军加大了对山东根据地的“扫荡”频率，一年之内共发动“扫荡”50次，其中，两万人以上的“扫荡”2次，万人以上的“扫荡”4次，五千人者3次，四千人者1次，三千人者5次，两千人者7次，千人以上的“扫荡”“蚕食”约26次，共使用兵力在16万人左右，“扫荡”“蚕食”时间共约十五个月，清河、鲁中两个地区，最为紧张。① 敌人的“扫荡”给根据地军民造成了极大的损失，1941年春，日伪“扫荡”临费边区，仅岸堤一带，就烧毁房屋5000间以上，拉走耕牛百余头。同年九月，敌人向泰山区大“扫荡”，烧毁村庄八九十个；在莱博淄边区一带抓去壮丁3000多人，并在上港一带抢走牲口数千头，滨海区损失公粮达1167525斤，南沂蒙县九区共被烧房子5000余间，被抢走牛马200余头，有的区耕牛损失在60%以上。②

其次，根据地面临严重的自然灾害。山东省地处暖温带季风气候区，降水分配不均，夏秋暴雨集中，冬季雨雪稀少，加上地形、地貌复杂，水旱灾害频繁发生。据统计，从1937年到1945年，共发生水灾106次。1939年冀鲁边区发大水，受害灾民达400万人。1940年，沂河袁家庄（今

① 肖华：《关于对敌斗争问题》（1944年5月），山东省档案馆、山东社会科学院历史研究所合编《山东革命历史档案资料选编》第十二辑，山东人民出版社1983年版，第32页。

② 朱玉湘：《山东抗日根据地的经济建设》，《东岳论丛》1981年第6期。

沂南）和保太（今平邑）发生了严重的涝灾，袁家庄30余个村庄的2万多亩农田被淹，庄稼绝产；保太地区8万亩农田受灾，房屋倒塌4000间，2万多人外出逃荒。[①] 1940年6月乐陵连阴雨7天7夜，“淹死庄稼十之五”[②]。非涝即旱，旱灾也是山东频繁遭受的自然灾害。据不完全统计，从1937年到1945年，山东共发生旱灾397次。1942年至1943年，山东遭遇了百年未遇的大旱灾，1942年入夏以后，即“天气亢旱，禾苗枯槁，几濒于死，且旱区广阔，救济困难，敌人抢粮又极凶残，因之粮价飞涨，人心不安”[③]。鲁南区的费南、费北两县受旱灾影响最为严重。费南自6月至8月连续三个月无雨，河水断流，水井也大部干枯，农作物旱死，人畜吃水严重困难。受灾粮田达6.2万亩，粮食减产九成。1942年《中共山东分局关于湖西面积、人口、财政收支及人民负担情况向北方局的报告》中指出：山东湖西区有旱灾、虫灾区14万零4000亩，每亩平均收入仅30斤；轻灾地区12万亩，平均每亩收入谷17斤。[④] 1943年，旱情持续加重，泰山区之淄河流域，鲁南之邹东、滕峄边、费南一带，则“民众已十室九空，颠沛流离，嗷嗷待哺，为状极惨”[⑤]。

伴随旱灾而来的，是蝗虫的肆虐。1941年11月，临沂县发生了蝗灾，部分村庄蝗虫遮日，蝗粪如雨，不但禾苗被吃光，甚至连已经收获到场间的庄稼也未能幸免。1945年7月，渤海区发生大面积蝗灾，其中，沾化、垦利、广饶、寿光、潍县、昌邑、博兴等七县受灾最重，受灾区域432万

① 王智东：《中共抗日根据地救灾研究——以山东分区为例》，《福建党史月刊》2009年第2期。

② 常连霆主编，中共山东省委党史研究室编：《中共山东专题史稿》第3辑，山东人民出版社2015年版，第204页。

③ 《山东省战时工作推行委员会关于救济旱灾预防粮荒的指示》（1942年7月18日），常连霆主编，中共山东省委党史研究室编《山东党的革命历史文献选编（1920—1949）》第5卷，山东人民出版社2015年版，第205页。

④ 《中共山东分局关于湖西面积、人口、财政收支及人民负担情况向北方局的报告》（1942年11月17日），山东省档案馆、山东社会科学院历史研究所合编《山东革命历史档案资料选编》第九辑，山东人民出版社1983年版，第138页。

⑤ 王智东：《中共抗日根据地救灾研究——以山东分区为例》，《福建党史月刊》2009年第2期。

亩，渤海行署组织26万人，奋战50天，灭蝗56.5万斤。除了水、旱、虫灾害外，山东常见的灾害还有霜雹、地震、潮灾等。1938年山东发生了大海潮，潮水侵蚀内陆达六七十里，受灾地区遍及昌邑、潍县、寿光、广饶、利津、沾化、无棣等县，仅沾化一县被淹土地达59万多亩，房屋倒塌四五万间。[①] 潮灾的破坏性极大，不仅冲决海堤，拔树倒屋，盐场、林牧场被冲毁，更严重的是碱废土地，潮水过后的农田尽被碱化，多年无法耕种。1937年8月1日，山东菏泽发生了7级地震，波及山东、河北、江苏、安徽等省，震区面积达82平方公里。据不完全统计，受灾较重的县大约有14个，倒塌房屋约47万多间。大震之余震不断，到9月10日共发生余震有40多次。地震之后当地又连降暴雨，水深数尺，秋禾被淹，10多万人无家可归，无衣无食、无医药，交通梗阻。[②]

敌人的“扫荡”、日伪顽的摧残、频发的水旱虫等自然灾害，给山东抗日根据地造成了极大的困难。为解决群众的经济困难，支持长期抗战，山东抗日根据地始终把发展合作社作为经济建设的一项重要政策，推动了合作事业的极大发展。

二 山东抗日根据地合作社的发展历程

山东抗日根据地始创于1938年，其合作事业的发展，最初是自流无计划的。自1940年8月山东省行政机构战时工作推行委员会（简称省战工会）成立，合作事业便在它的领导之下开始发展。纵观抗战时期山东合作社的发展状况，大体可将其划分为两个阶段。

（一）从1939年到1942年，是合作社萌芽时期

1938年，在胶东文登、荣成和鲁中沂水等县开始出现合作社。在目前的档案资料中，能够见到的最早的提倡发展合作社的文献是1938年9月郭洪涛所做的《目前战争形势及我们的当前任务（节录）》的报告。报告指出目前

① 许青春、戴彦臻：《近现代山东灾荒的历史考察》，《理论学刊》1999年第4期。

② 高文学：《中国自然灾害史·总论》，地震出版社1997年版，第382页。

重要的经济政策是“保护工商业自由营业，发展农业生产，提倡合作社”①。1939 年开始组织合作社试点，八九月间，蓬莱县北崮乡、莱芜县苗山区西见马村、日照县黄墩区陈家沟村相继创办了合作社，这是山东省在中国共产党领导下建立的最早的一批合作社。1940 年省战工会成立后，把发展合作社列入战时施政纲领，积极倡导建立合作社。省战工会明确指出消费合作社能够减少商人剥削，减轻群众的生活负担；运销合作社通过调剂物产，减少物价的过分悬殊；借贷合作社能够消除高利贷的剥削，避免群众债台高筑，同时还可以资助小作坊工厂等；生产合作社可以扩大生产，解决群众的生产困难。省战工会要求在开办合作社的过程中，政府应采取宣传教育的方法说服群众进行筹资入股，不得摊派、强制捐款，每股的金额也不要过多，2 角到 1 元最为最合适。千万不能把每股金额提高，因合作社是绝大多数劳苦大众的组织，根据地的群众又比较贫穷，如果股金高至 5 元或 10 元，就等于把大多数劳苦群众排除在合作社之外，就这违背了合作社救济弱小群体的初衷。同时，每人入股也应有最多额的限制，以免操纵，各地合作社应以 10% 利润作为救济灾民或其他有关抗战之社会公益事业。

为了规范合作社的发展，1940 年 9 月，省战工会秘书长陈明在山东省行政会议上的报告中指出，合作社不论股数多少，以 1 人为一社员单位，不限制股金；合作社纯利的 30% 为公积金，公积金不能拆分，社员退股时只能收回股金；政府对于合作社的发展应予以积极帮助，在税收上给予减半或免税与贷款之优待，“并严格监督投机分子利用合作社作个人发财主义”②。合作社分消费、运输、生产三种，应大量组织生产合作社。1940 年 8 月，鲁西朝城五区工、农、青、妇各救亡团体，首先创办食粮运销合作社，至 1940 年 11 月，鲁西开办生产合作社 5 处，食粮运销合作社 7 处，

---

① 郭洪涛：《目前战争形势及我们的当前任务（节录）》（1938 年 9 月 26 日），山东省供销合作社联合社史志办公室编《山东省供销合作社史料选编（1924—1949）》，内部发行，1991 年，第 1 页。

② 陈明：《山东抗日民主政权工作（节录）》（1940 年 9 月），山东省供销合作社联合社史志办公室编《山东省供销合作社史料选编（1924—1949）》，内部发行，1991 年，第 3 页。

信用合作社9处，消费合作社41处，小盐合作社5处，土布工厂13处，肥皂制造合作社1处，妇女毛线制造厂1处，麻业远销合作社3处，机关合作社5处。[①] 淄川抗日民主政府号召各区乡发展经济，改善民生，在不到一个月的时间里，各区乡普遍成立消费合作社、信用合作社和纺织合作社；滨海区1941年3月共开设各种合作社28处，资金50908元，其中消费合作社22处，生产合作社4处，资金46308元，运销合作社1处，资金1200元，信用合作社1处，资金3400元。[②]

1940年12月，山东临时参议会颁布了《山东省合作社暂行规程》《山东省合作社暂行规程实施细则》以及《山东省县区联合章程》，对合作社的类型、设立、社员的权利义务、股金、盈余分配、组织机构、经营管理、联合社以及解散清算等重大问题做出了详细的规定。这些规程、细则的颁布使山东抗日根据地的合作运动有了法律依据。1941年1月，省战工会制定了《关于1941年山东经济建设工作计划》（简称《计划》），总的目标是“将全省生产、运销、消费等合作事业，由各个地区统一领导，纠正过去各自为政、互相排挤、无组织、无计划等现象”[③]，以促进合作社的进一步发展。《计划》要求建立与健全合作社及合作运动委员会，依照工作基础和群众基础的不同，将根据地分为模范县、一般县、薄弱县，对不同的县提出了不同的数量要求。

在有群众基础的模范县，第一，要求在1941年5月底前要建立起县合作总社，8月底前，每个专员区都要建立起合作社联合社。第二，在4月底，每区至少要建立生产合作社4个、农业合作社4个、消费合作社6个。

① 《鲁西公署倡导奖励下生产合作事业欣欣向荣》（1940年11月4日），山东省供销合作社联合社史志办公室编《山东省供销合作社史料选编（1924—1949）》，内部发行，1991年，第3—4页。

② 山东省钱币学会、临沂市钱币学会：《北海银行在沂蒙》，中国金融出版社2014年版，第212页。

③ 《山东省战时工作推行委员会关于一九四一年山东经济建设工作计划》（1941年1月），山东省档案馆、山东社会科学院历史研究所合编《山东革命历史档案资料选编》第六辑，山东人民出版社1982年版，第233页。

至8月底，每乡至少建立生产合作社2个、农业合作社2个、消费合作社4个。至12月底，每村建立生产合作社1至2个、农业合作社1至2个；每5个村要建立1个消费合作社；县要建立1个信用合作社。第三，建立全县生产小组。至4月底，要将全县所有的各种手工业工人（包括家庭工业、妇女在内）的1/3组成生产小组，8月底组成2/3，12月底全部组成生产小组。

在群众基础较差的一般县，第一，要求在4月底前，建立县合作社，建立标准与模范县相同。第二，每区至少建立生产合作社2个、农业合作社2个、消费合作社4个。至8月，每乡至少要建立2个生产合作社、2个农业合作社、3个消费合作社。至12月底，每村要建立1个生产合作社、1个农业合作社，每15个村庄要建立生产合作社1个、农业合作社1个，每10个村庄建立消费合作社1个，县要建立起信用合作社；生产小组与模范县一样。

在群众基础较差的薄弱县，第一，要求在4月底前，建立县合作总社，组建标准与模范县相同。第二，每区至少建立生产合作社1个、农业合作社1个、消费合作社2个。至8月，每乡至少要建立生产合作社1个、农业合作社1个、消费合作社2个。至12月底，每2个村建立生产合作社1个、农业合作社1个，每20个村庄建立消费合作社1个，并建立起县的信用合作社。第三，生产小组完成2/3。该《计划》对合作社的发展提出了具体的量化指标，明确指出“合作社是经济建设最重要的一项”，要“把发展合作社运动当作最重要的政治任务来完成”①。

1941年4月15日，省战工会又发出了《关于开展合作事业的指示》，提出要尽量吸收热心合作事业的人及当地士绅名流参加，加强宣传和动员；合作社要加强民主，政府不得包办和指派，股金不得摊派，要更多组

① 《山东省战时工作推行委员会关于一九四一年山东经济建设工作计划》（1941年1月），山东省档案馆、山东社会科学院历史研究所合编《山东革命历史档案资料选编》第六辑，山东人民出版社1982年版，第236页。

织生产与运销合作社；要根据合作社的发展状况，适时建立区、县、专员区联合社；合作社是独立的组织系统，任何团体不得干涉，各级贸易局要在业务上、金融上帮助合作社的发展，工作上要相互配合；为扶持合作社的发展，应减免合作社20%的税金。[①] 为促进合作社的发展，省战工会印发了《村政工作讲授提纲》，普及合作社知识。经过自上而下的发动、宣传和组织，到1942年全省已经有合作社1000多处。

但这时期合作社存在很多偏向：一是政府对合作社认识不够，发动组织合作社时不是采取指导帮助的态度，而是包办代替，有些地区，为了突出成绩，完成数字，竟命令式限期成立；股金主要不是群众自愿缴纳，而是政府直接摊派，强制群众入股，并按村按户征收，或动员士绅募集。如在鲁中，合作社不是由群众设立的，而是政府指定设立的，股金也不是来自社员入股，而是由政府摊派，合作社的理事也是由政府指定；有的地区强迫会员参加合作社；二是有的合作社不为群众服务，不是根据群众的需要置办物品，而是根据机关部队的需要，“是为干部服务（如贩卖牙膏、牙刷、钢笔、墨水供给干部消费需要）、为政府服务（如用摊派方式动员群众纺纱织布，供给政府军队需要）”[②]；三是合作社形式比较单一，偏重于消费合作社和运销合作社，当时消费社占山东根据地合作社总数的90%以上；在经营过程中，片面追求营利，而不是为群众服务；四是在组织过程中有的地方教条主义严重，机械地执行上级的指示，为组织而组织。合作社的社章及分红办法由政府确定，对于群众组织的合作社，不检查具体的业务内容，只要凑足社员人数（15个人以上），说明股金数额，向政府登记，就能取得合法地位。鲁中130个合作社，有21个合作社资金不过百元，有的合作社限制富农入股；五是部分合作社存在垄断现象，把合作社

① 《山东省战时工作推行委员会关于推行合作事业的指示》（1941年4月15日），山东省供销合作社联合社史志办公室编《山东省供销合作社史料选编（1924—1949）》，内部发行，1991年，第32页。

② 薛暮桥：《山东的群众生产工作》（1947年5月），山东省档案馆、山东社会科学院历史研究所合编《山东革命历史档案资料选编》第十九辑，山东人民出版社1985年版，第70页。

作为经济统制的组织；六是部分合作社的领导权掌握在上层分子或投机商人手中，使合作社在群众中失去威信，合作社因而缺乏群众基础。由于没有监督，合作社干部营私舞弊现象时有发生，群众得不到合作社的实际利益，对自己所出的股金认为是一种负担，合作社不为群众所认识，得不到群众的拥护，这是合作社初期发展的偏向和缺点。

表 2－1　　1941 年上半年山东省合作社统计

地区　类别　数量		信用	生产	消费	产销	运输
胶东专署区				334	169	
滨河专署区			52	51		60
鲁中专署区	沂蒙专署区		7	17	21	2
	滨海专署区	2	5	20		15
	泰山专署区	70	29	242		14
	蒙山专署区		2			1
	合计	72	43	279	21	32
鲁南专署区		5	11	7		6
湖西直属专署区			6	8		7
合计		77	112	679	190	105

资料来源：《山东省合作社统计表》，山东省档案馆，G004－01－0065－002。

（二）1943 年到 1945 年，合作社蓬勃开展时期

随着战争的不断发展，1942 年以后，敌人加强了对根据地的“治安强化”运动，山东各抗日根据地被敌人分割封锁得更加严重，根据地日益艰难。为了粉碎敌人的经济封锁，解决根据地军民的吃饭穿衣问题，1942 年冬天山东成立了纺织局，号召各根据地积极开展纺织运动，改变过去片面组织消费合作社的做法，要求大力设立生产社合作社。在方针上确定合作社以组织群众生产为主，在整理旧合作社的同时，积极发展生产纺织社，在整理巩固中求发展。1943 年冬，为加强对合作事业的领导，山东根据地决定成立工商管理局，纺织局、渔盐局合并到工商局统一领导，工商局下设合作科，统一指导全省的合作工作。加强对纺织工作的指导，合作科负

责由公营商店调剂原料，推销成品，并帮助实行贷款。同时，减租减息以及大生产运动的开展，群众的生活得到改善，群众对合作社的认识也逐渐发生了转变，加入合作社的积极性明显提高；而且在斗争中，大批斗争果实投入合作社入股，从1943年到1944年是合作社的大发展时期，1943年夏，全省有3000个合作社，社员70万人，资金3800万元。[①]

但这一时期合作社主要以纺织社为主，鲁中山区95%以上是纺织合作社，1944年鲁中组织手工纺织合作社大约200多处，共有资金100余万元，有组织的纺车大约28000余辆，比1943年增长一倍，布机290架，比1943年增加两倍半，纺织工人约有35000人，有的村庄虽然只有100多户居民，但是纺车竟多达100多辆，或有织布机七八十张。1944年滨海区共组织纺织生产合作社128处，纺织小组1350个，拥有纺车11700架，布机1200多台。[②] 渤海地区是一个纺织业比较发达的地区，抗战前当地百姓就有手工纺织的传统。自纺织运动开展以来，渤海根据地的纺织事业发展很快，1944年，参加纺织的人员就达72579人，拥有“纺车62174架，共纺线2100135市斤，参加织机的共13596人，出布160011000（潍县合尺），可供500万人全年单衣，（主要纺织区浦台等县还不在内）尚有余额输出”[③]。鲁南纺织合作社发展也比较迅速，据鲁南六个县的统计，至1945年3月，鲁南共有“纺织生产合作社758个，拥有纺车2.3万余架，社员达6.4万余人，鲁中有合作社992处，滨海区有378处”[④]。纺织合作社的大量发展，改善了群众的生活，解决了部队和大多数群众的穿衣问题，胶东、鲁中、渤海1943年就已经实现布匹全部自给，到1944年，除鲁南刚刚恢复的地区外，其他地区已达到军民布匹自给或大部分自给。

① 朱玉湘：《山东抗日根据地的经济建设》，《东岳论丛》1981年第6期。

② 中国近代纺织史编辑委员会：《中国近代纺织史研究资料汇编》第4辑，内部发行，1989年，第38页。

③ 《渤海区纺织盐业硝业概述》，《渤海日报》1945年1月4日第2版。

④ 中国近代纺织史编辑委员会：《中国近代纺织史研究资料汇编》第4辑，内部发行，1989年，第38页。

1944 年全省出产土布 140 万大匹，（小布 431 万匹），每匹得工资平均 400 元，计算群众收入总数约 5.6 亿元。到 1945 年上半年全省已平均每 30 人就有一辆纺车，每 200 人就有一张织机，全省参加纺织工业的约 80 万人。①

山东合作社的发展并不是一帆风顺的，合作社在发展过程中依然存在许多的问题，这些问题主要表现在：第一，合作社的独立自主权未得到尊重，强迫命令和包办代替的现象仍在某些地区存在。比如有的地方成立县区联合社，强抽村社股金；联合社的干部不是由社员大会选举产生，而是由政府指定委派，并随意调动；部分政府工作人员对合作社的业务横加干涉；第二，统制现象依然存在，有的合作社把持垄断买卖市场，如在沂山区，有的联社派民兵把守线市，不许私人买线；滨海区的木工合作社，不准群众把产品卖给私人；有的地方不准织户办合作社等；第三，派别思想。各个群众团体按照自己的系统成立合作社，如农民合作社、妇女合作社等，各自为政，不能互相协调；第四，教条主义。如有的合作社单纯认为捐款送礼慰劳部队就是服务群众，而不去组织抗属生产解决群众困难，导致有的因捐款太多而垮台，有的则过分强调为群众服务，反对合作社赚钱，抱吃亏主义；有的单纯追求大，对 5000 元以下的社股不许登记；有的限制富农入股等；第五，官僚主义。部分合作社干部不进行调查研究，只知道坐在房子里制定合作社的制度及分红办法，对合作社的业务不熟练，下去调研也只是走马观花，不能及时帮助解决合作社遇到的实际困难，存在着官僚主义作风。

1944 年，针对合作社发展中存在的问题，根据地对合作社进行整顿，要求坚持民办公助的基本方针，“坚决采取自下而上的群众自愿的原则，绝不应从自上而下的由行政命令的方法来组织”②，以南区合作社为发展方

① 朱玉湘：《山东抗日根据地的经济建设》，《东岳论丛》1981 年第 6 期。

② 《山东省第二次行政会议生产组总结报告（草案）》（1944 年 12 月），山东省档案馆、山东社会科学院历史研究所合编《山东革命历史档案资料选编》第十三辑，山东人民出版社 1983 年版，第 396 页。

向，发展综合性合作社。1945 年 1 月，山东战时行政委员会主任黎玉在山东省第二次行政会议上的总结报告中指出必须坚持合作社的群众路线，不折不扣地执行陕甘宁边区合作会议决定的五条方针：社员选举主任，主任不称职，社员有撤职之权；民主公议社务，社务有毛病，社员有批评之权；入社自由，出社自由，入股自由，退股自由；账目按期公布，按期分红，按股分红；社员一律平等，不论股金大小，都有选举权、表决权。同时要整理发展群众需要的各种合作社，如产销合作社，运输合作社，坊子（店）合作社，工具、纺织、卫生等合作社。

经过整顿，在领导思想上，转变了最初的官办思想和统制观念，克服了单纯营利的观点，确立了走群众路线，实行“民办公助”的方针；在管理上，坚持为群众服务，改变分红办法，实行资本分红与劳力分红相结合的方法，建立合作委员会和中心合作社；在业务上，开始改变单纯发展纺织合作社的倾向，运输、打油、木工、铁工、医药、运盐合作社也开始发展。同时，注重吸收先进地区的合作经验，认真学习南区合作社的做法，从组织消费社逐渐转变到组织群众生产为主，从纺织生产社发展到综合性合作社，在鲁中、滨海、渤海等都先后涌现了南区式的综合合作社雏形，如滨海莒南臧家庄子合作社，组织了纺线、打油、运盐、织布等各种生产事业，不到 3 个月，只生产、消费两项，社员每人平均得到 96 元，全村共盈利 9778.5 元。沂水水淹坪合作社，刚成立时仅有 71 名社员，股金 9 千元。他们先从买茧缫丝做起，第一次结账时得到 26400 元的纯利，每股分红 26 元，因此，极大地鼓舞了社员大众，股金迅速扩大到 22390 元。为了配合开展新地区发展纺织的任务，他们又扩大股金 15410 元。按市价发给纺户工资约 10120 元，织户工资约 12285 元，改善了纺户和织户的生活，也团结了群众，提高了社员对合作社的信任，并获得纯利 11000 元，每股分红利 2 元。大生产运动中，群众愿意多施肥以提高产量，合作社又增设油坊，打外槽，优待社员和抗属。春天大批难民到根据地，合作社就把纺线车、纺线借给难民；看到难民的小孩无事干，就动员孩子拾柴草卖给合作社油坊，每担比市价多给5元，共救济难民40户余。针对社员反映市场染布不但价高而且质量较差时，合作社又成立了一个染坊，抗属与社员实行八四折优惠，一个月的时间就染布3300尺。由于处处为群众着想，这个合作社也获得了群众的拥戴，群众都说："自从有了这个合作社，买卖都不吃亏，少赶集，多用力种庄稼。"①

总之，合作社经过整顿后，为群众服务的方针得到了贯彻，开展业务时能够根据群众的需要，解决群众的困难，把为群众服务放在首位，纠正了单纯盈利的观念，合作社的威信大大提高，群众也逐渐改变了对合作社的看法，由过去的消极对抗到踊跃参加，合作社因而获得了比较快速的发展。到1944年全省已经有合作社2000多个。这些合作社基本上是由群众自己组织，自己管理的。1945年底，全省共有合作社4790个，社员达100万人，资金约5600万元。② 但是，由于特殊的战争年代，交通、通讯等条件的限制，合作社的统计数量并不精确，统计时间的不同，数量也不同，但大体来说，没有很大的出入。如表2－2，虽然是1946年的统计，但大多数地区的统计数字是1944年和1945年的。

表2－2　山东全省合作社统计　（1946年1月）

项别　数额　地区	胶东	鲁中	鲁南	滨海	渤海	合计
社数	2395	1024	993	378	115	4905
社员数	687774	258988	98528	80000	44058	1169348
股金数	35922357	10834487	4501198	5000000	5086603	41344645
每社平均社员数	287	253	99	212	383	
每社平均股金数	14999	10581	4533	13228	44231	
每社员平均入股数	52	42	46	62	115	

① 《山东省第二次行政会议生产组总结报告（草案）》（1944年12月），山东省档案馆、山东社会科学院历史研究所合编《山东革命历史档案资料选编》第十三辑，山东人民出版社1983年版，第397页。

② 薛暮桥：《山东合作事业的回顾与瞻望》（1947年1月），山东省供销合作社联合社史志办公室编《山东省供销合作社史料选编（1924—1999）》，内部发行，1991年，第282页。

续表

项别 \ 数额 \ 地区	胶东	鲁中	鲁南	滨海	渤海	合计
该区共有村数	14034	13274	8773	10310	20000	66177
合作社占全区村（%）	17	7.7	11.3	3.7	15	7.4

说明：1. 胶东西海东海北海是1944年统计，东海是1945年上半年统计，但缺荣威海阳两县材料。

2. 鲁中一专署区的社员股金数缺博山太（泰）安两县。

3. 滨海社员和股金是估计数。

4. 渤海是四个县的统计，有许多是1944年材料，缺十四社的股金。

5. 有少数合作社是小合作社（如鲁南）也有些不是村社，其财务不限于一村或为联合社，故社与村比较不一定全面。

资料来源：《山东省合作社统计表》，山东省档案馆，G004－01－0065－002。

表2－3　山东省合作社统计　（1945年12月实业部制）

类别 \ 地区	胶东	鲁中	鲁南	滨海	渤海	合计
社数	2416	1024	993	378	115	4926
社员数	963299	258988	98528	82110	44058	1446983
股金数	44001946	10834487	4501198	5400000	5086603	69424234
每社平均社员数	399	253	99	212	383	293
每社平均股金数	18334	10581	4533	13228	44231	14093
每社员平均入股数	46	42	46	62	115	48
全区村庄数	14034	13274	8773	10130	20000	66211
每社平均占有村数	6	13	9	27	174	13

说明：1. 胶东是二十四个县的统计。

2. 鲁中股金数缺博山泰安两个县的。

3. 渤海只有四个县的统计，并缺十四社的股金数。

4. 编者注：原始资料中的许多数据有误。其中，胶东地区的“每社平均股金数”应为“18212”；“滨海每社平均社员数”应为“217”，“每社平均股金数”应为“14286”，“每社员平均入股数”应为“66”；合计中的“股金数”应为“69824234”，“每社平均股金数”应为“14175”。

资料来源：山东省实业厅、民政厅：《山东省农业变工互助组织面积村庄人口统计表》（1943—1946），山东省档案馆，G004－01－0064－017。

三　山东抗日根据地的农业互助合作

农业劳动互助在山东抗日根据地合作运动中居于举足轻重的地位。抗日战争进入相持阶段后，由于敌人规模空前的军事“扫荡”，以及经济封锁，全国各抗日根据地在1941年至1943年上半年陷入极端困难的局面。

在极端艰难的条件下，为了解决抗日军民的物质供给，毛泽东提出了“发展生产，保障供给”的经济工作和财政工作的总方针，号召根据地军民“自己动手，丰衣足食”，而“山东根据地发展农业生产的主要形式是组织劳动互助”①。1941年，山东抗日根据地颁布了《劳动互助队组织大纲》，指出互助队的主要任务是队员之间的互相帮助，并要求帮助抗属贫困者，从事较大规模的生产事业，如筑堤、春耕、掘井、开渠、秋收等工作。《劳动互助队组织大纲》要求以村为单位，在农救会的领导下组织成立。②自此之后，山东根据地的劳动互助逐渐展开。1941年7月，山东省战工会在《关于响应中共山东分局建设山东抗日根据地十项建设运动号召》的决定中，进一步提出“政府要有计划的组织互助劳动与低利借贷”③。1942年，省战工会《关于春耕的指示》中指出，“互助社是有组织的集体生产方式，包括各种生产小组与劳动力、农具、种籽、耕牛等调剂配备”④。因此，有计划地调剂劳力与畜力，已经成为当时摆在党和民主政府面前的重要任务。

但是，山东根据地劳动互助大规模开展起来是1943年以后。1943年11月29日，毛泽东在延安作了著名的《组织起来》的演讲，号召“把一切老百姓的力量、一切部队机关学校的力量、一切男女老少的全劳动力半劳动力，只要是可能的，就要毫无例外地动员起来，组织起来，成为一支劳动大军”⑤。从当时山东根据地的实际情况来看，整劳动力约占农村人口

① 岳海鹰、唐致卿：《山东解放区史稿（抗日战争卷）》，中国物资出版社1998年版，第266页。

② 《劳动互助队组织大纲》（1941年），山东省档案馆、山东社会科学院历史研究所合编《山东革命历史档案资料选编》第八辑，山东人民出版社1983年版，第43页。

③ 《山东省战时工作推行委员会关于响应中共山东分局建设山东抗日根据地十项建设运动号召的决定》（1941年7月），山东省档案馆、山东社会科学院历史研究所合编《山东革命历史档案资料选编》第七辑，山东人民出版社1983年版，第168页。

④ 《山东省战时工作推行委员会关于春耕的指示》（1942年2月），山东省档案馆、山东社会科学院历史研究所合编《山东革命历史档案资料选编》第八辑，山东人民出版社1983年版，第162页。

⑤ 毛泽东：《组织起来》（1943年11月29日），《毛泽东选集》第3卷，人民出版社1991年版，第928页。

的20%左右，半劳动力约占农村人口的15%左右。针对这种现状，中共山东分局提出了“要为组织人口从10%到15%的劳动力参加互助组织而斗争”的口号，要求各根据地按照自愿结合的原则，依照农村旧有的传统习惯进行改造，主要以犋犋队、搭犋队、包工队、换工队、运输队、合作社等为主要形式，要求劳动互助“应在群众中依照当地旧有习惯，等价交换，互助变工（换工）的条件，牛力换人力、人力换人力的办法。每个互助队组织应有党员在内起模范作用”①。1944年1月，山东省战时行政委员会发布《关于进一步发展生产保证军民衣食供给的布告》，要求各级政府立即发动、组织、领导根据地人民开展大生产运动，“组织与调剂劳动力与生产工作，在完全自愿的原则下，广泛组织搭犋队，换工队（即变工队）、包工队（即扎工队），以提高劳动互助效率”②。为推动根据地民众增加生产，要求帮助每户制订生产计划；同时，要创造劳动英雄，并对“街滑子”（流氓）进行改造，发扬生产互助的精神，让根据地每一个人都参加到大生产运动中。1944年春，山东分局进一步要求各根据地要将所有的劳动力、半劳动力都组织起来，在自愿结合的基础上，大量倡导开展变工互助，发展生产。

在组织起来的号召下，山东抗日根据地“形成了以群众运动方式来推进生产运动的动员模式”③。为了卓有成效地开展劳动互助，根据地采取了利益动员、诱致动员、压力动员和强制动员的动员策略。④利益型动员就是通过实打实的利益，让民众看得见，摸得着，通过切身的体会逐渐引导他们参加互助变工，这是开展变工互助的基本方式，“根据群众

---

① 《中共中央山东分局关于开展春耕大生产运动的指示》（1944年3月15日），山东省档案馆、山东社会科学院历史研究所合编《山东革命历史档案资料选编》第十一辑，山东人民出版社1983年版，第282页。

② 《山东省战时工作推行委员会关于进一步发展生产保证军民衣食供给的布告》（1944年1月），山东省供销合作社联合社史志办公室编《山东省供销合作社史料选编（1924—1949）》，内部发行，1991年，第46页。

③ 魏本权：《革命策略与合作运动——革命动员视角下中共农业互助合作运动研究（1927—1949）》，中国社会科学出版社2016年版，第121页。

④ 同上书，第121—123页。

的经济利益及实际需要出发的，这样组织起来的互助组织都是巩固的"[①]；诱致型动员是通过开会讨论、学习启发、树立典型，模范带动以及改造"懒汉""懒妇"等多种途径，在群众中灌输劳动互助的理念，诱导农民参加变工互助；压力型动员主要是运用舆论的力量，形成一种氛围，刺激其不得不参加劳动互助。比如在临沭县金花村，大家在集体劳动之前，首先要召开搭犋组长联席会议，对劳动任务进行分工，并制定劳动纪律以及奖惩措施等。如对完不成任务的，规定了3个办法：一是在民校墙上画一只"大乌龟"，将该组写上，叫大家看；二是罚该组开官荒半亩；三是在村民大会上斗争，说明没有完成任务的理由，这种舆论上的刺激，会导致个体自卫压力的产生，尤其是将小组人员的名单公开公布，严重影响了民众的面子，对于刺激民众踊跃参加劳动互助，积极开展劳动竞赛具有一定推动的作用；强制型动员是在劳动互助中，强迫命令、包办代替，"大部组织是未经过详细的动员、解释，使群众自愿结合，而是由区里的同志填名册，或用强迫命令的方式组织起来"[②]。强迫命令在根据地还是比较普遍的现象，但这违背了群众自愿结合、自由组织的原则。在四种动员方式中，强迫型组织动员起来的合作社是最不稳固的。

在政府的动员、号召、推动下，从1944年开始，山东根据地出现了农业互助合作的热潮。根据地要求群众组织起来，开展互助合作运动，进行集体生产劳动。为推动互助合作运动的开展，政府派出了工作队，并选择模范村进行典型示范，把取得的经验加以推广；同时，帮助解决农民群众的实际困难，优先贷款给组织起来的农民购买农具、牲畜、良种等；加强教育群众，通过各种群众团体，利用"冬学"等形式，培养

---

① 薛暮桥：《山东的群众生产工作》（1947年5月），山东省档案馆、山东社会科学院历史研究所合编《山东革命历史档案资料选编》第十九辑，山东人民出版社1985年版，第67页。

② 《山东省第二次行政会议生产组总结报告（草案）》（1944年12月），山东省档案馆、山东社会科学院历史研究所合编《山东革命历史档案资料选编》第十三辑，山东人民出版社1983年版，第382页。

记账“小先生”，以学习换工算账的方法；整理和改造旧有的互助形式，坚持自愿结合的原则，严格计工算账。根据地的劳动互助还与武装斗争、优军优抗、参军参战等工作结合起来，推动农业生产的恢复和发展。“一九四四年我们才开始开展大生产运动，组织变工，提倡精耕细作，结果变工组织在全省各地是相当普遍地发展起来了”①。据不完全统计，1944年根据地约有变工组64200组，参加变工人数大约383397人。② 至1945年，全省共组织变工组232949组，参加人数973838人，约占山东根据地总人口的7%。鲁中组织变工组23153组，约198487人参加，占全区人口的5%；鲁南组织变工组8571组，参加人数为53568人，约占全人口的2.2%左右；滨海区组织变工组14771组，约162421人参加，占全人口的4.6%；胶东共动员了559362人，成立变工组43944组，占全人口14%。③

山东抗日根据地劳动互助合作形式按照时间的长短，可分为三种形式：“一是临时性的搿犋组，它是根据农活需要，三户五户组织起来，互相帮助，以工换工或人工换畜工，活完就算；二是季节性互助组，是在春耕、夏收夏种、秋收秋种大忙季节主要农活的变工互助，一般都选有组长，有简单的记工算账；三是常年互助组，有较固定的组织领导，常年互助共同劳动，有简单的生产计划，男女整半劳力有某些分工分业，有一套简易的记工算账办法，有的还开展一些副业生产项目，有少量的公共积累和公有财产”④，而以临时性的搿犋组这种简单的组织方式最为普遍。

---

① 薛暮桥：《山东的群众生产工作》（1947年5月），山东省档案馆、山东社会科学院历史研究所合编《山东革命历史档案资料选编》第十九辑，山东人民出版社1985年版，第64页。

② 《山东省第二次行政会议生产组总结报告（草案）》（1944年12月），山东省档案馆、山东社会科学院历史研究所合编《山东革命历史档案资料选编》第十三辑，山东人民出版社1983年版，第372页。

③ 耿光波：《山东省农林合作会议总结》（1946年1月），山东省档案馆、山东社会科学院历史研究所合编《山东革命历史档案资料选编》第十六辑，山东人民出版社1984年版，第144页。

④ 戚海莹：《山东的社会主义改造》，山东人民出版社2006年版，第31—32页。

表 2-4　　山东省农业互助组织统计　（1945 年 12 月实业部制）

项别 \ 地区		鲁中	鲁南	滨海	胶东	渤海	合计
人口		3927691	1427114	3493280	7401354	1500000	18749439
常年互助性质	组数	23153	8571	14771	60276	2205	108976
	人数	198487	53568	162421	421932	42302	878710
季节互助性质	组数	13424	1723	11078	8619	1100	35944
	人数	111658	10378	121816	51714	21150	316716
总组数		36577	10294	25849	68895	3305	144920
总人数		310145	63946	284287	473646	63452	1195426
平均每组人数		9	6	11	7	19	8
占全人口（%）		8	2.6	8.1	16	4.2	8

说明：1. 此表的组数人数是 1945 年上半年的统计。

2. 各地区人口数是按组织起来的地区的人口，不是全部的。

3. 鲁中缺一个县的数字。

4. 滨海缺五个县的数字。

5. 渤海只有六个县（老解放区）的统计，人口数不是按六个县估计的。

6. 编者注：①此表“人口”总数合计与各项之和不符（合计“人口”数应为 17749439）。②滨海“总人数”合计与各项之和不符（合计“总人数”应为 284237）。③占全人口百分比统计中，鲁南、胶东及合计百分比有误。根据表中数据计算，鲁南应为 4.5%，胶东为 6.4%，合计为 6.7%。

资料来源：山东省实业厅、民政厅：《山东省农业变工互助组织面积村庄人口统计表》（1943—1946），山东省档案馆，G004-01-0064-017。

按照合作互助的发展过程，山东抗日根据地劳动互助合作可分为四种形式：一是在劳动互助的初期，由于群众对劳动互助缺乏认识，一般采用比较简单的变工，主要是季节性的劳力与牛力相互合作的变工，如换工组、搭犋组、插伙组等，主要以畜力为中心与整劳力互助变工，实行公平折工；二是等价变工。在搭犋变工的基础上，群众积累了一定的经验，也认识到了变工的好处，希望更加公平合理地变工。等价变工一般是以户为单位，将整劳力、半劳力、男女老幼以及畜力、生产工具等生产资料全部包括在内的长期变工，这种变工不再是折价变工，而是根据劳力的不同、劳动强度及劳动绩效的不同等进行记工算账，不同的劳动力有不同的等级，其估价也不同；三是农业与副业的变工。变工之后，劳动效率大大提高，剩余劳动力开始出现。为提高组员的劳动收入，变工组以整劳力为基础，使农业生产与手工业及副业生产结合起来，有的人专门从事农业生产，有的人专门从事打油、运输、纺织、小买卖等副业生产，或者在农闲时间互助组兼营副业及小手工业生产，经营盈利集体分红；四是劳动互助的最高形式。在集体变工互助的基础上，发展成农业合作社。农业合作社仍然以个体经济为基础，社员将劳力、土地、畜力、肥料、生产工具等做成股份，实现集体经营，分配方式是按劳分配，按股分红。但由于群众的认识程度有限，这种形式的合作社仅在胶东、渤海、滨海的个别地方出现。[①] 这种依次发展的互助合作形式，反映了几千年来的个体小农经济在中国共产党的领导下，通过互助合作正在迈向集体经济的新民主主义道路。

山东抗日根据地劳动互助中，各阶层的结合主要分为贫农与贫农、贫农与中农、贫农与富农、中农与中农、富农与中农的结合形式。贫农与贫农的结合大多数是民兵、农会会员，由于他们成分相同，地亩也相差不多，易于等价交换，结合比较自然，在变工互助组中占有比较大的数量；贫农与中农的结合这种形式具有最广泛的社会基础，可以有效地解决人力、牛力、工具的困难，是最好的组织形式；贫农与富农的结合并不是很普遍，贫农缺乏工具、畜力，富农畜力剩余，缺乏劳动力，他们的结合可以有效地解决富农劳动力的不足和贫农牲口、工具的缺乏。但由于他们之间土地相差悬殊，结合过程中贫农一般处于被剥削的地位；中农与中农的结合这种形式不是很普遍。由于中农土地差不多，双方合作主要是牲口搭犋；中农与富农的结合在根据地不是很普遍。富农土地较多，劳力缺乏，中农劳力只能自给，他们所以结合起来，往往因不了解互助变工的意义，怕自己牲口吃亏。[②]

① 《民主思想　民主政策　民主作风》（1945 年 1 月），山东省档案馆、山东社会科学院历史研究所合编《山东革命历史档案资料选编》第十四辑，山东人民出版社 1984 年版，第 69—70 页。

② 《山东省第二次行政会议生产组总结报告（草案）》（1944 年 12 月），山东省档案馆、山东社会科学院历史研究所合编《山东革命历史档案资料选编》第十三辑，山东人民出版社 1983 年版，第 383 页。

总起来看，山东抗日根据地的劳动互助是在传统的搭犋换工等的基础上建立起来的。“山东劳动组织是依照着习惯而改造”[①]。1944 年 3 月，莒南县官地村成立 36 个变工组，“全庄的四分之三的户数组织起来了…… 绝大部分都是近门结合，老法子干活”[②]。尊重乡村社会传统的劳动互助习惯，是变工互助能否顺利开展的前提之一。但在战争的革命环境中，根据地的劳动互助与传统的旧有互助相比，在性质、内容、规模上都有很大的不同。第一，传统的互助合作是民间自发结合的产物，而根据地的变工互助是在中国共产党领导下，有计划、有组织为了进行农业生产而号召产生的，是党通过卓有成效的生产动员实现的；第二，传统的互助合作大多局限于亲朋好友之间，根据地变工互助的范围则扩大到一切劳动阶层之间的合作；第三，根据地变工互助的内容更加丰富，不仅进行农业生产，还扩展到手工业、副业生产，并与武装斗争相结合；第四，传统的互助合作剥削现象比较严重，根据地的变工互助则是采取等价交换的方法，从不公平和剥削性的劳动互助走向了公平性和对等性的变工换工，通过变工互助，在根据地构建了“公平合理的‘生产者’之间的劳动互助合作体系”[③]。

根据地的农业互助合作运动，通过生产要素的有效组合，劳动生产率大大提高。如莒南县官地村，全村 1400 亩麦子，过去要用五天才能收割完毕，互助合作后，变工组号召群众开展拔麦子竞赛，仅用三天就收割完，而且比过去多收 8400 斤麦花根、3000 斤麦子。过去一个劳动力一天只能锄地二亩至二亩半，变工后大部分劳动力平均锄三亩，甚至有锄四亩的。吴福荣组三个全劳动力，四个妇女劳动力，科学分工进行生产，男的在地

① 《中共中央山东分局关于开展春耕大生产运动的指示》（1944 年 3 月 15 日），山东省档案馆、山东社会科学院历史研究所合编《山东革命历史档案资料选编》第十一辑，山东人民出版社 1983 年版，第 282 页。

② 《官地村农业劳动合作调查》（1944 年 11 月），山东省档案馆、山东社会科学院历史研究所合编《山东革命历史档案资料选编》第十三辑，山东人民出版社 1983 年版，第 191 页。

③ 魏本权：《革命策略与合作运动——革命动员视角下中共农业互助合作运动研究（1927—1949）》，中国社会科学出版社 2016 年版，第 104 页。

里，女的在场里，留一个妇女在家做饭，一天拔完21亩麦子，五天粮食收到囤里。[①] 莒南县劳动模范戴公田所在村庄共有8个变工组，87户，428人参加，耕种1336亩土地，过去从春耕到秋收要用7017个工，而组织起来后仅用5427个工。节余的劳力用于深耕细作，使粮食增产7299斤，可供20人全年的口粮。1944年，鲁南区共组织变工组8571个，参加人数83568人，占鲁南根据地总人口的4.5%，使粮食增产了10%，节省劳动力20%。[②] 胶东地区1944年共组织31050个搭犋组，节省的劳动力用于水利建设和开荒，取得了很大成绩，“共计打井11286眼，浇地109489亩，引河灌溉48851亩，筑堤143里，疏河6064里，开荒575619亩”[③]。1945年山东抗日根据地（开展）开荒、精耕细作和水利建设，开荒增产541575斤、精耕细作增产680678750斤、水利增产2458700斤，共计增产粮食683679025斤。[④]

农业变工互助与副业、手工业等密切结合，既有效解决了剩余劳动力的出路问题，又发展了生产，保证了军需民食，广大人民群众的生活水平也得以提高。1944年，山东根据地农民的副业收入达75602万元。农村市场重新呈现出繁荣的新气象。莒南十字路集市，抗战初期交易人数只有两三千人，到1944年，集市已达两万多人，客商来自全省各地，成交额也由原来的十几万元发展到几十万元。农民群众的收入不断增多，根据地的财政收入和粮食征收也不断增加。1943年山东全区征收田赋19965758元、其他各项税收9609714元，粮食204323192斤，1944年前述各项指标分别增加到42829207元、21156225元和330359437斤。[⑤]

---

① 《官地村农业劳动合作调查》（1944年11月），山东省档案馆、山东社会科学院历史研究所合编《山东革命历史档案资料选编》第十三辑，山东人民出版社1983年版，第192页。

② 逄振镐、江奔东：《山东经济史（近代卷）》，济南出版社1998年版，第406页。

③ 《胶东农业生产的发展》（1945年2月18日），史敬棠等《中国农业合作化运动史料》（上），生活·读书·新知三联书店1957年版，第688—689页。

④ 耿光波：《山东省农林合作会议总结》（1946年1月），山东省档案馆、山东社会科学院历史研究所合编《山东革命历史档案资料选编》第十六辑，山东人民出版社1984年版，第145页。

⑤ 山东省财政科学研究所、山东省档案馆：《山东革命根据地财政史料选编》第5辑，济南印刷八厂印，1985年，第45页。

第三章　胶东抗日根据地合作运动发展历程

胶东抗日根据地合作运动经历了初步发展、普遍发展和整顿发展三个阶段。胶东抗日根据地合作运动的发展不是一帆风顺的，在整个抗日战争时期，胶东根据地合作运动始终是成绩与问题并存，呈现“三起三落”的特点。1942 年党中央提出“民办公助”的方针后，经过 1944 年的整顿，胶东根据地的合作运动逐步走上了正轨。

第一节　胶东半岛的地理位置与行政沿革

一　胶东半岛的地理位置

胶东位于今山东省的东部，地理多以胶莱河为界。《中国地名辞源》解释为“胶东半岛，以在胶莱谷地之东而得名”[①]。《辞海》对“胶东半岛”一词的解释为“山东省东部胶莱（河）谷地以东，东、南、北三面环海的半岛地区的习称”[②]。而《中国大百科全书》则将“胶东半岛”与“山东半岛”等同，“山东半岛，地处胶莱河以东，又称胶东半岛，面积 2.7 万平方千米”[③]。

---

① 贾文毓等主编：《中国地名辞源》，华夏出版社 2005 年版，第 334 页。

② 辞海编辑委员会：《辞海》，上海辞书出版社 1979 年版，第 1512 页。

③ 《中国大百科全书——中国地理》，中国大百科全书出版社 1993 年版，第 406 页。

胶莱河，旧称胶莱运河，因曾在元代开凿为一条内陆运河，是当时南粮北运的海上航线的一部分，故在当地民间有“运粮河”之称。胶莱河在今平度姚家村东，南北分水岭沟通，因此河流分为两段，南段流入胶州湾，为南胶莱河；北段流入莱州湾，为北胶莱河。胶莱河全段干流长约130千米，流域面积5478平方千米。以胶莱河为界，河东区域通常称为胶东半岛，简称胶东。具体位置上位于北纬36°02′—37°50′、东经119°35′—122°42′，陆地面积大约为2.7万平方千米。

胶东半岛北、东、南濒临渤海和黄海，北面与我国辽宁省的辽东半岛隔海为邻，东面与今朝鲜、韩国、日本隔海相望，历来被视为京津门户，地理位置相当重要，具有极高的军事战略价值。从地势上看，半岛西部为胶莱平原，中东部除大泽山、艾山、牙山、崂山、昆嵛山等少数较高的山脉外，大部分为低势丘陵区。胶莱河纵贯南北沟通黄海与渤海，成为胶东半岛与西部陆地的自然分界线。大（小）沽河、五龙河、乳山河、五垒河、母猪河、昌阳河等由西而东穿流半岛其间。这些河流多为季节性河流，流经较短，坡缓谷宽。在丘陵与沿海交汇地带，散布着大小宽窄不等的小平原，尤以今莱州、龙口、蓬莱一带滨海平原面积为大。胶东半岛土层肥沃，气候湿润，盛产甘薯、小麦、高粱、谷物等粮食和花生、大豆等油料作物及棉花、柞丝等，各种北方水果也远近闻名。同时，半岛沿海渔业资源丰富，制盐业也十分发达。在海上交通方面，半岛海岸线蜿蜒曲折，拥有许多天然港湾，形成青岛、龙口、烟台、威海等优良港口，近海还有众多的岛屿，成为大陆的自然屏障。①

二　胶东行政区划的历史沿革

胶东半岛是一个地理概念，但因为其三面环海的独特位置，所以在历史上相当长的时间内也同时具有行政区域的概念。

胶东作为行政区域划分的名称，始于秦代。秦统一六国后，实行郡

① 中共山东省委党史研究室：《中共胶东地方史》，中共党史出版社2005年版，第2页。

县制，全国划分为三十六郡，后来又增加到四十六郡。秦在胶东地区设立胶东郡，其治所为即墨（位于今平度市东南、莱西市西南），这是我国有历史文献记载的第一个正式以“胶东”命名的行政建制。当时胶东郡管辖区域除了胶莱河以东地区外，还包括了胶莱河西岸的现高密、安丘、潍坊城区及昌邑等地。胶东郡下设密（今昌邑东）、淳于（今安丘东北）、夜邑（现莱州市）、黄县（现龙口市东）、腄县（今烟台福山区）等。

秦末汉初，项羽分封诸王，将胶东改为胶东国，封田市为胶东王，国都仍为即墨。汉高祖四年（公元前 203 年），韩信灭齐后，重以胶东为郡，治所仍为即墨，并置即墨、下密、平度、郁秩、卢乡等县。至汉文帝前元十六年（公元前 164 年），置胶东国，封刘雄渠为胶东王，国都为即墨。汉景帝前元三年（公元前 154 年），废胶东国，改为胶东郡。汉景帝中元二年（公元前 148 年），复置胶东国，封刘寄为胶东王，仍都即墨。王莽代汉后于始建国元年（公元 9 年），废胶东国，置郁秩郡。[①]

刘秀建立东汉政权，实行中央以下州、郡（国）、县三级政制，全国重新划分郡、县，将州刺史改为州牧，掌一州军政大权。胶东国和北海郡合并为北海国，北海国、东莱郡均属青州刺史部。

西晋时期，胶东地区新设长广郡，辖原东莱郡的长广县（今莱阳东）、不其县（今青岛城阳区）、北海国的挺县等。原北海国改北海郡，治所为平寿。长广郡治所不其，东莱郡治所迁至掖县（今莱州）。长广郡、北海郡、东莱郡均为青州管辖。

东晋十六国时期，后赵、前燕、前秦、后燕、南燕政权变更频繁，多在胶东地区设三郡，即东莱郡、长广郡、东牟郡。北魏拓跋氏统治时期，在胶东地区东部设光州，“领东莱郡、长广郡、东牟郡”[②]，胶东西部地区

---

① 平度市史志编纂委员会：《新编青岛地方志简本·平度简志》，五洲传播出版社 2002 年版，第 2—3 页。

② 烟台市民政志编纂办公室：《烟台民政志》，内部发行，1987 年，第 102 页。

仍属于青州。

隋朝时期，改州、郡、县三级政制为州、县二级制。开皇五年（585年）将光州改置莱州，下辖掖县、胶水（今平度）、卢乡、即墨、观阳、昌阳、黄县、牟平、文登九县。[1] 隋炀帝即位后，在全国废州改郡，莱州改为东莱郡，治所在掖城。

唐初仍沿用隋朝的州、县二级行政建制，但将全国分为十道，道不设长官，只派员巡视，当时胶东地区划在河南道。唐在胶东地区东部设莱州、登州，西部设青州和密州。五代十国时期，各统治集团因统治时间较短，其在胶东的行政区划基本沿袭唐代。

宋重新统一中原地区后，将其统治区域先后划分为十三道、十道。至道三年（997年）改道为路，路下设府（州）、县，推行路、府、县三级行政制度。胶东地区的登州、莱州、青州、密州归京东东路，治所在青州。

金代行政区划基本上承袭北宋，将宋时管辖胶东地区的京东东路改为山东东路，治所在益都（青州），这是"山东"作为行政区划名称在中国历史上第一次出现。胶东地区新增设宁海州，是从原登州分置的。

元为加强对占领区的统治，沿袭了金末行省制度，在路以上设行省，形成了省、路、府（州）、县四级行政制度。山东地区归属中央特区，由中书省直接管辖。胶东地区莱州、登州、宁海三州元初仍属益都路。中统五年（1264年）胶东地区属淄莱路。至元年间，莱州、登州改属般阳路，宁海州直属省部。

明初年，改省为布政使司，在全国分设十三个布政使司。山东布政使司辖六府，其中包括胶东地区的登州、莱州二府。登州府治所在蓬莱，莱州府治所在掖城。

清在关内地区实行省、府（直隶州、直隶厅）、县（散州、散厅）管理体制，为了监察地方，在省、府之间还设立了道。胶东地区归山东省管

① （唐）魏征撰：《简体字本二十四史·隋书·1·卷1—31》，中华书局1999年版，第586页。

辖，仍设登州、莱州两府，省、府之间是登莱青道。同治二年（1863 年），登莱青道治所迁至烟台。

民国时期，胶东行政区划几经更迭。1913 年，北洋军阀政府废除清朝府、州，但沿用道制，将全国分为省、道、县三级。胶东地区改称胶东道，隶属山东省政府，其治所在当时福山县的烟台，辖二十六县：福山、蓬莱、黄县、栖霞、招远、莱阳、牟平、文登、荣成、海阳、掖县、平度、潍县、昌邑、胶县、高密、即墨、益都、临淄、广饶、寿光、昌乐、临朐、安丘、诸城、日照。①

1927 年，国民政府定都南京，废道制，存省、县两级。1929 年，青岛划归国民政府管辖，为青岛特别市。1930 年，青岛又划为中央直辖市。1932 年，国民政府规定，省以下设行政督察专员公署作为各省的派出机构。山东全省划分了十二个行政督察区，当时胶东的福山、牟平、海阳、文登、荣成五县为第七行政督察专员公署，其余各县仍然直属于省。

1937 年"卢沟桥事变"后，流亡的国民党山东省政府成立了鲁西、鲁北、胶东三个行署，划分了十七个行政督察区。在 1938 年至 1942 年间，胶东的原第七行政督察区的栖霞、蓬莱、黄县、招远四县划归新设的第九行政督察区。胶东的原第七行政督察区的海阳县划归第十三行政督察区，这样新设的第十三行政督察区下辖海阳、莱阳、即墨、平度、掖县五县。1945 年，山东省政府撤销鲁西、鲁北、胶东三个行署，改设鲁北、鲁西北、鲁西、鲁南、鲁中、鲁东六个办事处。鲁东为第六办事处，其下辖区域包括胶东的第七区、第九区、第十三区的三个行政督察专员公署。同时新成立烟台行政区，隶属第七督察专员公署。1947 年，国民党山东省政府撤销六个政府办事处，设鲁东、鲁西南两个行署。胶东的烟台、威海为省辖市，青岛为中央直辖市，除上述三地，胶东各县均为鲁东行署管辖。至 1948 年 6 月，鲁东、鲁西南行署被撤销。1949 年 9 月济南解放，国民党山

① 段木干：《中外地名大辞典》第 6—7 册，（台湾）人文出版社 1981 年版，第 4768 页。

东省政府及所辖各地方政府均垮台。

第二节 胶东抗日根据地的创建

“胶东的最高政权机关是胶东区行政主任公署，是全胶东各界代表选举出来的。他受山东战事（时）工作推行委员会的领导，他下面领导东海区、西海区、北海区三个行政专员公署，一个南海区行政联合办事处专员公署，领导县政府。县政府领导区公所，区公所领导行政村公所……”这是一本1943年为扫除“文盲”在农民夜校使用的《农民文化课本》，其中讲到了胶东抗日根据地的政权机构情况。

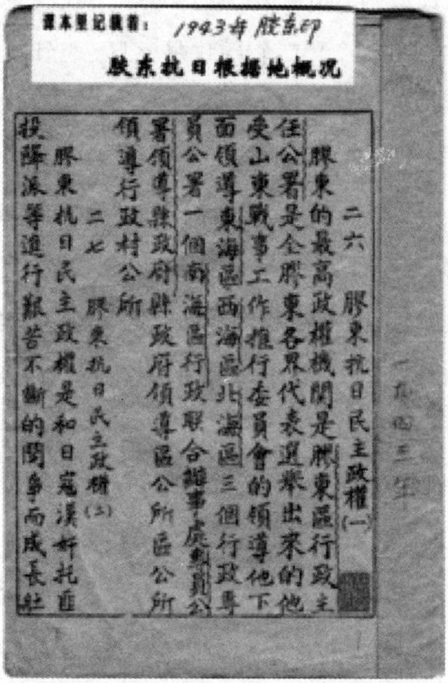
1943年 膠东印

膠東抗日根據地概況

二六 膠東抗日民主政權（一）

膠東的最高政權機關是膠東區行政主任公署是全膠東各界代表選舉出來的他受山東戰事工作推行委員會的領導他下面領導東海區西海區北海區三個行政專員公署一個南海區行政聯合辦事處專員公署領導縣政府縣政府領導區公所區公所領導行政村公所

二七 膠東抗日民主政權（二）

膠東抗日民主政權是和日寇漢奸托匪投降派等進行艱苦不斷的鬪爭而成長壯

胶东是山东最早的革命老区。1933年3月，根据中共山东省委的指示，中共胶东特区委员会成立于牟平刘伶庄，胶东有了统一的党的领导机构。其后，由于当时恶劣的战争环境，胶东特委遭到敌人多次的破坏。1936年初，理琪同志赶赴胶东，在文登县沟于家村建立了中共胶东临时特委。1936 年 10 月，按照中共中央北方局的指示，中共胶东临时特委与中共烟台市工委合并，成立中共胶东临时工作委员会，隶属于中共中央北方局。中共胶东临时工作委员会下辖烟台市委、牟福边区委、牟平县委、文登县委、威海特支、招远特支、莱阳特支等党支部，机关驻威海。1937 年“卢沟桥事变”爆发后，中共胶东临时工作委员会联合社会各阶层积极开展抗日救亡运动，先后组织“荣成河山话剧社”“烟台抗日歌咏队”“蓬莱战地服务团”“黄县抗日救亡团”等抗日救亡团体，积极开展抗日宣传。1937 年 12 月，为了统一领导胶东地区的抗日活动，中共胶东临时工委改为中共胶东特委，隶属于中共山东省委。[①] 1937 年 12 月 24 日，中共胶东特委根据党中央、中共中央北方局的指示和中共山东省委“十月会议”精神，在文登县天福山举行了抗日武装起义，庄严宣布“山东人民抗日救国军第三军”正式成立。1938 年 1 月，胶东特委决定成立胶东军政委员会，同时成立山东人民抗日救国军第三军司令部、政治部，理琪任军政委员会主席兼任“三军”司令员。从 1938 年 1 月至 3 月，中共又先后成功地发动和领导了威海、荣成、黄县、蓬莱、莱阳、即墨及掖县等地的抗日武装起义。1938 年 9 月，第三军改编为山东纵队第五支队；11 月，第五支队所辖部队先后整编为 3 个旅 6 个团，共发展到 7000 人。

随着抗日武装力量的壮大，胶东各地抗日民主政权相继建立。1938 年 3 月，中共掖县县委联合国民党和社会各界人士，建立了胶东地区也是山东省第一个抗日民主政权——掖县抗日民主政府；4 月，蓬莱县抗日民主政府成立，6 月，黄县抗日民主政府成立。为了巩固抗日阵地，统一领导掖县、蓬莱、黄县三县的抗日政权，1938 年 8 月，胶东北海行政督察专员公署（简称北海专署）在黄县成立，这是山东省第一个专区级抗日民主政权。至此，胶东第一个抗日根据地，也是山东最早的抗日

① 中共烟台市委党史资料征集研究委员会：《中共胶东区党史大事记（1937—1949）》，中共党史资料出版社 1990 年版，第 44 页。

根据地之一——蓬黄掖抗日根据地基本形成，领导人口约163万，面积3177平方千米。①

为了进一步加强党对整个胶东战略区的领导，中共苏鲁豫皖边区省委于1938年8月决定在胶东特委的基础上组建胶东区党委。1938年12月，根据山东分局的指示，中共胶东区第一次党员代表大会在掖县葛城村召开，选举产生了中国共产党胶东区委员会（简称中共胶东区委或胶东区党委）。② 1939年1月5日，胶东区党委决定成立中共东海特委，领导文登、荣成、威海、牟平、海阳和福山等县的工作；3月下旬，中共北海特委在蓬莱艾崮山区南官山建立，辖蓬、黄、掖、栖4县及招远一部；4月下旬，中共南海特委在莱阳成立，辖莱阳、即墨、平度和胶县4个县。③ 1939年5月，中共胶东区委决定划胶东为东海、西海、北海、南海四个区。胶东抗日力量的迅速发展引起中共中央的高度重视。1939年5月13日，中央书记处中央专门发出《中央关于胶东工作的指示》，认为"胶东党在仅仅50余个同志努力下，年余发展了数千党员，创造了六七千人的党领导的队伍，这是伟大的成绩"，要求"胶东党及军队活动应该努力争取山地，以建立胶东的坚固的抗日根据地"④。12月6日，中央《关于山东及苏鲁战区工作的指示》，进一步提出："在我们领导下的某处政权（如胶东三县）应该成立为抗日民主政权的模范区，极力扩大其影响于全省全国"⑤。山东分局对中央的指示十分重视，1939年5月发出《山东分局对胶东工作的意见》，指出"胶东我军成为坚持胶东游击战争的唯一主力……，

① 中共烟台市委党史资料征集研究委员会：《中共胶东区党史大事记（1937—1949）》，中共党史资料出版社1990年版，第124页。

② 中共山东省委党史研究室：《中共胶东地方史》，中共党史出版社2005年版，第162页。

③ 中共烟台市委党史研究室、烟台市档案局：《中共烟台历史大事记（1919—1949）》第一卷，中共党史出版社2003年版，第137—145页。

④ 《中央关于胶东工作的指示》（1939年5月13日），山东省档案馆、山东社会科学院历史研究所合编《山东革命历史档案资料选编》第四辑，山东人民出版社1982年版，第69页。

⑤ 《中共中央关于山东及苏鲁战区工作方针的指示》（1939年12月6日），山东省档案馆、山东社会科学院历史研究所合编《山东革命历史档案资料选编》第四辑，山东人民出版社1982年版，第102页。

政治影响大大扩大"[①]。1939年10月，在《山东分局对胶东工作的意见》中，要求"以蓬、黄、掖三县政权为基础，立即建立专员公署"[②]，并由黎玉亲赴胶东指导工作。1939年7月12日，胶东区委改成中共山东分局第三区委员会（习惯上仍称为中共胶东区委或胶东区党委）。在胶东区党委的领导下，各县县委和抗日武装都加快了建立抗日政权的步伐。1940年2月25日，成立了招远县抗日民主政府；4月9日，荣成县抗日民主政府成立；4月24日，栖霞县抗日民主政府在苏家店镇林家村成立；5月13日，正式成立莱阳县抗日民主政府；1940年5月，福山县抗日民主政府在刘家村秘密成立，1941年3月19日张贴布告，正式公开；1940年6月1日，文登县抗日民主政府成立；1941年1月下旬，牟平县抗日民主政府成立，4月9日，海阳县抗日民主政府在盘石店乡小店村成立。[③]

在各县抗日民主政权普遍建立的基础上，胶东区党委决定成立海区一级的抗日政权，以便加强领导各县的抗日政权。1940年1月，胶东区党委决定撤销中共北海特委，成立中共胶东区第二地方委员会（亦称中共北海地委），1940年4月23日，胶东区北海行政专员公署重新成立，辖蓬莱、黄县、掖县、招远、栖霞、福山等县；1940年6月中旬，中共胶东区东海特委改为中共胶东区第一地委（也称东海地委），9月8日，东海区临时参议会成立，次日，东海行政专员公署宣告成立，管辖荣成、文登、威海卫、牟平、海阳、牟海六个县级单位；1940年9月下旬，中共胶东区第三地方委员会（亦称中共西海地委）成立，11月，西海行政专员公署成立；1940年12月，胶东区党委决定，撤销中共南海特委，成立中共胶东区第四地委（也称中共南海地委）。1941年2月6日，根据山东省参议会的指

① 《山东分局对胶东今后工作意见》（1939年5月），山东省档案馆、山东社会科学院历史研究所合编《山东革命历史档案资料选编》第四辑，山东人民出版社1982年版，第71页。

② 《山东分局对胶东工作的意见》（1939年10月15日），山东省档案馆、山东社会科学院历史研究所合编《山东革命历史档案资料选编》第四辑，山东人民出版社1982年版，第96页。

③ 中共烟台市委党史研究室、烟台市档案局：《中共烟台历史大事记（1919—1949）》第一卷，中共党史出版社2003年版，第164—193页。

示，在胶东区行政联合办事处筹备会的基础上，正式成立了胶东区行政联合办事处，选举林一山为主席团主席，曹漫之为行政委员会主任委员。会议通过了施政纲领、土地问题和划分行政区等决议案，明确将胶东区抗日根据地划分为东海、北海、西海、南海四个专员行政区。随后，为了适应对敌斗争不断变化的新形势，胶东区行政联合办事处又成立或新设立了许多县抗日民主政府和县级行署，如莱东行署、蓬东行署、栖东行署、平南行署、平西行署等。

1941 年 4 月 23 日，山东省战工会发布了《关于全省行政区域划分的决定》，胶东区的范围以潍县（全县在内）、高密（全县在内）、安丘之西门口（在内）以北及胶县之张哥塞（在内）曹文（在内）两地以北为界，上属各点迤东与东北各县均属胶东区划范围内。[①] 根据省政府的行政区域划分，1941 年至 1942 年胶东区所辖的行政区划分如下：东海专区辖文东、荣成、海阳、牟平四县和牟海、文西两个县级行署与威海卫行政办事处及专属直属的五垒镇。北海专区辖蓬莱、黄县、栖霞、福山四县和栖东行署。西海区辖掖县、招远、昌邑、潍县四县和掖南、招北两个县级行署。南海区辖即墨、莱阳、胶县、高密、平度五县和莱东、莱西南、平南、平西四个县级行署。[②]

1942 年 6 月，代表胶东人民的最高民意机关——胶东区临时参议会在海阳县后夼村成立。7 月 7 日，胶东区行政联合办事处撤销，成立胶东区行政主任公署（1944 年改称胶东行政公署，简称胶东行署），直属山东省战时工作委员会。至此，胶东抗日根据地建立了从胶东区行政主任公署到 4 个海区专员公署（办事处）和县、区、乡、村 6 级完整的抗日政权体系，胶东抗日根据地正式形成。到 1942 年底，胶东根据地面积 16337.5 平方千米，占胶东区总面积的 45.7%，村庄 6700 个，占总村庄的 48.6%，人口

① 中共烟台市委党史研究室、烟台市档案局：《中共烟台历史大事记（1919—1949）》第一卷，中共党史出版社 2003 年版，第 193 页。

② 王文正：《胶东抗日民主政权概述》，《烟台文史资料·第 20 辑·纪念抗日战争胜利 50 周年专辑》，内部发行，1995 年，第 40—41 页。

2952086 人，占总人口的 30.1%。[①]

由于战争的动荡环境，胶东区的行政区划不断地发生变化，1942 年 8 月，为了对敌斗争领导的方便，山东省战工会决定将西海专区所属的昌邑、潍县二县划归清河区清东专区管辖；1943 年又将南海专区所属的胶县、高密二县在胶济铁路以南的区域划归滨海区管辖，并对北海、西海、南海三个专区的行政区划作了部分调整：西海专区所属的招北行署划归北海专区管辖，南海专区所属的平北县、平西行署和莱阳（莱西）县划归为西海专区管辖。[②] 1944 年 4 月 1 日，遵照山东省战时行政委员会训令，胶东区行政主任公署改成胶东区行政公署。

胶东抗日根据地从 1938 年 8 月 15 日建立山东省第一个北海专员公署的抗日民主政权起，到 1945 年 8 月 15 日抗战结束的七年中，先后建立了四个专区和一个专区级的南海行政联合办事处、28 个县级抗日民主政权（或县级行署、行政办事处）和行署直属两个行政办事处、一个专属直属镇。从 1942 年 8 月至 1945 年 9 月 2 日，胶东抗日根据地的行政区划主要包括：东海专区管辖荣成、文登、昆嵛、牟平、乳山五县和威海卫行政办事处及直属五垒镇；北海专区管辖蓬莱、黄县、招北、栖霞、栖东、福山六县；西海专区管辖掖县、掖南、招远、莱阳（莱西）、平度（平北）、平西六县；南海专区管辖包括即墨、胶县（胶济铁路以北地区）、莱西南、平南、平东五县；中海专区管辖牙前、海阳、五龙、莱东、即东五县（1945 年 6 月 3 日成立，1945 年 9 月 2 日撤销）；胶东行署直辖烟台（1944 年 4 月成立）、崂山（青岛）（1945 年春天成立）两个行政办事处。[③] 本书所研究的胶东抗日根据地的区域范围，主要以 1942 年以后的行政区划为重点，南海由于对敌斗争环境比较险恶，现存合作资料相对较少。

---

① 中共烟台市委党史资料征集研究委员会：《中共胶东区党史大事记（1937—1949）》，中共党史资料出版社 1990 年版，第 175 页。

② 王文正：《胶东抗日民主政权概述》，《烟台文史资料·第 20 辑·纪念抗日战争胜利 50 周年专辑》，内部发行，1995 年，第 43—44 页。

③ 同上书，第 50—51 页。

第三节　胶东抗日根据地合作运动的发展历程

胶东抗日根据地合作社的发展是随着抗日民主政权的建立而先后发展起来的。由于敌我斗争形势的不同，主观指导上以及群众基础强弱的不同，根据地合作社发展不平衡。因此，在时间上也很难准确地对其进行划分，大体上可划分为以下几个阶段。

一　1938 年至 1940 年：胶东抗日根据地合作社初步发展时期

胶东抗日根据地合作事业的发展是不平衡的。据历史资料记载，西海区的合作事业发展比较早，经历了 1938—1939 年的萌芽时期、1940—1941 年的大量发展时期和 1942—1943 年的垮台和开始转变的时期。[①] 但是北海区的栖霞、福山等地的合作事业起步比较晚，至 1940 年才开始发展，栖东是在 1941 年秋才出现合作萌芽，福山则是在 1943 年春天才开始组织，[②] 东海文登的合作社是 1940 年开始出现。[③] 因此，胶东各海区合作事业的时间并不统一。早在 1938 年，蓬、黄、掖抗日民主政府就开始组织当地民众建立生产小组和生产合作社，以从事纺织生产为主。1939 年 8 月，蓬莱县北崮乡建起了胶东根据地第一个消费合作社，之后，消费、生产、运销、信用等各类合作社在胶东根据地普遍发展起来，到 1939 年已发展各类合作社 60 多处。[④] 北掖是当时西海海区组织合作社最早的地区，据当时不完整的不准确的统计，1939 年之前，北掖曾发展了五六十处合作社，但这些合作社大多是由于强迫命令建立起来的，因而所建立起来的合作社多不符合

---

① 《一九四四年上半年胶东合作工作总结报告（节录）》，山东省供销合作社联合社史志办公室编《山东省供销合作社史料选编（1924—1949）》，内部发行，1991 年，第 85 页。

② 胶东区工商管理局：《栖福县局合作工作总结报告》（1944 年），山东省档案馆，G031 - 01 - 1306 - 005。

③ 乔文礼：《文登合作事业是怎样发展起来的》，《大众报》1943 年 6 月 14 日第 4 版。

④ 中国近代纺织史编辑委员会：《中国近代纺织史研究资料汇编》第 4 辑，内部发行，1989 年，第 38 页。

规范，如有的合作社只有职员没有社员，这种情况约占当时合作社的1/3；合作社的股金也不是来自社员的入股，如当时北海有五六家合作社完全是政府出资设立的，有的则是政府和群众团体凑钱设立的；有的合作社虽有社员，但是经理是由政府官派的，社资被挪用赔本的约占2/3；还有许多合作社只有合作社的名义但不发挥任何作用，如掖南组织的铜业合作社、药房合作社、印刷合作社等只有合作社之名，而无合作社之实。1940年以后，开始转变工作方式，在组织合作社的时候，加大了宣传动员，比如在招远，召集社员召开大会、与群众团体相结合开展组织工作，开始逐渐克服以前完全由政府命令组织的工作方式，但在边缘区等仍然存在通过强制摊派进行组织的现象。比如在招远的三、四区北部有5个乡公所，以行政命令的方式强令各村拿钱，收捐时连同合作社的筹金一并交上，合作社并没有社员数及社员的认股数，只有全村一个总数。有的地方的合作社因从事生产不赚钱而专营消费等。总之，当时组织的合作社五花八门，虽然出现了“人人要参加合作社，村村要组织合作社”的热闹景象，但由于合作社不健全，有的因没发挥作用而垮台，也有的由于敌人的“扫荡”而垮台。①

由于合作社刚刚起步，合作社不是很规范，合作社存在较多问题。第一，社员入股不是自愿的，大部分是政府、群众团体命令式分配各村组织，股金是一种摊派式、捐款式的集股。因此，群众在主观上就认为不是他们自己组织的合作社，而是一种额外捐项负担的合作社；第二，合作社内部领导也不民主，民主的集体力量没有发挥出来，失去了群众的监督；第三，合作社的股金主要不是群众集资，要么公家投资官办，要么主要依赖贷款，而且很多合作社在宣传的时候纯用贷款作号召，这就使部分合作社股金数量几百元则贷款数千元，合作社没有把民资吸收进来，使合作社没有民办的经济基础；第四，部分合作社存在发财主义、走私漏税、投机取巧等现象，在群众中失却威信。此外，合作社的组织也比较混乱，公私

① 《一九四四年上半年胶东合作工作总结报告（节录）》，山东省供销合作社联合社史志办公室编《山东省供销合作社史料选编（1924—1949）》，内部发行，1991年，第86页。

合资经营的商号和机关的生产组织，也用合作社的名义，因而使群众认不清楚究竟什么是合作社，有的群众则认为合作社就是官办的买卖等，严重影响了合作社的发展。

胶东根据地合作社普遍发展是在1940年以后。1939年12月6日，胶东行政联合办事处成立，在其发布的施政纲领中，明确提出“发展生产合作事业和工业生产，奖励农业与农村副业，调剂金融，打破敌人的经济封锁和伪币政策”①，这是胶东区较早的关于发展合作事业的文件，但还没有具体的实施措施。1940年11月，山东省战时工作推行委员会要求1940年底前，每个区都要建设一个合作社。为推动合作社的建立，山东临时参议会于1940年12月颁布了《山东省合作社暂行规程》《山东省合作社暂行规程实施细则》以及《山东省县区联合章程》，对合作社的类型、设立、社员的权利义务、股金、盈余分配、组织机构、经营管理、联合社以及解散清算等重大问题做出了详细的规定。为贯彻省战工会的指示，1940年9月，胶东区党委专门成立了胶东财政经济设计委员会，下设农业、合作、贸易、渔盐、采矿、财政等组，统一领导全区经济建设工作。在民主政府的大力提倡宣传指导下，胶东根据地的合作社从萌芽进入了发展时期，到1940年胶东合作社共54处，其中信用社19处，产销合作社16处，消费合作社19处，社员共12112人。胶东的东、北两海区1940年下半年也开始有合作社的组织，但合作社的类型比较单一，只是涉及油业、消费两种合作社。

二 1941年至1942年：胶东抗日根据地合作社普遍发展时期

1941年1月，山东省战工会制定了《关于1941年山东经济建设工作计划》，要求建立与健全合作社及合作运动委员会，《计划》对合作社的发展提出了具体的量化指标，并要求“把发展合作社运动当作最重要的政治

① 中共烟台市委党史资料征集研究委员会：《中共胶东区党史大事记》（1937—1949），中共党史资料出版社1990年版，第106页。

任务来完成”[①]。1941 年 4 月，《胶东大众》发表了《胶东抗日根据地的财政经济问题》，提出胶东区政府要“发展各种合作事业，使合作社成为集结广大的乡村农民的核心。无论在日常用品的消费上，或在借贷上运销上都成为农民最可靠的基础，把群众都团结在它的周围”[②]。在民主政府的大力提倡宣传指导下，胶东根据地的合作社从 1941 年进入了大量发展阶段，到 1941 年，胶东东海有合作社数 542 处，北海有 143 处，西海有 21 处，南海有 21 处，共计 823 处。[③] 合作社的种类除了油业、消费二种以外，1941 年已增加了农具、鞋袜、骨粉等，数量上也有了大幅度的提高，至 1941 年底，胶东产销合作社共 169 处，社员 51839 名，股金 175889. 8 元；消费合作社共有 344 处，社员 17998 名，股金 99127. 8 元。[④] 1941 年 7 月中共山东分局发出了建设山东抗日根据地十项建设运动的号召，要求“普遍开展生产运输消费等合作事业。……粉碎敌寇经济封锁”[⑤]。胶东抗日根据地积极响应十项建设运动的号召，大力发展合作事业，1942 年胶东抗日根据地成立了各级合作事业指导委员会，根据各地的实际情况，成立了 6 个县指导委员会和 4 个区指导委员会。同时，成立合作社交易和事务上的统一领导机构——区、县联合社，取消了区乡消费合作社，改为村消费合作社。在经营业务上，许多的消费合作社逐渐改变为生产性的合作社，至 1942 年，荣成发展生产合作社 280 处，文登、威海 63 处，牟平 20 处，蓬莱、黄县 40 处，栖霞 30 处，其中 90% 为纺织生产合作社。[⑥] 这些合作社

---

① 《山东省战时工作推行委员会关于一九四一年山东经济建设工作计划》(1941 年 1 月)，山东省档案馆、山东社会科学院历史研究所合编《山东革命历史档案资料选编》第六辑，山东人民出版社 1982 年版，第 236 页。

② 中国人民银行金融研究所、中国人民银行山东省分行金融研究所：《中国革命根据地北海银行史料》第一册，山东人民出版社 1986 年版，第 501 页。

③ 山东省政府：《山东省合作社统计表》，山东省档案馆，G004 - 01 - 0065 - 002。

④ 《胶东生产事业飞跃发展》，《大众报》1941 年 12 月 20 日第 1 版。

⑤ 《抗战第五年的山东十项建设运动》(1941 年 7 月)，山东省档案馆、山东社会科学院历史研究所合编《山东革命历史档案资料选编》第七辑，山东人民出版社 1983 年版，第 159 页。

⑥ 中国近代纺织史编辑委员会：《中国近代纺织史研究资料汇编》第 4 辑，内部发行，1989 年，第 38 页。

的发展，极大促进了根据地经济的繁荣。

但这时合作社在发展中仍然存在许多的问题：第一，在组织领导方面，缺乏经验，不能很好地理解和掌握政策。在组织合作社的过程中，有的地方发生了违背合作社原则的做法。比如合作社并不是由群众自己组织，而是由政府、群众团体命令式分配各村组织，股金的募集大多是摊派式、捐款式的，或由干部包办，产生了强迫命令，如大众印刷社，政府向群众摊派股金，文登、荣成开办油业合作社，强迫私人油坊入股，胶东文登县农救会向会员摊派股金开办合作社等。[①] 招远三、四区北部有5个乡公所下令各村拿钱，随着收捐一块交上钱，只有全村的总数，无社员数及认购股数。由于违背了合作社入社自愿的原则，群众加入合作社，有的是为了面子，有的是抱着发财的目的，有的则是被强迫命令而入的，不管是哪种方式，群众普遍认为合作社是上级的，不是自己的，是“上级的合作社”“八路的合作社”。[②] 由于社员入股也并不是自愿的，群众反而认为这是一种额外捐项负担等。凡此总总，最终导致群众对合作社没有信仰，“不是‘敬而远之’就是敢怒而不敢言”[③]；第二，在业务上部分合作社不是为群众服务，而是为干部服务（如贩卖牙膏、牙刷、钢笔、墨水供给干部消费需要）、为政府服务（如用摊派方式动员群众纺纱织布，供给政府军队需要），很少或不卖群众急需的农具、日用品等，故一般群众对合作社不感兴趣；第三，在认识上，有的干部把合作社当作是经济统制的组织，不准私人经营，一切经过合作社，如胶东东海油业社垄断打油，不许私人开油坊，荣成有的地方逼迫私人油坊的花生送到合作社去；牟平合作社封锁木柴，不准外卖；北海合作社统制花椒、粉丝；东海合作社统制猪鬃小肠等；第四，

① 耿光波：《山东省农林合作会议总结》（1946年1月），山东省档案馆、山东社会科学院历史研究所合编《山东革命历史档案资料选编》第十六辑，山东人民出版社1984年版，第169页。

② 胶东区工商管理局：《栖福县局合作工作总结报告》（1944年），山东省档案馆，G031－01－1306－005。

③ 《通令：关于整顿改进合作事业的指示》（1942年），烟台市档案馆，G001－001－015－075。

发财主义思想比较普遍。从干部的角度看，有的干部认为合作社只要能赚钱就是为群众服务，以致合作社形成了单纯营利的观点，产生了严重发财主义；对一般群众而言，许多社员是抱着发财的心态加入合作社的，他们认为“合作社就是个做买卖的”，在群众中经常可以听到“组织合作社做个买卖吧？”及“×××合作社买卖做得不错，挣的钱不少呀”[①] 等议论；第五，宗派思想没有彻底清除，在组织合作社时，各团体各部门互不配合，而是孤军奋战，各自为政，导致各系统（如育救会、妇救会等）都有合作社，合作社“零乱分散，头绪众多，各自为政，甚至互相排挤”[②]；而且当时合作社五花八门，公私合资经营的商号和机关的生产组织，也用合作社的名义，什么印刷合作社、大众实业社、粮食合作社，如掖南组织之铜业合作社、药房等，实际上都不是合作社，混淆了群众的视野，使群众认不清楚究竟什么是合作社等；第六，合作社制度不健全，工作紊乱。由于社员文化程度比较低，合作社普遍缺乏记账先生，大部分合作社没有账本，会计把账记在肚子里；合作社也不开会，更不进行年终结算；“不能使合作社都掌握在廉洁奉公忠实服务的公正人士手里，而有不少的是作了贪污腐化份子的藏身处所”[③]，更有“许多合作社把保长当做当然负责人”[④] 等。由于合作社在发展中存在诸多问题，合作社没有民办的经济基础，严重脱离群众，结果，在敌人的“扫荡”中许多合作社垮台，如平度在1940年曾组织了9处，1943年夏季大“扫荡”就全垮了。是年底，以前各县发展之各种合作社所存无几了。

三　1943年至1945年：胶东抗日根据地合作社整顿发展时期

针对合作社存在的问题，1942年胶东根据地发出《通令：关于整顿改

① 胶东区工商管理局：《栖福县局合作工作总结报告》（1944年），山东省档案馆，G031-01-1306-005。

② 《通令：关于整顿改进合作事业的指示》（1942年），烟台市档案馆，G001-001-015-075。

③ 同上。

④ 薛暮桥：《战时合作运动的特殊任务》（1938年9月20日），《薛暮桥文集》第2卷，中国金融出版社2011年版，第93页。

进合作事业的指示》，要求有计划地检查合作社，从合作社的成立经过、群众对该合作社的认识、经营的方法、到合作社的账目、合作社负责人等诸多方面进行清查，根据检查情况提出整改措施，整改过程中，要向群众做耐心的解释工作，对社员进行培训；反对囤积居奇，生产合作社生产的产品除成本外，利润不能超过20%，消费合作社的价格不能超过10%，消费合作社要多经营土货，如土布、农具、鞋袜等；要根据社章建立合作社的正规制度，合作社要按期开会，按期总结，按期改选合作社负责人，加强合作社与社员的关系，提高合作社负责人的责任心；同时注意发展生产合作社，凡是有条件能组织合作社的行业都要组织，如纺织、打铁、打油推粉、淘金、种地、造林、繁殖牲畜、种植土货、山货等都可组织合作社。在整顿过程中，根据地加强了对合作社的清理，所有的合作社必须要到政府主管机关登记，没有登记及社章不合规定者，不准冒用合作社的名义，更不准享受合作社的权利和优惠，冒用合作社的名义要受法律的处分，不符合组织规定或经营不良而无法整顿者，必须取消。① 山东省抗日根据地在1943年也提出了合作社要"发展一处、巩固一处"，不急求大量发展，要"培养典型，创造经验"，稳扎稳打逐渐发展。② 强调合作社的基本方针是为群众服务，应以扶助群众生产为其中心工作；提倡民办公助，反对包办公办，要求合作社应当遵守民主原则（如一人一票权的选举制度，按交易数额或者股份交易各半的分红制度），按期公布账目，反对贪污包办。同时，要求合作社的组织应与发展手工业生产相结合，通过合作社来扶助群众纺织手工业的发展，为扶助合作事业，政府的一切生产贷款，应当尽量通过合作社。经过整顿，到1944年，合作社在各地又大量发展起来了。

但这时的合作社还是不很巩固的，干部的主观主义、官僚主义、包办

① 《通令：关于整顿改进合作事业的指示》（1942年），烟台市档案馆，G001－001－015－075。

② 《山东省临时参议会一届二次议员大会关于通过战时工作推行委员会施政报告的决议》（1943年9月），山东省档案馆、山东社会科学院历史研究所合编《山东革命历史档案资料选编》第十辑，山东人民出版社1983年版，第324页。

代替现象仍不同程度的存在着，比如工作计划不从实际出发，只靠主观想象，“机械搬用战工会颁布的合作社章程等。不是从群众的实际需要出发，而是从书本、从上级的指示出发”[①]；包办代替促成了群众的依赖性，合作社有了问题不是通过社员会议的形式民主解决，而是习惯于找合作干事，因之合作干部常说“怎么说咱对合作是指导关系，我看着和领导关系没有什么分别”[②]；个别地方干部的教条主义比较严重，有的地方规定组织合作社的股金必须达到一万元钱，不足者只能组织生产小组，有的地方规定，发展村社每股50元，导致贫农和妇女没有办法只能几个人共同组成一个股；有的干部不能根据当地的实际情况，灵活运用组织起来的原则，上级提倡纺织，就只发展纺织合作社，而忽视了农业合作社、运输合作社的发展等；思想上狭隘的宗派思想依然存在，很多私商工厂和技术人员是可以组织合作社的，但干部不宣传、不动员，相反对私商还有仇视心理；有的合作社是被地主富农所把持，他们组织合作社的目的，不是为了扶助群众生产，而是骗取政府贷款，利用合作社的招牌经营投机贸易。如西楼子农业合作社，富农成分占统治地位，合作社口头成立，并没有实际的合作，只是以合作社的名义向政府贷很多的豆子，富农社员把豆子都分了，拿回家喂了自己的庄稼以后就无声无息了。[③] 招远六区联社经理系一小商人成分，一贯抱着发财主义，与人合资组织油房，走私漏税，秘密贩运乳猪等；合作社管理不严，有的合作社一个人入股，全家便以社员的名义享受合作社的优待，有的合作社没有公积金，合作社盈余全部作为股红进行分配[④]；有的合作社有股金总数而无社员，如西海某在接敌区的村庄的股票，

---

① 《山东省第二次行政会议生产组总结报告（草案）》（1944年12月），山东省档案馆、山东社会科学院历史研究所合编《山东革命历史档案资料选编》第十三辑，山东人民出版社1983年版，第394页。

② 胶东区工商管理局：《栖福县局合作工作总结报告》（1944年），山东省档案馆，G031－01－1306－005。

③ 胶东建校：《1944年大生产运动的几个互助组与农业合作社的介绍》，山东省档案馆，G031－01－1374－014。

④ 胶东区工商管理局：《栖福县局合作工作总结报告》（1944年），山东省档案馆，G031－01－1306－005。

有村名和股金总数而无社员，经调查后始知是最初组织乡社时，乡公所为了完成任务而下令征收的票；有的地方放弃了对合作社的领导与教育，导致某些合作社走私、偷税及投机取巧现象的发生①，在群众中产生了恶劣影响，造成了合作社被群众反感的局面，只要是一提组织合作社便会得到群众的答复："年年拿的钱都没有了，咱不干啦!"②

面对合作社发展存在的偏向，山东省战时行政委员会要求各根据地"整理原有的合作社，重新登记，纳入正规"③。1944 年 1 月，山东省战时行政委员会再次指出"切实纠正过去强迫包办等流弊，合作社是大家的经济组织，一切红利都由大家来享受"④。胶东根据地根据上级的指示，1944 年以后对合作社进行整理改造为主，要求树立合作社为群众服务的观点，贯彻"民办公助"的基本方针，"必须坚决采取自下而上的群众自愿的原则，绝不应从上而下的由行政命令的方法来组织"⑤。坚持"劳资结合""纺与织结合"的原则，组织群众进行生产，在没有合作社的地区，应发动群众自觉自愿组织合作社，在发展中要求接受过去经验，发展一个巩固一个，纠正过去单纯看数字的不正确的观念。

胶东抗日根据地对合作社进行整理改造的方式主要有以下四种：

第一，对干部进行培训。由于许多干部是商人出身，甚至是刚从海外归来的人，没有为群众服务的观念，也不懂什么是为人民服务，他们只知

① 胶东区工商管理局：《冯局长在胶东工商管理局直属县局合作纺织干部会议上的总结报告》(1944 年 8 月)，山东省档案馆，G031-01-1359-001。

② 《一九四四年上半年胶东合作工作总结报告（节录）》，山东省供销合作社联合社史志办公室编《山东省供销合作社史料选编（1924—1949）》，内部发行，1991 年，第 88 页。

③ 《山东省战时行政委员会关于半年工商管理工作的指示（节录）》（1943 年 9 月 30 日），山东省供销合作社联合社史志办公室编《山东省供销合作社史料选编（1924—1949）》，内部发行，1991 年，第 44 页。

④ 《山东省战时行政委员会关于进一步发展生产保证军民衣食供给的布告》（1944 年 1 月），山东省供销合作社联合社史志办公室编《山东省供销合作社史料选编（1924—1949）》，内部发行，1991 年，第 46 页。

⑤ 《山东省第二次行政会议生产组总结报告（草案）》，（1944 年 12 月），山东省档案馆、山东社会科学院历史研究所合编《山东革命历史档案资料选编》第十三辑，山东人民出版社 1983 年版，第 396 页。

道赚钱，思想中存在单纯营利的观点，着重教育这些干部为群众服务；另外有的干部是农民出身，虽忠实于合作社但缺乏经营常识，对他们着重进行业务培训。1943 年 11 月，文登对合作社干部进行了为期半个月的短期培训，1944 年 7 月，胶东抗日民主政府对所有合作社的理事进行了为期一个月的普训，学习文件，集体讨论，转变干部单纯营利的观念。经过普训，合作社与群众的关系更加密切，老百姓说："干部必须受训，咱的社长自受训以后态度比过去不同了"①。合作社的干部对合作社的基本精神、目的发展前途有了更深入的认识，工作热情空前提高。

第二，加强对社员的教育，促其自觉地进行整理和改造，并着重提高其业务能力，比如北海特别注重培养记账先生等。

第三，通过创模运动（模范合作社、模范工人及模范工作者）来转变合作社干部的观点，影响和推动其他的合作社和干部。1944 年 9 月，创模运动在胶东大规模展开。模范合作社的条件是：（1）能够真正做到为群众服务和谋利两方面；（2）各种制度健全，工作学习能够结合起来；（3）所出的物品应是物美价廉；（4）消费合作社要做到根据群众的要求和需要；（5）生产合作社主要依靠社员生产；（6）能够按期结算和分红等条件。对于模范工人的条件是必须是合作社社员，并且能够随时向群众宣传、解释、说明合作社的意义和目的，要能介绍 3 至 5 人入社，同时，品行要端正等。经过创模运动，合作社发扬了民主，部分合作社成立了生活委员会，建立了各种制度。创模运动还提高了工人的技术，增加了生产。据栖福县的调查，过去一个女孩子一天能倒三斤线，自创模开展后，一天能倒六斤线，过去织一疋二六大布需六、七天，现在只需四、五天，织布的花色也大大增加。

第四，整理改造合作社。1944 年，胶东工商管理局直属县局召开合作纺织干部会议，胶东区工商管理局冯局长在总结会上要求对合作社进行全

---

① 胶东区工商管理局：《栖福县局合作工作总结报告》（1944 年），山东省档案馆，G031－01－1306－005。

面整理，“该改组的改组之，宜转化的转化之，应合并的合并之”①。胶东根据地主要针对三种情况进行了清理整顿：一是通过查减，将隐藏在合作社中的恶霸分子清除出去；二是通过教育社员，提高社员管理、爱护合作社的思想觉悟，达到巩固和扩大合作社的目的；三是对违反政策法令及不可改造的合作社进行解散，特别是对没登记在案的合作社、伪装合作社、假借合作社的名义压迫剥削群众利益的合作社等进行清算。在清理过程中，栖福县共解散合作社 18 处，解散的主要原因是这些合作社大多是强迫命令和包办代替组织的，干部也不是民主选举产生，合作社不能为群众服务，干部贪污腐败。比如杜家崖子村合作社，1943 年成立后，名义上是消费合作社，但从未承担起供给群众需要的责任，而是以营利为目的向敌占区走私油、小麦、豆子，并开设赌局，随意挥霍合作社的股金等。在清算合作社的过程中，栖福县罢免了 27 个理事，1 个监事，这些被罢免的合作社干部 70% 是由于贪污腐败所致。西海共计整理了 12 处，计盐业产销合作社 3 处、消费合作社 3 处、渔业合作社 1 处、区社 2 处、县联社 1 处、粮食合作社 2 处。

经过对合作社的整理改造，群众对合作社的认识发生了变化，过去群众认为合作社是官办的甚至是合作社几个理事的，对合作社不闻不问，自整理改造后，群众对合作社有了责任感，合作社出现了问题，社员能够及时提出意见，在选举干部时也注意选举真正为大家负责的干部。因此，1944 年发展的合作社一般都是在群众自愿自觉的原则下组织起来的。解散不合法的合作社，也提高了合作社的威信，对其他合作社也起到了警戒作用。整理中也注意到发挥社员的力量，整理后分红或分股后都得到了社员好的反应。如南招六区联社整理分红后，社员（特别是纺织组的社员）都说“合作社真是咱们自己的，不但是能挣手工，还能擗返还金”②。合作社

① 胶东区工商管理局：《冯局长在胶东工商管理局直属县局合作纺织干部会议上的总结报告》（1944 年 8 月），山东省档案馆，G031－01－1359－001。

② 《一九四四年上半年胶东合作工作总结报告（节录）》，山东省供销合作社联合社史志办公室编《山东省供销合作社史料选编（1924—1949）》，内部发行，1991 年，第 89 页。

经过整理和改造得到了巩固和扩大，如栖霞楚留店丁村社经过改造后股金从原来的400元扩大到了10000元，峭里村改选之后的股金扩大了12倍，合作社与群众的关系更加密切，合作社干部的工作热情极大地提高。在整理改造的基础上，1944年胶东区工商管理局制定了《胶东区合作社暂行规程施行细则草案》《胶东区合作社暂行规程草案》等文件，极大规范促进了胶东合作社的发展，1944年，胶东合作社出现了大发展，到1945年上半年，胶东已有合作社2416处，社员为953299人，股金为44001940元(仅四个县的统计)①，合作社的种类包括消费社、生产社、信用社、运销社等，合作社也由经营一种业务走向兼营多种业务，胶东的合作事业出现蓬勃生机。

① 《胶东行署实业处关于胶东合作社调查情况（节录）》（1949年5月），山东省供销合作社联合社史志办公室编《山东省供销合作社史料选编（1924—1949）》，内部发行，1991年，第457页。

第四章　胶东抗日根据地合作运动发展的制度资源

根据地的合作社是组织和倡导根据地群众发展经济，建设根据地，以求得在与敌人的经济斗争中取得胜利的重要组织，是经济战线的“枪杆子”。因此，建设为群众真心拥护、为群众所掌握的合作社，保证合作社的健康发展，真正发挥合作社在经济领域的“枪杆作用”，就成为根据地民主政府的重要任务。在抗日战争期间，胶东根据地民主政府逐步建立和完善了各级行政组织系统，确立了合作制度的法律法规，促进了胶东根据地合作事业的不断发展。

第一节　行政组织资源

胶东抗日根据地在极端困难的条件下，为保证合作事业的发展壮大，建立了领导合作事业的政府行政机构，以保证合作社有计划有组织的发展；同时建立健全各级合作社的组织机构，以加强合作社系统内的组织领导，对推动合作事业的顺利进行发挥了重要作用。

一　行政系统

建立合作社的行政机构是加强政府对合作社领导的重要方面，也是合作社能够有序发展的保障。但是，由于特殊的战争年代，各个抗日根据地并没有建立自上而下的统一的机构，而是根据自身的实际情况建立了不同的领导机关。比如，抗战爆发后，陕甘宁边区就在建设厅下设立了合作科，具体负责指导合作事宜。但是，合作科人少事多，而且权力分散，为增强合作力量，陕甘宁边区政府便将联社原有的合作指导员归并于建设厅下属的合作科，"统一合作事业的指导权于该管科局。建设厅之其他部分（如工矿科、运输科）如有对合作社贷款及技术方面帮助生产运输合作的改进设计等工作，必须经过该管科局统一办理"①。1943 年在清理调整合作社的过程中，再次明确由建设厅合作科统一领导和管理全区的合作事业，边区以下各级政府要在建设科内设立合作指导员，以促进合作事业的发展。晋察冀边区政府的行政设置与陕甘宁边区政府稍有不同，晋察冀边区政府采取由边区行政委员会实业处和各专、县政府实业科设立合作指导机构或合作指导员，负责全区合作事业的组织宣传与发动工作，同时，各县要设立合作指导委员会，委员会的人员构成比较广泛，主要由三部分人组成，一是合作社的专家，比如当地有合作学识和热心合作事业的青年、经营合作社颇有成绩和经验的人；二是政府代表，如各县的实业科长、农会的代表等；三是意见领袖，比如为群众所信赖的、办事公道认真的群众等。委员会的职责是负责合作社的宣传倡导、组织倡办各种合作社、领导县、区合作社联社等。②

胶东抗日根据地合作事业，最初是自发的无组织的状态。1939 年 12 月 6 日，胶东行政联合办事处成立后，为粉碎敌人的经济封锁，办事处一成立就明确提出要大力发展生产合作事业的施政方针。此后，胶东的合作事业就在办事处的领导下迅速开展起来。1940 年 9 月，为加强对经济建设的领导，胶东区党委专门成立了胶东财政经济设计委员会，下设农业、合

① 陕甘宁边区财政经济史编写组、陕西省档案馆：《抗日战争时期陕甘宁边区财政经济史料摘编·第 7 编·互助合作》，陕西人民出版社 1981 年版，第 157 页。

② 杨德寿：《中国供销合作社发展史》，中国财政经济出版社 1998 年版，第 314—315 页。

作、贸易、渔盐、采矿、财政等组，统一领导全区经济建设工作。1941 年 1 月，省战工会制定了《关于 1941 年山东经济建设工作计划》，针对合作社发展初期出现的各自为政、互相排挤、无组织、无计划等不良现象，要求将全省的生产、消费、运销等合作事业，统一到各区领导，同时，要求“建立与健全县合作社及合作运动委员会”，[①] 使之成为开展合作社运动的领导机构。1941 年，省战工会在《山东省战时工作推行委员会关于开展合作事业的指示》中明确要求“各县及专员公署第三科，得设合作指导员，对合作社在技术上、政策上及法令施行上负指导之责；同时，群众团体应协同第三科发展与组织合作社”[②]。1941 年 8 月，山东省为研究、设计、开展经济工作，要求县级以上各级政府设立经济建设委员会，委员会下设农林组、工矿组和合作指导组，合作指导组专门“研究及计划合作事业等事”[③]。胶东抗日根据地于 1942 年成立了各级合作事业指导委员会，全盘计划，以便更好地平衡统一发展根据地的合作事业，至 1943 年 3 月，共成立了 6 个县指导委员会和 4 个区指导委员会。1943 年 9 月，为统一领导，加强对敌人经济斗争的力量，山东各地建立工商管理局，下设合作事业科，专门负责合作事业的指导与发展。[④]《山东省工商管理暂行规程》第四条明确指出，合作事业是工商管理的职责范围，“群众合作事业之指导组织与行政管理等属之”[⑤]，文件明确规定了工商管理机构对合作事业的职责

---

① 《山东省战时工作推行委员会关于一九四一年山东经济建设工作计划（节录）》（1941 年 1 月），山东省供销合作社联合社史志办公室编《山东省供销合作社史料选编（1924—1949）》，内部发行，1991 年，第 26 页。

② 《山东省战时工作推行委员会关于开展合作事业的指示》（1941 年 4 月 15 日），山东省供销合作社联合社史志办公室编《山东省供销合作社史料选编（1924—1949）》，内部发行，1991 年，第 32 页。

③ 《山东省经建委员会组织简章》（1941 年 8 月 25 日），山东省供销合作社联合社史志办公室编《山东省供销合作社史料选编（1924—1949）》，内部发行，1991 年，第 36 页。

④ 《山东抗日民主政权工作三年来的总结与今后施政之中心方案》（1943 年 8 月 20 日），常连霆主编，中共山东省委党史研究室编《山东党的革命历史文献选编（1920—1949）》第 6 卷，山东人民出版社 2015 年版，第 331 页。

⑤ 《山东省工商管理暂行规程》，山东省档案馆、山东社会科学院历史研究所合编《山东革命历史档案资料选编》第十三辑，山东人民出版社 1983 年版，第 90 页。

是负责合作社的组织、对合作社的成立、经营业务等进行指导、对合作社进行行政管理。为加强对合作社事业的指导，《山东省各级工商管理局组织条例》要求各行政区都要设立合作科，至此，根据地合作事业的行政系统基本建立，即省工商管理处合作科—各行政区管理局合作科—各专员区分局合作科—各县县局合作股—事务所合作干事。各合作机构的设立为根据地合作事业的推动、计划、指导提供了领导力量。1945 年春天，为使合作工作与变工互助相结合，合作社又划归政府合作科指导，由于机构改变，原来的合作干部大半调动工作，政府生产合作科干部缺乏，影响了合作工作的开展。

二　合作社组织体系

政府在加强对合作社领导的同时，各个根据地还建立了合作社自己的组织系统。陕甘宁边区政府第一次边区合作社代表大会后，成立了边区合作社联社，通过了《边区合作社联合社章程》，明确规定联社的基本任务就是领导全边区合作社，指导边区合作社的业务、经营，加强边区合作社之间的联系，谋边区合作教育之推行与合作事业之促进。之后，各县相继成立了合作社联社组织，合作社的组织体系开始逐渐建立。晋察冀边区合作社的组织体系则与陕甘宁边区略有不同，由于当时合作社刚刚建立，组织机构也不健全，加上合作人才比较缺乏，1939 年，边区决定合作社组织定期联席会，以区为单位，统一领导各村的合作社；区、县合作社则组织联席会，由实业科参加，领导各区的合作社。随着合作事业的迅速发展，1941 年 8 月，边区行政委员会召开第二次经济问题讨论会，明确要求合作社要建立自己的领导机关，名称定为合作联合会。联合会属于一个独立团体，介于政府与群众之间，它不属于政府机构，不代替政府下命令，但联合会受政府领导，联合会开会时，政府要派人出席，根据政府法令进行指导，联合会要贯彻政府的政策法令。合作社组织机构的建立，是合作社独立开展业务的保证。

山东抗日根据地非常重视合作社组织系统的建立。1940 年，山东省制定了《山东省合作社暂行规程》和《山东省县区联合社章程》，对山东省合作社的组织体系进行了规定，指出两个以上之合作社或两个以上之合作社联合地区或业务的关系，得设立合作社联合社或合作社联合总社，以便统一领导合作事业。1941 年，省战工会在《关于 1941 年山东经济建设工作计划》中，指出合作社的组织体系是县合作社、村合作社、生产小组这样一个三级体系。为协调合作社相互间的关系，克服合作社之间各自为政、相互排挤的不良现象，加强对合作社的领导，1941 年省战工会在《关于开展合作事业的指示》中明确要求，每个区有两个以上的合作社时，必须成立区联合社；每个县有两个以上的区联合社时，必须成立县联合社；每个专员区有两个以上县联合社时，必须组织专员区的联合社。合作社成立时必须向政府登记，同时必须加入联合社。① 根据上级精神，1944 年胶东工商管理局公布的《胶东区合作社暂行规程》第七十条规定，两个以上之合作社或两个以上之合作社区联合社，因区域或业务上的关系，得设立合作社区联合社或合作社县联合社，以便统一领导协助进行。这样，胶东抗日根据地就形成了村合作社—区合作社联社—县合作社联社—专区合作社联合社的组织体系，各级联合社除在社务上领导各合作社外，并可负责成立各个合作社不能举办的大规模的合作事业。

县区联社自 1943 年开始建立，但当时很多不是根据合作社发展的需要与群众的要求，而是为了完成政府布置的任务及章则中的规定要求，如《胶东区区联合社模范章程》明确规定“凡在本社社区以内，曾经完成登记之各种合作社，均得依前条之规定，加入本社”。《胶东区县联合社模范章程》中明确规定“凡在本联社区域内区联社所属之合作社以及特种联社之合作社，均得依前条之规定加入本联社为社员”。这样，村合作社便成

---

① 《山东省战时工作推行委员会关于开展合作事业的指示》（1941 年 4 月 15 日），山东省供销合作社联合社史志办公室编《山东省供销合作社史料选编（1924—1949）》，内部发行，1991 年，第 32 页。

为区联社的社员社，并抽村社股金20%给区联社，村社受联社指导，联社成了统管村社的一级行政机关。[①] 由于很多联社不是根据合作社发展的需要与群众的要求成立的，而且有不少区联社是在村社没有发展以前组织的，没有群众基础，也没有业务指导工作，导致村社的不满，1944 年开始，胶东根据地取消了区联社，有的联社也转变成为综合合作社，如桃村区联合社，“根据近来上级的指示，转变过去以纺织为主的营业方针”，而改组为“信用（调剂金融）、医药（便利治疗）、运输（供给村社原料，调节市场）三部兼营的组织”[②]。

中国近代的合作运动是在特殊的历史背景下，依靠政府的行政力量自上而下推动的。要推动合作事业的发展，政府不仅要建立和完善行政组织系统，还要配备大量的干部进行动员指导。山东省战工会在 1941 年《关于开展合作事业的指示》中，要求“各县及专员公署第三科，得设合作指导员，对合作社在技术上、政策上及法令施行上负指导之责”[③]。但是，从整体来看，根据地合作人才奇缺，尤其是合作指导人员、合作社经理和会计人员，远不能适应合作事业发展的需要。根据《山东省各级工商管理局组织条例》的规定，省工商管理局合作科和各行政区工商管理局合作科的人员编制各为科长 1 人，科员 2 人，各县局合作股的人员编制为设股长 1 人，干事 2—3 人。根据这个编制，每个县合作管理人员只不过 3—4 人，合作指导员的数量也远远不能满足现实的需求。譬如，1941 年，为了指导合作运动的开展，文登配备了 9 名合作指导员，[④] 但该县当年共成立合作社 135 处，平均 15 个合作社才能配备一个合作指导员。就当时整个根据地

① 胶东行政公署实业处：《胶东合作材料》（1948 年 11 月 2 日），山东省档案馆，G018－01－0010－003。

② 中国人民银行金融研究所、中国人民银行山东省分行金融研究所：《中国革命根据地北海银行史料》第一册，山东人民出版社 1986 年版，第 507 页。

③ 《山东省战时工作推行委员会关于开展合作事业的指示》（1941 年 4 月 15 日），山东省供销合作社联合社史志办公室编《山东省供销合作社史料选编（1924—1949）》，内部发行，1991 年，第 32 页。

④ 《猛烈发展中的东海区合作事业》，《大众报》1941 年 11 月 12 日第 2 版。

来看，合作指导人员配备严重不足，即使在陕甘宁边区，一个县也只有合作指导员一人。1943 年合作事业合并到工商管理局后，很多的合作干部转行做了其他工作，合作工作人员更加缺乏，如表 4－1。

表 4－1 北海合作干部与工商局合并前后对比

时间	股长	有工作能力的干事	弱的干事
合并前	4	13	6
合并后	2	7	4
减	2	6	2
转化情形	栖霞转做财粮工作 1 人，蓬莱学习 1 人	2 人学习，其余转为干部、教育助理员或调工商工作	参军和精简

资料来源：北海专署：《北海 1945 年上半年农林合作工作总结报告》，山东省档案馆，G031－01－1381－001。

合作干部不仅数量少，而且“质量低，情绪不高”[①]。其实，薛暮桥早在 1938 年《战时合作运动的特殊任务》中就指出，“现在大多数的工作干部无疑地已经职业化了；他们没有把合作运动当做一种社会事业，而是把它当做一种个人的谋生工具”，合作指导员“存心敷衍，无热情无能力去开展合作运动”[②]。合作干部对合作事业缺乏信仰，黄县的合作干部普遍要求转做其他工作，栖东、蓬莱的干部也不安心工作。[③]

合作运动是一种社会运动，从事合作事业的人员如果没有对合作事业的信仰，“是不会自觉自发地去开展工作，完成他的艰巨任务的。”[④] 为此，各根据地非常重视对合作人才的培养。抗战初期，陕甘宁边区政府合作指导委员会就举办合作人员训练班，并把培训合作社干部列为合作社联社的

① 北海专署：《北海 1945 年上半年农林合作工作总结报告》，山东省档案馆，G031－01－1381－001。

② 薛暮桥：《战时合作运动的特殊任务》（1938 年 9 月 20 日），《薛暮桥文集》第 2 卷，中国金融出版社 2011 年版，第 93—94 页。

③ 北海专署：《北海 1945 年上半年农林合作工作总结报告》，山东省档案馆，G031－01－1381－001。

④ 薛暮桥：《战时合作运动的特殊任务》（1938 年 9 月 20 日），《薛暮桥文集》第 2 卷，中国金融出版社 2011 年版，第 93 页。

中心工作之一，开办正规的经常性的训练班；边区的消费合作社要求各县区抽调文化程度政治水平高，社会经验比较丰富的干部，由建设厅负责训练三个月到六个月，进行合作事业知识的培训；北岳区1938年至1941年期间，由各专、县培训的各种合作干部达六七千人。[①]

胶东根据地为解决合作干部不足的问题，一方面加强了对合作人才的培训，从1943年起，胶东开办训练班十三次，先后训练合作干部七百余人。1944年7月，对所有合作社理事进行了为期一个月的培训，培训的方式是集体上课学习文件，然后分组和集体讨论研究合作工作中存在的问题，"不盲目研究乌托邦的合作主义，而用科学态度来研究切于事实的战时合作问题"，通过培训，提高合作干部"对于合作运动的兴趣和对自己工作的责任心"，[②] 转变合作社干部单纯营利的观点，开放合作思想。训练班共培训干部164名，收到了较好效果；另一方面，针对合作干部不安心工作的现象，加强对合作干部的教育和照顾。1945年，胶东区行政公署在合作会议总结中指出，"办合作社的人员是受人民的信托、为人民服务的，是光荣的革命职业"，要加强对合作社干部生活的照顾，加强对合作社干部的教育，使他们能够安心工作，在工作作风上，要求"合作人员必须真心为群众服务，绝不可单纯的发财，而不顾群众的疾苦和要求，应不投机不舞弊，遵守政府法令，不贪污不浪费，要廉洁奉公，眼睛向下，联系群众，要调查研究，有了成绩不骄傲地向前迈进。对外来的刺激不悲观，有了毛病不灰心地改正"[③]，给合作干部提出了今后努力的方向。

---

① 杨德寿：《中国供销合作社发展史》，中国财政经济出版社1998年版，第316页。

② 薛暮桥：《战时合作运动的特殊任务》（1938年9月20日），《薛暮桥文集》第2卷，中国金融出版社2011年版，第93—94页。

③ 《胶东区行政公署合作会议总结》（1945年），山东省供销合作社联合社史志办公室编《山东省供销合作社史料选编（1924—1949）》，内部发行，1991年，第260—261页。（说明：《山东省供销合作社史料选编》收录此文时，认为此文的形成时间为1946年，经作者考证，认为此文的形成时间应为1945年）

第二节 法律法规

根据地要大力发展合作社，必须要以一定的法律法规为指导。1940 年 12 月，山东省临时参议会颁布了《山东省合作社暂行规程》《山东省合作社暂行规程实施细则》以及《山东省县区联合章程》，对全省合作社的类型、设立、社员的权利义务、股金、盈余分配、组织机构、经营管理、联合社以及解散清算等重大问题作出了详细的规定，山东省关于合作社的暂行规程和实施细则等就成为指导胶东根据地合作社发展的重要法律依据。1944 年，胶东根据地开展了整理改造合作社的运动，为规范和促进合作社的发展，胶东区党委制定了《胶东区合作社暂行规程施行细则草案》《胶东区合作社暂行规程草案》《胶东区县联合社模范章程》《胶东区区联合社模范章程》《胶东区消费合作社章程》《胶东区信用合作社章程》《胶东区产销合作社章程》等一系列文件，成为指导胶东根据地发展的重要法规，也成为推动胶东根据地合作事业的有力保障。

一 合作社的设立

《胶东区合作社暂行规程草案》第 2 条规定，“合作社为法人”，合作社作为法人，必须依照合作社的法律规定的条件和程序设立。

（一）设立人数及资格

合作社设立的最低人数，是合作社设立的条件，各个根据地都有明确的规定。1939 年，中共中央财政部颁发的《各抗日根据地（简称本边区）合作社暂行条例示范草案》（后简称《示范草案》）第 14 条规定“合作社至少须 7 人以上之发起方得设立”①。但各个根据地对于合作社最低人数的规定基本都超过了中央财政部 7 人的规定，如晋察冀边区行政委员会规定

① 《各抗日根据地（简称本边区）合作社暂行条例示范草案》（1939 年），杨德寿《中国供销合作社史料选编》第 2 辑，中国财政经济出版社 1990 年版，第 361 页。

合作社成立至少要有9个社员，《晋冀鲁豫边区合作社条例》则规定合作社的社员至少在15人以上。山东省临时参议会制定的《合作社暂行规程》则规定“合作社至少有21人以上方得设立”①。胶东根据地参照山东省《合作社暂行规程》以及本地区的实际情况，在《胶东区合作社暂行规程草案》第10条规定“消费及信用合作社社员至少有21人以上，生产及运销合作社社员至少有11人以上才得设立”②，如果合作社社员不足法定人数（消费合作社及信用合作社21人，生产合作社及运销合作社11人）时，合作社应立即解散。

对于社员的资格，根据地制定的有关合作社的法律文件也进行了明确规定。由于抗日战争是一场民族解放战争，因此，在党的统一战线政策指导下，摒弃了苏维埃时期所坚持的合作社的阶级原则，对社员资格不再进行阶级的限制，强调合作社是“不分民族、阶级、党派、性别、年龄的统一战线的经济组织”③。中共中央1939年颁布的《示范草案》规定：“凡本地区之居民除汉奸卖国贼外，不分阶级、职业、性别、信仰，均可入股为合作社社员，并享有同等之权利与义务”④。1940年山东省临时参议会制定的《合作社暂行规程》规定：“除汉奸外，任何人均可入股为合作社社员”⑤。1942年，晋察冀边区颁布的《合作社组织条例》规定：“边区一切抗日人民不分民族阶级性别年龄职业均得为合作社社员”⑥。《胶东区合作社暂行规程草案》也体现了合作社的统一战线思想，第16条规定“凡属

① 《山东省合作社暂行规程》（1940年12月17日），山东省供销合作社联合社史志办公室编《山东省供销合作社史料选编（1924—1949）》，内部发行，1991年，第5页。

② 《胶东区合作社暂行规程草案》（1944年5月），山东省供销合作社联合社史志办公室编《山东省供销合作社史料选编（1924—1949）》，内部发行，1991年，第56页。

③ 魏宏运：《抗日战争时期晋察冀边区财政经济史资料选编·第3编·工商合作》，南开大学出版社1984年版，第821页。

④ 《各抗日根据地（简称本边区）合作社暂行条例示范草案》（1939年），杨德寿《中国供销合作社史料选编》第2辑，中国财政经济出版社1990年版，第361页。

⑤ 《山东省合作社暂行规程》（1940年12月17日），山东省供销合作社联合社史志办公室编《山东省供销合作社史料选编（1924—1949）》，内部发行，1991年，第6页。

⑥ 《晋察冀边区合作社组织条例》（1942年5月1日），杨德寿《中国供销合作社史料选编》第2辑，中国财政经济出版社1990年版，第406页。

公民，任何人均可入股成为合作社社员”①，合作社成立后，凡愿入社者，经社员1人之介绍即可入社。但《规程草案》对于社员的年龄没有明确的规定。

（二）订立章程

章程是合作社内部组织及其开展其他事项的基本依据，章程作为合作社的行为准则，根据地对合作社立法都十分重视。中共中央的《示范草案》列举了包括名称、宗旨、社址、业务种类、社员、社股、组织及会议、盈余、职员及其他10个事项。《胶东区合作社暂行规程草案》第12条规定“合作社社章应记明下列事项：1. 名称；2. 业务；3. 社址；4. 社股金额及缴纳方法；5. 结算时间；6. 盈利之分配及损失之分担；7. 公积金、公益金之规定；8. 社员出社及除名之规定；9. 社务之执行及职员任免之规定；10. 解散之事由；11. 其他处理社务事项”②。为彰显章程在合作社中的重要性，胶东根据地特制定了《胶东区县联合社模范章程》《胶东区区联合社模范章程》《胶东区消费合作社章程》《胶东区信用合作社章程》《胶东区产销合作社章程》，对社员、社股、职员、会议、业务、结算及盈余分配等作了具体规定。

二 合作社法定的组织类型

（一）以业务为标准

合作社的业务，是设立合作社的目的所在。合作社所从事的业务必须以法律所规定的业务及其范围为限，各根据地对合作社的业务范围都进行了规定，大体来说基本包括生产、消费、运销、信用四种类型。《胶东区合作社暂行规程草案》第3条规定“合作社的业务规定如下：一、生产合作社：凡经营种植、饲养、农田水利、牧畜、造林开荒、纺织、线织及制

① 《胶东区合作社暂行规程草案》（1944年5月），山东省供销合作社联合社史志办公室编《山东省供销合作社史料选编（1924—1949）》，内部发行，1991年，第57页。

② 同上书，第56—57页。

造一切农村日用品和职业上之用品者均属之。二、运销合作社：凡经营社员农业生产品、工业生产品之联合推销者均属之。三、消费合作社：凡直接供需并置办社员生活之日用品及职业上之用品者均属之。四、信用合作社：凡经营农业生产之放款及农村之储蓄者均属之。"① 合作社可视其人力、资力及事实上的需要，可专营一种或兼营数种业务，同时规定，合作社之业务，应于名称上表明之。

（二）以社员责任为标准

明确合作社社员应共同分担的合作社责任范围，是合作社经营业务的保障。因此，根据地从社员对合作社责任范围出发，确定了合作社的具体责任形式。1939 年中共中央颁布的《示范草案》第 4 条规定，合作社责任分为三种：有限责任，即社员以其所认股额为限，不负其他债务责任；保证责任，即社员除所认股额外，对合作社应负担股额若干倍之保证责任；无限责任，即社员对合作社财产不足清偿时应由社员连带责任。1941 年晋察冀边区行政委员会颁布的《合作社法草案》也规定了根据地合作社的责任分为有限责任、保证责任和无限责任。但不论是山东省的《合作社暂行规程》还是《胶东区合作社暂行规程草案》，都规定合作社一律为有限责任。

三　合作社的登记

合作社的设立，必须经过相关部门的登记许可，才能取得法人资格，获得法律上的权利，开展相关业务，更为重要的是获得政府赋予合作社的特殊的优惠政策，比如税负上的减免。《示范草案》第 15 条规定，合作社发起人应负责召集创立会，通过章程，选举理监事并分别组织理监事会，于一月内将社章、创立会之决议、社员名册、理监事之姓名及职业等向当地政府登记，并领取合作社营业执照后，方得正式成立之，不

---

① 山东省供销合作社联合社史志办公室编：《山东省供销合作社史料选编（1924—1949）》，内部发行，1991 年，第 55—56 页。

依照本条例组织之商店工厂等及未向当地政府取得合作社营业执照者，一律不得冒用合作社名称。同时，第9条规定，为提倡合作社集体经济起见，对所经营事业得酌量减税，并给予公营运输上之便利。[①]《晋察冀边区合作社法草案》第5条规定，凡经营本法所规定之业务，并没有向所在县政法登记者，不得用合作社的名称，合作社得免纳统一累进税。[②] 山东省《合作社暂行规程》第7条规定，“不依照本规程所组织之商店、工厂及未经所在地县政府登记者，一律不得用合作社名称”[③]。所以，合作社依法登记，取得法人资格是其开展业务的前提。《胶东区合作社暂行规程草案》第11条规定“合作社设立人应召集创立会，通过章程，选举监事、理事、组织社务会，于20日内附具社章及合作社登记表，呈请县工商局为设立之登记”[④]。合作社在领到登记证后方始成立，“应即开始经营”[⑤]。不依照本规程所组织之商店、工厂及未经所在地县工商局登记者，一律不得用合作社名称。已经登记成立的合作社才拥有向县工商局请求介绍出银行低利贷款，并有利用公共场所之优待权利。但合作社因解散和合并时，都应向合作社进行登记，因合并而存续之合作社，为变更之登记；因合并而消减之合作社，为解散之登记；因合并而另立之合作社，为设立之登记。

合作社的登记机关在1943年之前为所在地县政府，1943年以后，由工商局办理。《胶东区合作社暂行规程施行细则草案》规定，合作社登记证由各海区工商局印刷，转发给县工商局备用；各县工商局应备置合作社登记簿，其样式由胶东工商局定之；县工商局接受合作社登记呈请后，如

① 《各抗日根据地（简称本边区）合作社暂行条例示范草案》（1939年），杨德寿《中国供销合作社史料选编》第2辑，中国财政经济出版社1990年版，第360—361页。

② 《晋察冀边区合作社法草案（1941年）》，杨德寿《中国供销合作社史料选编》第2辑，中国财政经济出版社1990年版，第396页。

③ 《山东省合作社暂行规程》（1940年12月17日），山东省供销合作社联合社史志办公室编《山东省供销合作社史料选编（1924—1949）》，内部发行，1991年，第5页。

④ 《胶东区合作社暂行规程草案》（1944年5月），山东省供销合作社联合社史志办公室编《山东省供销合作社史料选编（1924—1949）》，内部发行，1991年，第56页。

⑤ 同上书，第54页。

审核与规程相符，即应批示准予成立，发给登记证。合作社的登记事项包括名称、业务、社址、社股金额及缴纳方法、结算时间、盈利之分配及损失之分担、公积金、公益金之规定、男女社员人数、股数及资金总数、理监事人数及常务理监事姓名。

四　合作社的社股及盈余

合作社是为社员谋求“经济利益与生活改善的经济组织”[①]，必须筹措一定的资金，才能从事合作社业务的活动。一般来说，合作社的资金主要来源于社员入社缴纳的股金、合作社盈余后所提取的公积金、金融机关的贷款以及政府的财政支持四个方面。而社股及合作社的盈余分配是合作社区别于企业的两个最为重要的制度特色。

（一）社股

社股的认购是取得社员资格的前提条件。对于社股的规定，各根据地不尽相同。《各抗日根据地（简称本边区）合作社暂行条例示范草案》规定社员之股金须一次性交清，少则认购一股至多不得超过股金总额的20%。《晋察冀边区合作社法草案》第12条规定“社员入社至少须认购社股一股，最多不得超过股金总额的1/2”，社员无力一次交清者，得分期交纳。陕甘宁边区的《有限责任消费合作社章程》规定社员入社时至少认购一股，最多不得超过总社股的20%。山东省《合作社暂行规程》和《胶东区合作社暂行规程草案》都规定社员认购社股，以股为单位，应一次交纳，并可继续入股。但山东省和胶东根据地对社员的股数没有最高限制，“股数不限”，社员不论股金多少，在社员大会内均享有同等之选举权、被选举权及建议表决权，体现了合作社民主平等的原则。对于社股的金额，根据地大多规定每股至少1元，至多不得超过5元。由于根据地相对比较贫穷，为鼓励群众参加合作社，入股除现款外，可以粮食、山货及其他物

① 《晋察冀边区合作社法草案》（1941年），杨德寿《中国供销合作社史料选编》第2辑，中国财政经济出版社1990年版，第396页。

品折价代付股款。

虽然合作社入社自愿，退社自由，社员有权请求退还其股金一部分或全部。但由于根据地合作社股金相对较少，为保证社员退社后，不影响合作社的正常业务，《胶东区合作社暂行规程草案》第 24 条规定“社员出社时除社章特别规定外，合作社应将其所入股金连同应得红利一并退还”①，但如果其股金总数占全社总资金 1/5 以上者，其退社须在结算期两个月前，向社提出申请书，如其退股对合作社有重大影响者，经社员大会议决，可分期撤股，延长出社时期。但如果社员转让股份，须经理事会同意，“社员非经理事会之同意不得让出社股，或以之担保债务；如经同意让出之社股，社股被让人继承对于合作社之权利义务；业务结算后，作为让与人退股、被让人继股”②。

（二）合作社盈余分配

合作社是非营利性组织，以服务社员为宗旨，但合作社在与外部市场的交易中会产生剩余，这些剩余是由参与交易的社员共同创造的，并不是资本企业的经营利润。为体现合作社是劳力的结合而非资本的结合以及平等公正的原则，自罗虚戴尔先锋社产生以来，就确定了合作社分配的基本原则，即在提取适当的公积金、公益金之后，合作社盈余要按照社员的交易额返还给社员。各根据地合作社法规所制定的盈余分配方法都体现了罗虚戴尔的这一原则。

《晋察冀边区合作社法草案》规定社股年息不得超过一分，无盈余时不发股息。合作社盈余除依次弥补累积损失及付息外，应提存总额 10% 至 20% 为公积金，5% 至 10% 为公益金，5% 至 10% 为职员酬劳金，余者返还给社员。供给业务的，按社员购买额多寡为标准返还，运销业务按社员交运额多寡分配，生产业务按照社员劳动日多寡进行分配，信用业务按社员

① 《胶东区合作社暂行规程草案》（1944 年 5 月），山东省供销合作社联合社史志办公室编《山东省供销合作社史料选编（1924—1949）》，内部发行，1991 年，第 58 页。

② 同上。

借款额多寡分配。其他根据地的规定大体相同。

《胶东区合作社暂行规程草案》规定，合作社每3个月或6个月结算一次，但不分红，会计每年终了结算方得分红。

合作社盈余分配方法，原则上规定四种，可由社员大会民主议决通过一种：第一种是合作社盈余，除依次弥补累积损失及付股息，应将所余划为百分比例分配如下，公积金（限于准备弥补合作社之损失及发展业务之用，并应以一部存入信用合作社及银行）20%、公益金5%（限于作公益事业用）、职员奖励金15%（应以劳绩大小比例分配之）、余额为社员交易额退还金，以社员对合作社交易额之多寡为标准比例分配；第二种方法是合作社盈余，除依次弥补累积损失，所余按公积金20%、公益金5%、职员奖金15%、股金分红20%，按股金多少比例分红、余额为社员交易额返还金进行分配；第三种方法为合作社盈余，除依次弥补累积损失外，应将所余划分百分比例进行分配：公积金20%、公益金5%、股金分红20%、其余额为职员及工人返还金，按劳力之大小比例分配；第四种为合作社盈余，除依次弥补累积损失外，应提出公积金20%，公益金5%外，所余4%（原文为4%，实际应为40%）按社员所出股金多少比例分配，60%按职员及工人返还金进行分配。公积金如果超过合作社股金总额时得由社员大会议决变更每期应提之数。①

根据地对合作社不同的经营业务制定了不同的分配方法，虽然各个根据地的分配比例不尽相同，但根据地始终秉承“取之于社员还之于社员”以及“按劳（能）分配”的原则，不单纯以社股数为分配标准，体现了合作社的弱者自救功能和经济平等的追求。

五　合作社的组织机构

合作社作为法人，为了实现自己的事业，必须要有健全的组织机构。

① 《胶东区合作社暂行规程草案》（1944年5月），山东省供销合作社联合社史志办公室编《山东省供销合作社史料选编（1924—1949）》，内部发行，1991年，第59—60页。

由于合作社与企业目标的差异，合作社内部组织机构的设置是以社员共同参与、民主控制为原则进行构建的，各国合作社均以社员大会为合作社的最高权力机关，抗日根据地合作社组织机构的设置也遵循了这一原则。

（一）社员大会

社员大会是合作社的最高权力机关，《胶东区合作社暂行规程草案》第 50 条规定，范围小的合作社，每 3 个月或半年召开一次；范围大的合作社半年或 1 年召开一次。第 52 条规定，理事会觉得有必要时，经全体社员 1/5 以上之联名，亦得以书面或口头声明提议事项及理由，才能召集临时社员大会，召集临时社员大会，前项请求提出后，理事会或监事会，由社员公推社员 1 人为主席。

社员大会的职权主要是：制定或修改社章；决定合作社经营性质与方针；决定合作社业务计划；决定与审核预决算；审核账簿，检查资财；选举或罢免合作社理、监事及职员；听取职员报告及生活学习报告。社员大会须有全体应出席人数过半数之出席始得开会，过半数同意，始得决议（《胶东区合作社暂行规程草案》第 57 条）。

除此之外，一些特别决议的事项也要经过社员大会，如合作社盈余分配方法要由社员大会决定之；凡脱离生产之合作职员（包括理事），其待遇以能养活一个人之生活为原则，其具体办法由社员大会规定之（《胶东区合作社暂行规程草案》49 条）。《胶东区合作社暂行规程施行细则草案》第 14 条规定合作社公积金得由社员大会决定，作为发展业务或公共事业之用；合作社每股金额的增减，必须得经社员大会决议通过等。

社员大会的表决权是社员最为重要的权利，《胶东区合作社暂行规程草案》明确规定社员大会开会时，每个社员只有一表决权，这种“一人一票”的原则充分体现了合作社作为劳动者的联合，社员出资的多寡并不能决定社员权利的大小，社员的权利是以“人”为单位，而不是以“资本”为单位，这一制度的设计与实施也彰显了合作社的民主、平等原则。

（二）理事会、监事会

理事会是合作社的常设执行机关，由社员大会选举产生。理事会对外代表合作社，对内依据合作社章程之规定与社员大会之决议，执行合作社事务（《胶东区合作社暂行规程草案》第39条）。理事任期3年，每年改选1/3。理事会的主要职责是置备社员登记名簿及社员大会记录；社员大会开会5日前，理事会应置备造具财产目录、资产负债表、业务报告表；召集社务会；任免合作社聘用的非理事职员；业务结算后，理事会除应备置前项书表外，并应制盈余分配等。

监事会是合作社的监察机关，监事由社员大会选举产生，理监事总名额数不得超过15名，监事任期1年，与理事均可连选连任。监事应互推常务监事1人，其职权是监察合作社财产状况；监察理事执行业务状况；监事认为有必要时，得召集临时社员大会。

理事会与监事会均半月召开一次，理事、监事如有违反政府各种政策法令或合作社章程或其他不法行为时，得由社员大会全体社员过半数之决议罢免之，其失职时亦同（《胶东区合作社暂行规程草案》46条）；理事会或监事会，会议分别由常务理事或常务监事召集之；在理事会召开时，非理事之职员得列席陈述意见。《胶东区合作社暂行规程施行细则草案》第15条还规定了合作社理事、监事，不得兼任其他相同性质合作社之职务。第16条规定合作社得依章程之规定选出不超过理事、监事名额半数之候补理事、监事、候补理事、监事不能参加理事会、监事会。

六　合作社的联合

为扩大合作事业，增进合作社之间的联系，各根据地均立法鼓励合作社之间的联合，《胶东区合作社暂行规程草案》第70条规定两个以上之合作社或两个以上之合作社区联合社，因区域或业务上的关系，得设立合作社区联合社或合作社县联合社，以便统一领导协助进行，同时规定合作社联合社为法人。从上述规定可以看出，合作社联合社按照职能标准划分，可以分为专业性合作社联合社和区域性合作社联合社两种类型，专业性联合社主要是为了满足同一种业务合作社的联合，以取得合作社最大的经济效益；区域性联合社是在同一区域内不同种类合作社的联合，体现了合作社业务的综合性。从当时根据地的实际情况来看，根据地的联合社主要是区域性的联合社，是一种综合性的合作社，既可以是县一级的联合社，也可以是区一级的联合社，《胶东区县联合社模范章程》第 2 条规定“以集体力量有计划地统一全县合作事业，调剂农村金融与其他抗日区域，力谋密切联系并保证本县之一切供应，促进生产，抵制日寇之经济封锁与破坏政策，巩固抗日根据地争取持久抗战之最后胜利”①。从这里可以看出，根据地的联合社主要不是专业性的，而是综合性的区域合作社。

为更好促进联合社的发展，根据地专门制定了《胶东区县联合社模范章程》及《胶东区区联合社模范章程》，对联合社的组织安排、责任类型、运行机制等进行了详细的规定。从规定来看，联社为保证责任，各社员所保证金额为其所认社股 4 倍。联社的主要业务是贷给本联合社所属合作社农业生产上及副业生产上之必要资金和给予存款之便利、采买或制造本联社所属合作社生产上或生计上之需要物品、运销本联社所属合作社之农产品及其他副产品、协助本联社所属合作社之各项生产及利用事业以及传播合作社知识，协助新社组织并指导监督各社员及社务。

第三节 资金支持

合作社是人的联合而不是资本的联合。但合作社毕竟是一个经济组织，必然要从事经济上的业务，因而，资金问题在合作社中就占有非常重

① 《胶东区县联合社模范章程》，山东省供销合作社联合社史志办公室编《山东省供销合作社史料选编（1924—1949）》，内部发行，1991 年，第 65 页。

要的地位。从一般的意义上来说，资金的多少与合作社的业务成正比例关系，尤其在农业生产中，资金显得尤为重要。

根据合作社的一般原则，合作社的资金通常由社内资金和社外资金组成，社内资金主要来源于社员的股金、存款以及公积金等；社外资金主要包括政府的扶持、社会的捐助以及金融的贷款等。

社内自有资金应该是合作社的最主要的资金来源。但胶东人多地少，多山丘，农户的均耕地面积低于华北平均水平，多数农户仅能维持最低的生活水平，虽有少数农户依赖副业，也仅能维持温饱，农村资金比较匮乏。针对这种情况，胶东抗日根据地规定“社股金额每股至少 1 元，至多不得超过 5 元”[①]。由于股金数额比较少，这样在合作社规模不大的情况下，合作社的社内股金是极其有限的。以 1941 年为例，胶东发展产销合作社 169 处，社员 51839 名，股金 175889.8 元，消费合作社 344 处，社员 17998 名，股金 99127.8 元，其中产销合作社每社平均拥有股金 1040.76 元，而人均股额只有 3.39 元，消费合作社每社平均拥有股金 288.16 元，人均股额 5.5 元，社员的人均股额最低的东海区只有 0.42 元，最高者也只有 7.9 元，1944 年之后，合作社股金虽有所增加，但人均也不足百元。

表 4－2　　1941 年胶东合作社平均股金数额

类别／区别	产销合作社				消费合作社			
	东海	北海	西海	南海	东海	北海	西海	南海
社数	104	31	21	13	251	53	33	7
社员数	328993	13703	4614	629	7015	6764	3514	705
股金数（元）	137187.8	18662	18400	1440	54318.8	15377	27714	1718
社均股额（元）	1319.11	602	876.19	110.77	216.41	290.13	839.82	245.43
人均股额（元）	0.42	1.36	3.99	2.29	7.74	2.27	7.89	2.44

资料来源：根据《胶东生产事业飞跃发展》整理而成，《大众报》1941 年 12 月 20 日。

① 《胶东区合作社暂行规程草案》，山东省供销合作社联合社史志办公室编《山东省供销合作社史料选编（1924—1949）》，内部发行，1991 年，第 58 页。

表4－3　北海1944年、1945年上半年合作社股金情况

地区 \ 项目		社数（处）	社员（名）	资金（元）	社均股额（元）	人均股额（元）
1944年	蓬莱	55	11984	376309.00	6841.98	31.40
	黄县	136	26025	597085.00	4390.33	22.94
	栖霞	145	23311	1791435.00	12354.72	76.85
	栖东	126	21636	1651232.00	13105.01	76.32
	福山	28	5004	287527.00	10268.82	57.46
	招北	39	7036	227089.00	5822.79	32.28
1945年上半年	蓬莱	42	8289	474996.00	11309.43	57.30
	黄县	20	6944	469469.00	23473.45	67.61
	栖东	99	23221	2003720.00	20239.60	86.29
	招北	19	2004	81589.00	4294.16	40.71

资料来源：北海专署《北海1945年上半年农林合作工作总结报告》，山东省档案馆，G031－01－1381－001。

1944年以后，虽然根据地合作社发展迅速，股金较先前有了大幅度的提高，但考虑到抗战时期通货膨胀等因素，合作社的股金及人均股额数并未有多少增加。北海银行1942年以前，只发行10元以内的小额钞，1942年开始发行50元券，1943年开始发行100元券，1944年开始发行200元券，所以，除去当时的通货膨胀，合作社的股金并没有多少实际的增长。

合作社社内资金不足，合作事业的开展必须要依赖于外部的金融力量。1938年，掖县抗日民主政府成立后，为了安定市场秩序，扭转金融混乱局面，加强军政建设，抵制日伪货币，便成立了山东第一个银行——北海银行，成为抗战时期支持胶东抗日根据地合作事业发展的重要金融机构。

自抗战以来，由于敌、伪、顽对我抗日根据地的抢掠烧杀，以及战争负担的加重，致使农村金融呆滞紧缩，农民无力购买化肥、农具、耕牛等，直接影响了农民的生产和抗战的供给，增加了抗战的困难。以养猪为例，1942年，胶东根据地的养猪数量比战前减少了60%，虽然农民知道养猪既赔不了本，又能增加肥料，但因没有钱，也只能作罢。随着减租减息

运动的开展，农民的生产热情日益高涨，如何帮助农民解决种子、肥料、耕畜、农具的困难，提高农民生产抗战情绪，发展根据地的农业生产，就成为迫切需要解决的问题。

为加强抗日根据地的经济建设，以巩固抗战基础，1940年，北海银行成立农民低利贷款所，“主要是以低利贷款，扶助合作事业和手工业，以及春耕生产等”①，在资财上帮助农村生产事业的开展。1940年10月，胶东每县都成立了一所农贷所。1942年，面对根据地的严重困难，北海银行改变以前分散贷款的办法，于1942年统一办理农村贷款，农贷所的数量也不断增加，1942年文登成立了3处，荣成4处，牟海3处，海阳3处，文西2处。农贷所贷款的主要对象是无力生产的贫苦农民及渔盐民、急需贷款的中农、根据地的肩挑小贩、妇女生产小组、合作社、手工业作坊（油坊、打铁、做鞋、缫丝、织袜工厂等）。

从贷款的用途来看，农民贷款主要用来进行生产，如购买种子、肥料、耕畜、普通农具、打井、开荒等。但是，如果农民养猪、养鸡、养羊、养蚕、纺织、造纸等没有资金，也可以得到贷款。总之，只要是有利于根据地经济建设的农业生产与小手工业和家庭副业等，都可以得到贷款，利息从五厘起到一分止，如果借款人特别贫穷或遭受灾害的，还可以减息或免息。

表4－4　　1943年北海贷款用途情况

项目	农具	肥料	耕畜	种子	打井	开荒
金额（元）	1232186	309250	311817	577030	1060	9455
百分比	50.48	12.67	12.77	23.64	0.04	0.38

资料来源：中国人民银行金融研究所、中国人民银行山东省分行金融研究所：《中国革命根据地北海银行史料》第一册，山东人民出版社1986年版，第455页。

① 中国人民银行金融研究所、中国人民银行山东省分行金融研究所：《中国革命根据地北海银行史料》第一册，山东人民出版社1986年版，第424页。

表 4－5　　胶东分行 1944 年春耕贷款用途统计

项目	农具	肥料	耕畜	种子	水利	开荒	其他
金额（元）	3333	5006	3089	679	806	110	43
百分比	25.51	38.31	23.64	5.2	6.17	0.84	0.33

资料来源：中国人民银行金融研究所、中国人民银行山东省分行金融研究所：《中国革命根据地北海银行史料》第一册，山东人民出版社 1986 年版，第 469 页。

从北海银行的资料来看，1944 年以前，贷款以农具、种子、化肥居多，抗战后期，老解放区主要以水利居多，新解放区主要以农具、种子、化肥居多。

扶持合作事业一直是北海银行的中心工作。1943 年，省战工会主任黎玉在施政报告中指出："为着扶助合作事业，政府的一切生产贷款，应当尽量通过合作社"①。1942 年东海农贷所在给渔盐民贷款时，就以村为单位，由村向渔盐民合作社接关系，办手续，农贷所直接与合作社发生关系。合作社一直是北海银行重要的贷款对象之一。1942 年，荣成共给包括工厂、商店、合作社在内的 28 户发放贷款 1952897.5 元，文登给 22 户（工厂、商店、合作社在内）发放贷款 693223 元，东海支行给 80 户（工厂、商店、合作社）发放贷款 2386933 元②。1943 年针对有的银行干部认为合作社不可靠，不愿给合作社贷款的现象，北海银行指出"根据地银行有扶持与发展合作事业的任务"③。1943 年，东海区共贷款 2700 万元以上，其中农贷占 66% 以上，渔盐贷约 13% 强，纺织及副业、合作、信用等贷款约占 10%，④ 而 66% 的农业贷款大都是通过犋犋小组、互助小组等发放给个人的。1944 年文登的合作社贷款占到了总贷款的 7.4%。⑤

银行对于合作社的放款大多属于定期放款的形式，而且，放款的数额

---

① 中国人民银行金融研究所、中国人民银行山东省分行金融研究所：《中国革命根据地北海银行史料》第一册，山东人民出版社 1986 年版，第 501 页。

② 同上书，第 449 页。

③ 同上书，第 529 页。

④ 同上书，第 458 页。

⑤ 同上书，第 476 页。

与比例远远高于工业与商业的贷款。据统计，北海支行 1943 年上半年定期放款 699703 元，放出 132 户，其中工业 65 户，放款 273100 元，占 39%；小商业 30 户，放款 22600 元，占 3.2%；合作社户 37 户，放款 404003 元，占 57.7%；[①]（见表 4－6）东海 1943 年放款合作社户数 199 户，放款总额 1151800 元，占比 60%（见表 4－7）。

表 4－6　　1943 年北海支行贷款统计

类型	户数	金额（元）	贷款额占比（%）
工业	65	273100	39.1
小商业	30	22600	3.2
合作社	37	404003	57.7
总计	132	699703	

资料来源：中国人民银行金融研究所、中国人民银行山东省分行金融研究所：《中国革命根据地北海银行史料》第一册，山东人民出版社 1986 年版，第 529 页。

表 4－7　　1943 年东海支行各县贷款数

类别／地区	贷款总额	其中合作社		其中私人商业	
		户数	金额（元）	户数	金额（元）
文登	551300				
荣成	307800	109	288100	14	19700
海阳	132100	5	63000	9	42100
牟海	569600	56	506100	20	63500
牟平	127700				
文西					
支行	995550	29	294600	135	640950
合计	2684050	199	1151800	178	766250

资料来源：中国人民银行金融研究所、中国人民银行山东省分行金融研究所：《中国革命根据地北海银行史料》第一册，山东人民出版社 1986 年版，第 528 页。

1944 年以后，北海银行加大了对合作社的贷款力度。据资料记载，1944 年东海支行全年给工业贷款 69 户，贷款总额 342100 元，商业贷款 71 户，贷

① 中国人民银行金融研究所、中国人民银行山东省分行金融研究所：《中国革命根据地北海银行史料》第一册，山东人民出版社 1986 年版，第 529 页。

款总额 244928.5 元，总计 140 户，587028.5 元；合作社放款总计 172 户，1337400 元，其中，贷给纺织社 62 户，210800 元，渔民社 19 户，535200 元，其他社 91 户，591400 元，给合作社贷款的数额占比高达 69.5%。

表 4－8　　1944 年东海支行工商业放款统计

类别/地区	工业		商业		合作社	
	户数	金额（元）	户数	金额（元）	户数	金额（元）
牟海	10	25100	1	1500	40	630700
牟平	6	32100	5	2700	20	53600
文西	17	67500	30	57000	25	85500
文东	22	48500	10	126500	34	192800
荣成	1	5000	10	18038	26	96600
海阳	12	33900	12	29500	24	93200
东支	1	130000	3	9690.50	3	185000
合计	69	342100	71	244928.50	172	1337400
占比（%）	22.1	17.8	22.8	12.7	55.1	69.5

资料来源：中国人民银行金融研究所、中国人民银行山东省分行金融研究所：《中国革命根据地北海银行史料》第一册，山东人民出版社 1986 年版，第 531—532 页。

表 4－9　　1944 年东海支行合作社放款统计

类别/地区	纺织社		渔民社		其他		合计	
	户数	金额（元）	户数	金额（元）	户数	金额（元）	户数	金额（元）
文东	17	68500	3	60000	14	64300	34	192800
文西					25	85500	25	85500
荣成					26	96600	26	96600
牟平	13	24600			7	29000	20	536000
海阳	24	93200					24	93200
牟海	8	24500	16	475200	16	131000	40	630700
支行					3	185000	3	185000
合计	62	210800	19	535200	91	591400	172	1337400

资料来源：中国人民银行金融研究所、中国人民银行山东省分行金融研究所：《中国革命根据地北海银行史料》第一册，山东人民出版社 1986 年版，第 531—532 页。

北海的情况也大致相同，1944 年北海各县贷款中，工业贷款共 251600 元，商业贷款 278555 元，给合作社的贷款达 1467300 元，占比达 73.4%。

表 4－10 1944 年北海支行工商放款统计 （单位：元）

地区\类型	工业	商业	合作社
黄招	55000	42500	202400
蓬福	127400	24380	473600
栖霞	56900	66800	510300
栖东	12300	144875	281000
合计	251600	278555	1467300
占比（%）	12.6	14.0	73.4

资料来源：中国人民银行金融研究所、中国人民银行山东省分行金融研究所：《中国革命根据地北海银行史料》第一册，山东人民出版社 1986 年版，第 532 页。

但由于有的合作社干部对合作社营业情形尚不明了，存在发财、垄断以及偿还贷款即得缩小营业的错误观念，对银行贷款采取拖延等办法，造成银行的贷款收回的寥寥无几。1944 年北海合作社贷款收回比例平均为 19%，最高收回为 43%，而最低的为 8%，如表 4－11：

表 4－11 1944 年北海支行合作社贷款收回统计 （单位：元）

县别	原贷额	收回额	收回（%）	纺织在内
蓬福	585800			
支行	40000			
栖东	369580	30000	8	纺织在内
栖霞	698800	249300	36	纺织在内
黄招	202400	86700	43	纺织在内
合计	1896580	366000	19	

资料来源：中国人民银行金融研究所、中国人民银行山东省分行金融研究所：《中国革命根据地北海银行史料》第一册，山东人民出版社 1986 年版，第 533 页。

由于合作社还款滞后，1943 年北海支行开始限定对合作社的贷款，规定银行定期放款的“对象是由政府批准的合作社，需要帮助者，贷款不超其资金的百分之六十”①。1944 年胶东分行指出“未经整理或经过整

① 中国人民银行金融研究所、中国人民银行山东省分行金融研究所：《中国革命根据地北海银行史料》第一册，山东人民出版社 1986 年版，第 527 页。

理认为不合合作社章程，原则不再放款，对违法走私之合作社更不应放款给它”[①]。北海支行在《1944年下半年工作总结报告》中指出：“下半年的合作贷款原则不再出贷，新解放区的合作社由老地区合作社收回的以少部分扶助，以不超过资本半数为原则。老区合作社贷款决定最低要收回三分之一”[②]。

合作社不仅获得银行的贷款，还帮助农贷所发放贷款。农贷所刚成立时，发放农贷的方式是各级营业员派人到村，携带现款与收回登记表，贷款申请表，及低利放款借券，到村与村干部及村民发生直接关系，了解情况，收回到期款，办理各种放款。贷款方式平时一般是经村干部介绍，或人民个别口头申请，如经允许则写申请表及借券，妥后即发款。但这种方式工作量比较大，甄选贷款户以及对贷款用途的监督也比较困难，以致很多贫苦农民不能得到贷款，有的把贷款用来做买卖而不是发展生产。为保证贷款能够真正发挥作用，农贷所除了组织贷款小组外，还通过合作社发放贷款。1943年北海支行提出要“改组旧的合作社或依照章则组织健全的信用合作社，代理银行办理农村信贷事宜，是比较妥当的办法”[③]。1944年，胶东区分行提出，“为有健全的合作社，不论村社还是联社，均可以贷款任务委托之”[④]。因为合作社与农业生产相结合，与农民相联系，由合作社办理贷款既可减少工作的难度，又可提高贷款的信度。1944年，北海由蓬莱十一区做实验，渔民用款及日需用品全部由合作社领取，银行贷款给合作社，渔民得的鱼虾等交合作社统一出售，随卖随扣换贷款。[⑤]

银行贷款的方式大多是资金资助，但由于进行春贷的时候往往会引起市面物价上涨，农民吃亏很大。鉴于此，荣成银行办事处采用了实物贷放

① 中国人民银行金融研究所、中国人民银行山东省分行金融研究所：《中国革命根据地北海银行史料》第一册，山东人民出版社1986年版，第466页。

② 同上书，第533页。

③ 同上书，第459页。

④ 同上书，第462页。

⑤ 同上书，第477页。

的方式。方法是根据该区应摊的贷款数额，按照用途比例与群众需要，准备了一部分实物，如豆饼、铁锨、镢头、锄头、种子、打井器材等，各种实物出贷的价格比市面要低。各种物品发至村合作社，由合作社负责向外发放，也有的地方把春贷款统一发至合作社，由合作社统一购置农具、肥料、种子等。[①]

北海银行还大力扶持纺织事业。北海纺织贷款的方式主要有两种：一种是合作社负责，而由联社统一领导，发棉花，收土纱，支付工资，然后将纱制成土布，运至市场或贸易局销售，银行统一贷款给联合社（蓬莱、栖霞一部分是采取这种方式）。另一种是银行直接贷给纺织小组，由妇救会介绍并作保证，但因地区大，贷款少，许多群众仍是领棉花卖土纱支工资，和第一种方式差不多。[②] 1943 年，纺织贷款共 2824623. 38 元，其中文登贷出 797100 元，荣成贷出 495840 元，海阳贷出 452213. 4 元，牟平贷出 281000 元，牟海贷出 443578. 48 元，文西贷出 354891. 5 元。1943 年，成立纺织社 37 处，1944 年，发放纺织贷款 902150 元，支持纺织社 62 户，贷款 210800 元。

虽然由于战争的环境，至今没有准确的资料统计出北海银行在抗战中给合作社提供了多少资金支持，但不容否定的是，北海银行对胶东合作事业的发展做出了巨大的贡献。

① 中国人民银行金融研究所、中国人民银行山东省分行金融研究所：《中国革命根据地北海银行史料》第一册，山东人民出版社 1986 年版，第 483 页。

② 同上书，第 516 页。

第五章　胶东抗日根据地合作社数量的考察

胶东抗日根据地合作社从数量上来看发展比较迅速，其业务范围涵盖了根据地军民日常生产生活的方方面面，主要包括消费、生产、信用、运销四种类型，抗战前期以消费合作社为主，后期以生产合作社为主，至 1944 年以后，胶东根据地出现了带有社会主义萌芽性质的农业生产合作社。

第一节　胶东抗日根据地合作社量的考察

一　胶东抗日根据地合作社发展数量

胶东抗日根据地合作社自 1938 年萌芽以来，经历了曲折发展的历程。由于特殊的战争年代，以及当时通讯、交通等客观条件的限制，各海区合作社发展情况并不能及时全面地进行统计和上报，各地因时间不同以及统计范围不全面等各方面因素，统计数字经常出现不一致的现象。因此，对胶东根据地合作社发展数字的统计只能在一个大概的区间范围内。

1938 年 8 月，蓬（莱）黄（县）掖（县）抗日根据地形成之初，胶东特委就把经济建设摆在重要位置上。1939 年 12 月 6 日，蓬、黄、掖行政联合办事处在其成立后所发布的施政纲领中，明确提出：发展生产合作事业和工业生产，奖励农业与农村副业，调剂金融，打破敌人的经济封锁和伪币政策。合作社组织开始在各地逐渐发展起来，八、九月间，蓬莱县北崮乡等相继创办了合作社，到1939年，仅北掖大约创建了五六十处合作社。[①] 但这时的合作社由于大多是强迫命令产生的，合作社有名无实，合作社不很巩固。1940年，省战工会把发展合作社列入战时施政纲领，制订了合作社章程、细则及实施规程，要求普遍建立县合作运动委员会，在全省各抗日根据地开展建立合作社的群众运动。因此，1940年以后，根据地比较注重宣传动员，各群众团体组织合作社时能够克服政府命令的方式，召集社员召开社员大会，自1940年开始，胶东抗日根据地的合作社进入了大发展时期。据记载，掖县县委和政府在1940年发动群众成立了信用合作社18处，社员1215人，入股3110股，股金达6220元。[②] 平度1940年成立合作社9处。[③] 文登1940年9月，在抗日民主政府实业科的帮助下，组织农民集资入股，在仁和坊成立了"兴业鞋袜生产合作社"，所生产的产品供东海区军用。1940年东海有合作社约39处，其中，消费社为34处，农业合作社3处，其他合作社2处。[④] 就整个胶东抗日根据地而言，仅1940年下半年，胶东抗日根据地就发展信用合作社19处，社员1230人，产销合作社16处，社员4005人，消费合作社19处，社员6877人，共计54处，社员12112人，[⑤] 手工业合作社45处，社员13000多人，资金达62000多元。[⑥]

---

① 《一九四四年上半年胶东合作工作总结报告（节录）》，山东省供销合作社联合社史志办公室编《山东省供销合作社史料选编（1924—1949）》，内部发行，1991年，第86页。

② 杨旭东：《大生产运动》，《莱州市党史资料》第三辑，内部发行，1990年，第4页。

③ 《一九四四年上半年胶东合作工作总结报告（节录）》，山东省供销合作社联合社史志办公室编《山东省供销合作社史料选编（1924—1949）》，内部发行，1991年，第86页。

④ 胶东工商管理局东海分局：《1944年东海合作工作总结报告》，烟台市档案馆，G001-001-201-086。

⑤ 中国人民银行金融研究所、中国人民银行山东省分行金融研究所：《中国革命根据地北海银行史料》第一册，山东人民出版社1986年版，第506页。

⑥ 艾楚南：《四年来山东财政经济建设的成绩和努力的方向》，《大众报》1941年7月7日第1版。

1941年以后，由于日伪军在军事上对抗日根据地进行“扫荡”“围剿”，经济上对抗日根据地实行残酷的掠夺和严密的封锁，极大地破坏了抗日根据地的工农业生产，再加上根据地又连年遭受了水灾、旱灾、蝗灾等自然灾害，根据地出现了缺吃少穿、医药短缺的严重困难局面。为战胜严重的经济困难，彻底粉碎敌人的经济封锁，胶东抗日民主政府根据上级指示，积极领导根据地军民开展生产自救运动，把大力发展生产作为抗日根据地建设的主要任务来抓，号召农民打破旧的生产方式和生产观念，联合起来成立互助合作组织。1941年，文登县政府发布了《关于组织生产小组的决定》，对生产小组的任务、生产小组与合作社的关系、生产小组的资金来源以及产品运销等问题进行了规定，并要求全县在8月间“完成3300组的任务”①。至1941年9月底，全县就组织起纺纱、织布、缝袜、做鞋、编条小组3000多个，相邻的7个生产小组还合并成了产销合作社。县委在农村还发动群众自筹资金，组织消费合作社16处，入社社员达1942人，股金9165元。② 掖县1941年成立信用合作社39处，社员1310人；消费合作社6处，社员617人；产销合作社3处，社员212人；食粮运销合作社2处，社员72人；成立各种生产小组87个。③ 至1941年，胶东根据地共有合作社823处，其中东海542处，社员数65975人，股金数305681.5元；北海143处，社员19339人，股金36751元；西海117处，社员23747人，股金263657元；南海21处，参加社员5250人，股金6306元。④ 根据胶东《大众报》的记载，1941年，胶东共组织产销合作社169处，社员51839名，股金175689.8元，其中东海区104处，社员32893名，股金137187.8

① 《文登县政府通令：关于组织生产小组的决定》，中共文登市委党史研究室《中共文登地方史》第1卷，山东人民出版社2002年版，第139页。

② 中共文登市委党史研究室：《中共文登地方史》第1卷，山东人民出版社2002年版，第133页。

③ 杨旭东：《大生产运动》，《莱州市党史资料》第三辑，内部发行，1990年，第4页。

④ 山东省政府：《山东省合作社统计表》，山东省档案馆，G004－01－0065－002。

元；西海区 21 处，社员 4614 名，股金 18400 元；北海区 31 处，社员 13703 名，股金 18662 元；南海区 13 处，社员 629 名，股金 1440 元；消费合作社 344 处，社员 17998 名，股金 99127.8 元，其中东海区 251 处，社员 7015 名，股金 54318.8 元；西海区 33 处，社员 3514 名，27714 元；北海区 53 处，社员 6764 名，股金 15377 元；南海区 7 处，社员 705 名，股金 1718 元。①

表 5－1　　1941 年胶东合作社统计

类别 \ 项目		社数	社员人数	股金数（元）
产销合作社	东海	104	32893	137187.8
	西海	21	4614	18400
	北海	31	13703	18662
	南海	13	629	1440
	共计	169	51839	175689.8
消费合作社	东海	251	7015	54318.8
	西海	33	3514	27714
	北海	53	6764	15377
	南海	7	705	1718
	共计	344	17998	99127.8

资料来源：根据《胶东生产事业飞跃发展》整理而成，《大众报》1941 年 12 月 12 日第 1 版。

1942 年，胶东根据地对合作社进行整理，成立各级合作事业指导委员会，共成立了六个县指导委员会和十个区指导委员会，并取消区乡消费合作社为村合作社，使合作社真正深入农村为群众谋利，同时成立合作社业务上的领导机构——区县联合社。在整理的基础上，胶东合作事业迅速发展，文登县至 1942 年，除成立了消费、纺织社外，还发展了榨油业、鞋业、农具、肥皂、印刷等多种合作事业。纺织社发展到 25 处、榨油社 22 处、鞋业社 1 处、农具社 1 处，共有股金 38000 多元、社员

① 《胶东生产事业飞跃发展》，《大众报》1941 年 12 月 12 日第 1 版。

19600多人。[①] 至1942年，胶东根据地共新增加了合作社384处，其中东海区新成立产销合作社138处，消费合作社131处，北海区新成立产销合作社7处，消费合作社40处，西海区新成立产销合作社16处，消费合作社45处，其他地区7处。[②]

1943年至1944年，胶东根据地对合作社进行调整，调整后的合作社更加巩固。1943年底，黄县共成立了143处手工业合作社，其中有合作社联社5处，纺织合作社23处，柴草合作社41处，渔业合作社3处，皮革合作社2处，信用合作社1处，运输合作社1处，消费合作社67处。[③] 至1944年6月，文登共有合作社295处，其中消费合作社252处，股金181826元，生产合作社43处，股金231716元；牟海区成立合作社的村庄占全区村庄的三分之一以上，共集资255000元，合作社分纺织、农具、消费、信用、运输等性质，以纺织合作社为最多。[④] 东海区经过整理之后，合作社社员增加三分之一，股金增加一倍。栖福局经过改造后，股金从原来的112469元增加到484740元，社员人数由原来的3758人增加到6696人。至1944年底，胶东根据地“共组织了群众性的合作社1765处，男女社员46万人，股金□560余万元”。[⑤] 1945年上半年，文登、昆嵛两县共有区办合作社28处，村办合作社204处。[⑥] 胶东根据地1945年共发展合作社2395处，社员人数达到687774人，每社平均社员287人，股金35922357元，合作社占全区村数的17%，远高于全省合作社占村数7.4%的平均水平。[⑦]

---

① 高玉峰主编，中共威海市委党史研究室：《中共威海地方史》第一卷，中共党史出版社2005年版，第155页。

② 《1942年胶东经济建设的报道》，《大众报》1943年3月27日第3版。

③ 中共烟台市委党史研究室、烟台市档案局：《中共烟台历史大事记（1919—1949）》第1卷，中共党史出版社2003年版，第257页。

④ 《牟海×区合作事业蓬勃开展》，《大众报》1944年8月23日第4版。

⑤ 李刚：《胶东的合作事业》，《大众报》1945年1月15日第4版。

⑥ 文登市地方史志编纂委员会：《文登市志》，中国城市出版社1996年版，第548页。

⑦ 山东省政府：《山东省合作社统计表》，山东省档案馆，G004-01-0065-002。

表 5-2 胶东合作社统计（1941 年）

项目 \ 区别	东海	北海	西海	南海	共计
社数	542	143	117	21	823
社员数	65957	19339	23474	5250	114020
股金数（元）	305681.5	36751	263657	6306	612395.5
贷款数（元）	6500	6550	32700	3250	49000

资料来源：《山东省合作社统计表》，山东省档案馆，G004-01-0065-002。

表 5-3 胶东东海区合作社历年发展统计

项目 \ 年别	1940	1941	1942	1944	1945
社数	39	301	518	1426	1616
社员数	14124	96508	141496	485220	534521
股金数（元）	76429	201289	377060	23115724	27472695

资料来源：山东省档案馆、山东社会科学院历史研究所合编：《山东革命历史档案资料选编》第十八辑，山东人民出版社 1985 年版，第 129 页。

表 5-4 北海 1943 年上半年与 1944 年合作社发展统计

地区		类别		社员	资金（元）
		联社	村社		
1943 年	蓬莱	1	25	5289	56842
	黄县	4	39	4600	65100
	栖霞	4	59	22451	209165
	栖东	4	37	5306	256453
	福山		19	2179	77394
	招北	1	4	623	115□5
1944 年	蓬莱	2	53	11984	376307
	黄县	4	132	26□25	597085
	栖霞	6	139	23311	1791435
	栖东	5	121	21636	1651232
	福山	1	27	5004	287527
	招北	1	38	7036	227089

资料来源：《1944 年合作纺织工作报告》，烟台市档案馆，G005-001-037-143。

表 5－5　　北海 1945 年上半年与 1944 年合作社发展比较

项目		社数	社员	资金（元）	备注
1944 年	蓬莱	55	11984	376.309.00	
	黄县	136	26025	597.085.00	
	栖霞	145	23311	1791.435.00	
	栖东	126	21636	1651.232.00	
	福山	28	5004	287.527.00	
	招北	39	7036	227.089.00	
1945 年	蓬莱	42	8289	474.996.00	
	黄县	20	6944	469.469.00	
	栖东	99	23221	2003.720.00	
	招北	19	2004	81.589.00	
各县增减	蓬莱	减 13	减 3697	增 98.689.00	
	黄县	减 116	减 19059	减 127.419.00	
	栖东	减 27	增 1585	增 352.488.00	
	招北	减 22	减 5032	减 145.500.00	

资料来源：北海专署《北海 1945 年上半年农林合作工作总结报告》，山东省档案馆，G031－01－1381－001。

表 5－6　　胶东抗日根据地合作社历年发展统计

年别	1940	1941	1942	1943	1944	1945
社数	54	823	1207	1019	1765	2395
社员数	12112	114020	不详	341480	460000	687774
股金数（元）	不详	613295.5	不详	3674906	□560000	35922357

资料来源：此表根据《中国革命根据地北海银行史料》、山东省档案馆《历年农林数字统计》（G031－01－1392－007）、《大众报》、《山东革命历史档案资料选编》等资料整理而成。

由于特殊的战争环境，数据统计相对困难，也并不全面，很难非常翔实准确地将胶东合作社的发展数量呈现出来，但从仅有的数据中，依然能够看出胶东合作运动呈现蓬勃发展的局面。

二　胶东抗日根据地合作社业务

合作社涉及的业务十分广泛，根据《胶东区合作社暂行规程草案》，合作社的业务主要包括：经营种植、饲养、农田水利、牧畜、造林开荒、纺织、线织及制造一切农村日用品和职业上之用品；经营社员农业生产品、工业生产品之联合推销；供需并置办社员生活之日用品；经营农业生产之放贷及农村之储蓄者均属之。根据地合作社的业务涉及农民日常生产生活的方方面面，但在不同的运动阶段，合作社的类型和业务不尽相同。从合作社的类型看，在运动早期，“比较多的是消费合作社，多经营贸易赚钱，生产性质的合作社很少”①。1942 年号召开展纺织运动以后，纺织合作社就成为根据地合作社的主要类型。据 1944 年统计，胶东共组织群众性的合作社 1765 个，其中消费社占 21%，生产社占 50%。运输社占 8%，兼营社占 20%，信用社占 0.7%。生产与兼营社中包括纺织社 740 处，缫丝社 8 处，油业社 40 处，鞋袜社 6 处，卫生社 8 处，农业社 8 处，骨粉社 2 处，鱼盐社 20 处，木工社 1 处，石灰社 1 处，印刷社 1 处，蚕丝社 3 处，肥皂社 1 处，皮革社 2 处，养蛤社 3 处，编席社 1 处，铁工社 18 处。② 据胶东东海区 1944 年的统计，纺织社占合作社总数的 73.4%。以东海为例，1942 年之前，消费合作社居多，1942 年之后，纺织社逐渐增多，如表 5－7：

表 5－7 东海各种合作社统计

社数 / 年	消费社	产销社									运输	□□	□□	共计
		石磨	纺织	□□	农业	工具	鞋袜	缫丝	□业	其他				
1940	34	0	0	0	0	0	0	0	3	2	0	0	0	39
1941	147	0	30	11	0	1	4	0	13	37	0	0	0	243
1942	89	0	9	5	0	5	1	0	28	9	0	1	0	147
1943	44	0	89	11	1	2	1	2	9	6	0	3	0	168
1944	25	1	565	16	6	15	17	20	40	116	4	3	1	829
总计	339	1	693	43	7	23	23	22	93	170	4	7	1	1426

资料来源：《1944 年东海合作事业总结报告》，烟台市档案馆，G001－001－201－086。

① 胶东行政公署实业处：《胶东合作材料》（1948 年 11 月 2 日），山东省档案馆，G018－01－0010－003。

② 李刚：《胶东的合作事业》，《大众报》1945 年 1 月 15 日第 4 版。

从表中可以看出，消费合作社呈递减的趋势，而纺织合作社在1943年以后猛烈发展。胶东民主政府在1946年1月根据不完全资料所做的关于胶东合作社的统计也说明了这一点，如表5-8：

表5-8　　　　胶东合作社统计

合作社类型	总数	成立年月					备注
		1941	1942	1943	1944	1945	
纺织合作社	554	11	41	64	306	129	
运输合作社	4				4		
消费合作社	30	1	7	3	10	9	
□□合作社	55	2	2	7	23	21	
□业合作社	1					1	
缫丝合作社	31		6	1	13	11	
染房合作社	2				1	1	
医药合作社	25				5	9	
织袜合作社	1				1		
饭业合作社	1					1	
纺线□□纺织社	1			1			(1) 此表的统计不全面，只仅根据石岛、栖霞、乳山、南招、威海、牟平、昆嵛、东栖等县的材料统计而成。 (2) 原表中的数字有错误，为保证真实，此表未做改动
盐业社	4		1			3	
渔业社	10		1	3	3	3	
农业社	13			2	2	9	
造林社	1						
铁业社	1				1		
鞋业社	1			3			
编条社	1			1			
蚕丝社	30						
生产社	2					2	
肥皂社	1				1		
兼营社	83		5	4	21	53	
综合社	4					4	
综合	865	14	68	98	409	258	

资料来源：《山东省合作社统计表》，山东省档案馆，G004-01-0065-002。

表5－9　　1944年胶东东海区合作性质比较

类别	纺织社	消费社	油业社	渔盐社	铁业社	鞋袜社	缫丝社	医药社	农业社	信用社	其他
百分比	73.4	3.2	5.2	2.1	2.0	2.2	2.6	0.4	0.8	0.3	7.8

资料来源：山东省实业厅、民政厅《山东省农业变工互助组织面积村庄人口统计表》，山东省档案馆，G004－01－0064－017。

表5－10　　1945年北海合作社业务统计

县别	社别											
	消费	纺织	盐业	农具	油业	医药	畜牧	皮革	运输	兼营	土地	缫丝
蓬莱	15	18	1	1		1	1	2	2		1	
黄县	11	5		1	1			1		1		
栖霞		53								45		1
招北	14	2							1			
合计	40	78	1	2	1	1	1	3	3	46	1	1

资料来源：北海专署《北海1945年上半年农林合作工作总结报告》，山东省档案馆，G031－01－1381－001。

从合作社经营业务看，1944年以前，合作社的业务比较单一，大多数合作社只经营一种业务，纺织合作社主要从事纺织工作，解决根据地军民的穿衣问题，榨油合作社只从事榨油业务。但1943年以后，根据地明确要求合作社的组织应与发展手工业生产相结合，如纺织合作社，既要供给纺工棉花，收买棉纱；又要供给织工棉纱，收买棉布，纺织合作社要成为联系纺工与织工、生产者与消费者的中介；打油合作社以及食盐合作社也要既从事生产合作又从事运销合作。根据地还可组织农业合作社，如组织贷款的“信用合作社”，耕牛农具的“利用合作社”等，“合作社的业务应以生产为主，兼营运输、消费、信用等类工作”①，如纺织合作社可以兼营打油业务，农业合作社可以兼营纺织等。桃村区联合社，从1944年开始，改变了过去单纯以纺织为主的营业方针，改组为信用（调剂金融）、医药（便利治疗）、运输（供给村社原料，调节市场）三部兼营的组织。

① 中国人民银行金融研究所、中国人民银行山东省分行金融研究所：《中国革命根据地北海银行史料》第一册，山东人民出版社1986年版，第501页。

从胶东合作社的发展轨迹来看，胶东根据地的合作社既不同于英国的以消费合作社为主的发展道路，也不同于法国以生产合作社为主的发展道路，更不同于国民政府信用合作“一家独大”的发展局面，而是形成了从消费合作—生产合作—综合性合作的发展模式。1944 年以后，根据地的合作社主要以综合性合作社居多。从 1944 年栖福局的合作工作总结报告可以看出，兼营两种或两种以上业务的合作社越来越多。如表 5 – 11：

表 5 – 11 栖东根据地 1944 年合作社扩大情形

社名	股金（元）		社员		业务	
	原有	现有	原有	现有	原有	现有
大泊子	8095	28015	93	447	打油	打油缫丝
上牛蹄夼	1020	17889	44	314	纺织	纺织缫丝
接官亭	2000	6557	83	108	纺织	纺织
南涝都	1499	3599	75	138	消费	纺织
上桃村	664	3505	83	180	消费	纺织
草铺村	844	6679	82	191	消费	缫丝
前肖格	1000	4080	80	190	消费	纺织
北涝都	710	3849	42	115	消费	纺织
梁家村	2190	26200	52	178	纺线	纺织
右马庄	1981	5858	233	157	纺线	纺织打油
东夼村	10352	27156	161	153	纺织	纺织打油
方裕村	7083	11780	196	221	纺织	纺织
西店	4217	32580	183	203	打油	纺织打油
铁口	2540	24406	156	296	打油	纺织打油消费
后肖格	634	3080	84	132	消费	农业纺织
炉房	604	9895	58	167	消费	纺织运销
西剑铺	520	10745	23	158	纺线	纺织
估口	2046	11280	270	231	纺线	纺织轧花
楚苗店	429	15130	112	375	纺织	纺织消费
河东	8050	27000	358	298	消费	纺织消费
回龙夼	2621	12000	66	139	打油	纺织消费
石字沟	144	7108	144	143	打油	纺织消费

续表

社名	股金（元）		社员		业务	
	原有	现有	原有	现有	原有	现有
下哨	1377	12200	54	122	消费	打油
解家口	1082	8500	70	230	纺织	纺织
营盘	3070	12566	59	148	纺织	纺织消费
东家泊	4900	5402	36	101	打油	打油
峨山庄	4600	23729	67	259	纺织	纺织
西宅	3000	17200	55	106	纺织打油	纺织打油
上土屋	460	12425	76	176	消费	纺织石灰窑
肇家庄	10100	31730	101	212	纺织打油	纺织打油 农业蚕业
辇头	2880	16785	60	44	纺线	纺织
河崖	4210	17618	99	139	纺线	纺织
肖岭夼	2335	7040	64	137	纺线	纺织
都沟	1920	6680	61	121	消费纺织	纺织
东下夼	9005	13740	183	168	打油	纺织打油

资料来源：胶东区工商管理局：《栖福县局合作工作总结报告》（1944 年），山东省档案馆，G031 - 01 - 1306 - 005。

从表中可以看出，1944 年，根据地合作社经过整理改造后，不仅合作社的股金增多了，社员的数量也增加了，合作社的业务也不断拓展。栖东根据地合作社兼营业务的数量达到近 50%，从整个栖福县局的情况看，兼营合作社的数量也达到了 38%（表 5 - 11）。广大根据地的军民通过组织各种形式的合作社开展对敌斗争，发展生产，为抗战的最后胜利奠定了经济基础。

表 5 - 12　　栖福县局各种合作社对比（1944 年）

社数	2	5	13	2	75	14	43
类别	石灰窑 合作社	消费 合作社	缫丝 合作社	织袜 合作社	纺织 合作社	油业 合作社	兼营 合作社

资料来源：胶东区工商管理局：《栖福县局合作工作总结报告》（1944 年），山东省档案馆，G031 - 01 - 1306 - 005。

第二节 胶东抗日根据地合作社类型

根据地的合作社从业务上来分，主要包括生产合作社、运销合作社、消费合作社和信用合作社。合作运动早期，以消费合作社居多，1942 年号召开展纺织运动以后，纺织合作社就成为根据地合作社的主要类型。1944 年合作社整理改造后，合作社的类型逐渐增多，除消费、纺织合作社外，群众还发展了信用、药业、鞋业、渔业、盐业、农具、油菜、皮革、土地、兼营、综合、肥皂制造业、铁业、运输、柴草、榨油、抗属等多种形式的合作社，这些合作社为发展根据地生产，方便群众生活，开展对敌斗争，发挥了重要作用。

一 信用合作社

"信用合作社是老百姓的金融机关，是调剂农村经济，帮助生产的堡垒"。[①] 早在 1938 年至 1939 年，在当时的革命活动地区蓬、黄、掖一带，在抗日民主政府的领导下，就组织了生产社、消费社和信用社。据记载，1940 年，掖县境内已有信用社 18 处，社员 1215 人，社股 3110 股，股金 6220 元。[②] 为帮助农村发展经济，解决农民的资金问题，胶东抗日根据地十分重视发展信用合作社，1940 年，东海行署制定了《×县×区×村信用合作社章程》。社章共八章二十六条，对社员、社股、职员、会议、业务、结算、附则等，都做了明确规定，为信用合作社的发展提供了准则。1941 年，胶东根据地政府在《胶东抗日根据地的财政经济问题》中指出："政府要在资财上帮助农村生产事业的开展，如成立信用社，低利贷款给农民作购买耕具或开渠凿井之用。过去各地政府虽已开办了不少的信用合作

① 中国人民银行金融研究所、中国人民银行山东省分行金融研究所：《中国革命根据地北海银行史料》第一册，山东人民出版社 1986 年版，第 500 页。

② 杨旭东：《大生产运动》，《莱州市党史资料》第三辑，内部发行，1990 年，第 4 页。

社，但对于贷款工作做得很不彻底，很多的没能贷到贫苦的农民手中，而失掉了贷款的真意，今后需要彻底地来做这个工作"[①]。

信用合作社组建办法按照《信用合作社章程》办理。《章程》规定，信用社为有限责任，"以贷放工农业生产上必需之资金于社员，并吸收社员之存款与储金，巩固农村经济，增加抗战力量为目的"[②]；除汉奸外，任何人皆可入社，社员不论购股多少，均享有同等之选举权及建议表决权，但未满法定年龄之儿童入股，无选举权、表决权及被选举权；信用社的业务为存款、储蓄、放款，放款以社员及用于生产事业为限；合作社的盈余分配，要经社员大会决议通过，其中20%为公积金，限于准备弥补合作社之损失及发展业务，不准移作别用，并应将半数存入信用合作社；5%为地方公益金，限于兴办地方经济建设、文化教育、医药与优待抗属之用；10%或15%为职员奖励金，应以劳绩大小比例分配之；60%或65%为盈余返还金，以社员对合作社交易额之多寡为标准比例分配之。

为保证信用合作社能够组织成功，在组建信用合作社之前，银行工作人员首先要了解村中的各种情况，向村干部及群众解释组织信用互助社的意义及对民众的好处、贷款的制度。如果老百姓要求成立，银行要了解村中是否有能负责的人，确定信用社的基本群众。信用合作社成立后，对贷款社员特别强调要保证及时归还贷款，"政府与银行这样地照顾群众，群众也应该保护革命的利益"[③]，动之以情，晓之以理，对群众进行说服宣传。群众如果是因为遭受不可避免的损失而导致到期不还，不要强迫，相反还要想办法来维持群众的生活，转期或免息、重贷等；干部既要对银行负责也要对群众负责，要经常检查贷款户的用项，督促到期归还等。互助社的负责人为大家忙碌不能脱离生产时，社员应替干部干活，以体现互助的精神。

① 中国人民银行金融研究所、中国人民银行山东省分行金融研究所：《中国革命根据地北海银行史料》第一册，山东人民出版社1986年版，第500—501页。

② 《信用合作社章程》，中国人民银行金融研究所、中国人民银行山东省分行金融研究所《中国革命根据地北海银行史料》第一册，山东人民出版社1986年版，第502页。

③ 北海支行：《信用互助社工作报告》（1943年），山东省档案馆，G039-01-0006-004。

组建信用合作社面临的最大的问题是股金问题，太多群众拿不出来，太少只是形式，使合作社成为一个空架子。在实地调研及实践中，胶东根据地采取了在贷款中扣除十分之一作为股金的方法，续贷续扣，直到全体社股足以应付全体社员之需要时，停止扣除。扣除部分既作为股金参加分红，又作为储蓄放在银行生利，群众甚为欢迎。

合作社的开支和分红规定，社里的办公费由所获得的利润支出，除经费开支外所余的利润按每年一次或两次分红，提出公积金20%准备应对不可想象的损失，5%用作负责人的酬劳金，剩余75%用于分红。

银行对合作社制定了比较严格的制度。在贷还款方面，社员向银行借款时，应立借券及填写申请表，借券存合作社，申请表交银行保存，以备审查及检查贷款的依据。合作社要建立各种账簿，贷款户还款时交合作社，由合作社送交银行。农户再须贷款时，合作社要将全村贷款的数目及理由向银行说明，银行将贷款统一发放给合作社，由合作社再贷给村民。在管理上，合作社要选能力强、政治觉悟高、热心为群众服务的人，每村至少选举主任、会计、监察、保管四个人，分工负责，主任最好由党员担任。在贷款用途上，要将贷款主要用于农业生产。从当时资料来看，农户主要用于购买肥料、牲畜和农具。

表5－13 农户贷款各种用途的比例

村名	种类	金额	百分比（%）	备考
方格庄	肥料	1116000	58.9	
	牲畜	670000	35.3	
	农具	110000	5.8	
草埠村	肥料	1470000	80.3	
	牲畜	360000	19.7	
	农具			
油家夼	肥料	445000	45.6	
	牲畜	491000	50.4	
	农具	39000	4.0	

续表

村名	种类	金额	百分比（%）	备考
宋家埠	肥料	620000	72.5	
	牲畜	200000	23.4	
	农具	35000	4.1	

资料来源：《信用互助社工作报告》（1943 年），山东省档案馆，G039－01－0006－004。

从当时的情况来看，掖县信用社发展数量较多。1940 年，胶东区有信用社 19 处，社员 1230 人，而掖县就有信用合作社 18 处，社员 1215 人，入股 3110 股。1941 年，掖县有信用合作社 39 处，社员 1310 人。但总体来说，胶东根据地信用合作社的发展比较薄弱，1940 年胶东根据地共有合作社 54 处，社员 12112 人，信用合作社的人数只有 1230 人，信用社人数只占合作社总人数的 10%。

二　生产合作社

（一）生产社的形式

生产合作社是胶东根据地合作社的主要类型，1943 年以后是其蓬勃发展时期。就生产社的发展程度划分，根据地的生产社主要有三种形式：

第一种是生产小组，是生产合作社最简单的方式，如纺线小组、打油小组，农业生产中的互助组、变工组等。纺线小组一般由几个纺线妇女集合在一起，共同推举一个组长，负责为本小组纺线妇女买棉、卖线，或向公家领棉、交线、支取工资等。这种小组没有共同的资金，也没有盈利分红，只是从每人的收益中提出一小部分，作为组长的报酬。打油小组则是由打油的农民组合而成，他们有的出劳动力，有的出花生米，收益按股分配。这种小组不是长期的组织，资金也不固定，大多是临时组合，范围一般也比较狭小，通常是在 10 人左右以内。

第二种是生产合作社，这是最主要的一种生产方式。参加生产合作社的大多是家庭手工业者，其最主要的特点是虽然他们参加了合作社，但依旧保持独立生产，合作社只是帮助他们采购原料、推销产品，并帮助解决生产中的各种困难。纺织合作社的社员如纺工通常情况下主要是向合作社领棉、交线，织工是领线、交布，支取纺织工资。这种生产合作社不再是临时的组织，而是有固定的资金，进行长期经营，所得盈利一部分按劳动（生产数量）领取工资，一部分按资金分红，这种形式比生产小组更加完备。参加合作社的社员不但集体劳动，而且生产资料和生产物亦归合作社公有，社员按其劳动的多少和技术的高低，分得一定数量的工资及红利。这是一种建立在个体经济（家庭手工业）基础上的集体经营。

第三种是合作工厂。合作工厂中的工人既是工人，又是合作社的社员。他们不但可以凭借其劳动获得工资，而且还可以以社员的资格分得合作社的盈利。这种合作工厂已经废除了家庭手工业的方式，实行集体生产，这是生产合作社的最高发展阶段，但这种方式不是根据地的主要方式。①

（二）生产社的经营方式

胶东根据地生产社的经营方式主要有两种：一是劳资结合经营。这种经营是群众集资民主选举负责人，雇工设厂生产，工人有的是社员，有的是非社员。最初设立时，工人的工资是按照年或季、月发放，如鞋业社的工人按年发放工资，油业社的工人按季发放，而纺织社的工人按月发放。后在实践中发现这种方法的劳动效率比较低，于是改为计件工资，并且采取累进制工资。如鞋业社规定每日做鞋的最低限度，超过限度，每一双鞋的工资增加若干，这样生产效率大大提高。但是，又出现了另一个问题，就是工人不爱惜原料和机器，只管数量，不管成品的质量，造成社内的极大浪费，也严重影响了合作社产品的信誉。为了使工人能够关心合作社的盈亏和信誉，使工人爱社如家，于是便发动工人入股加入合作社成为社员，在分配上，实行劳力返还金制度，除发给工资外，结算时有了盈余，

① 薛暮桥：《怎样办合作社》（1945年1月13日），山东省供销合作社联合社史志办公室编《山东省供销合作社史料选编（1924—1949）》，内部发行，1991年，第114—115页。

按照规定比例，照每人所得工资数量、技术优劣，分取返还金。结合方式和分配方式的改变，把社员利益和合作社利益紧紧联系在一起，工人和合作社的关系不再是劳资对立的关系，雇佣与被雇佣的关系，而是“血肉的关系”，这种改变，密切了工人与合作社的关系，减少了浪费，成本也降低了，工作效率大大提高。

二是小生产者联合经营。直接参加生产的人出一部分资，或再发动群众出一部分资，联合进行生产，自己生产、自己管理、自己购买原料、自己制造、自己售卖。如木工合作社是由若干木工结合而成的，有自己的资本，也有群众的资本，工具是自己的，大锯是由社内购置的，大家共同使用，外面有活出去干，雇主管饭发工资，回来工资交社里，没有活时在社内制造纺织工具和农具，到市场上出售。社员在社内吃饭，社内每天每人发给工资，除公积金、公益金外，剩余按照劳动返还金分 50% 外，再照工资多少比例分配。股金红利 50% 进行分配，按照股金多少比例进行分配。如纺织社是由刷线者、纺花者、织布者结合而成，既有自己的资本，又有群众的资本，社内实行流水作业，刷线的刷线，纺花的纺花，织布的织布，每人有工资，织布的工资因用劳力大些，所以工资就高些，分红办法同木工合作社一致。这种合作社由于是大家共同出资经营，利益共享，风险共担，所以生产者之间能够相互督促，相互不断进行技术交流，生产效率不断提高。

（三）纺织合作社

胶东地区的纺织业作为家庭副业，有着悠久的历史。早在清朝年间，胶东各县农户的纺织产品不仅自用，更多的是到集市上买卖，以换取急需的现金。抗战开始后，胶东纺织事业以文东发展最早最普遍，1940 年，在平、招、莱、掖等县，纺织工作也有小规模的开展。1942 年，由于日军规模空前的军事扫荡，“治安强化”和经济封锁，山东根据地出现了极端的经济困难。为了保证战时军民的穿衣问题，渡过严重的经济困难，1942 年秋山东省成立了纺织局，要求把合作与纺织结合起来，通过合作社的方式组织群众进行纺织。胶东抗日根据地在1943年开展了大规模的纺织运动。1943年根据地行政区普遍地、边缘区部分地发展起来，到1944年，据东海、北海不完全统计，胶东共有民间纺织合作社366处，社员35493人，股金2455223元，纺车105705辆，铁机272架，腰机20124架，拉梭机505架，轧花机171架，弹花机101架，胶东区布匹在1944年已经完全实现了自给，并可出口。①

胶东纺织运动的主要形式，是成立合作社和纺织小组。纺织小组一般有5种类型：一是为政府纺线织布，领取工资，称附属小组；二是自备原料，独立生产，称独立小组；三是分别由纺工或织工组成，称纺线小组或织布小组；四是由一个织工联合若干纺工组成，称混合小组；五是由合作社提供原料和工具，并负责推销，社员只纺手工。一般来说，纺织小组有比较明确的分工，如有的人专门负责领棉交线或领线交布，领取工资，有的人专门负责纺线织布，有的人受小组成员委托专门负责代买棉花或代为卖线或买线、卖布。各司其职可以有效地节省时间，从而增加生产。1942年，胶东区纺纱32800公斤、织布25万匹（每匹2丈），并缫丝10万两、织绸3900余匹。

纺织合作社是比纺织小组更进一步的组织。纺织合作社一般是由纺织附属小组发展为独立小组，再由若干独立小组合并组织而成的。纺织合作社一般采取家庭劳动的形式，纺工织工均在家从事纺织劳动，每个人独立生产、各自享有自己的劳动果实。纺工织工虽然在家独立生产，但因为加入了合作社，可以用集体力量帮助她们解决各自生产和交换中出现的买难卖难的各种困难。这种合作是建立在私有制度基础之上的资金与劳力的结合，从分配方式来看，出钱出力的都按照一定比例进行分红。纺工织工从合作社领棉花或线，进行纺线织布，产品交给合作社后，根据产品的数量和质量领取相应的工资。合作社出售线和布后所获得的盈利，40%按资金分红，40%按劳力（纺线、织布数量）分红，另外，10%是公积金或公益

① 中国革命博物馆编：《解放区展览会资料》，文物出版社1988年版，第328页。

金，10%用来进行职员奖励。[①]

有的合作社为奖励入股，增加了纺线工资，即加入合作社的妇女每纺一斤，工资18元，不加入合作社的，每纺一斤，工资15元。[②] 牟平则提出了“纺花入股”的方法，即纺妇以每纺一斤花10元钱的手工钱入股时，合作社规定将应赚的6元利润也给入股的社员加上，即等于社员入股16元，年底结算时按照16元的股金分红，受到了群众的欢迎，不到半月时间，入股达5000多元。[③]

在发展纺织合作社的过程中，胶东根据地主要发展了小型纺织合作社，这种合作社的规模比较小，社员之间都相互了解，容易团结，组织社员集体生产群众容易接受。合作社坚持资本与劳力的结合，因规模比较小，能照顾到每个社员的生产利益，所以社员不仅没有怨言，而且更加热爱合作社。如栖霞八区一个合作社，共有社员18人都是妇女，每股定为布25元，一个社员最少一个股，为了使社员经营方便不限金额，可随时入股，但必须是原来的社员才有这个权利。理事监事各三人，理事负责经营业务，监事负责监督检查。合作社三个月算一次账，赚了红利按照公积金20%、公益金5%、职员奖励金15%、股本分红30%、劳动返还金30%（按照社员工作多少分的等级）进行分配。社员纺线的棉花直接到合作社领取，交线时领取工资，工资分三等，特等线每斤工资15元，头等线每斤13.5元，二等线每斤12元。由于合作社能供给社员纺织原料，并负责推销成品，比自纺自织方便，合作社能够得到社员的普遍支持。

同时，大力发展纺与织结合小组，即纺线与织布直接结合的合作形式，与合作社结合为社中的附属小组，或为独立组织，按照劳力或入股额返还盈余，但合作社只与小组的组长进行交易，组长领花发布，负责领导

① 薛暮桥：《山东抗日根据地内的纺织手工业》（1944年7月），山东省供销合作社联合社史志办公室编《山东省供销合作社史料选编（1924—1949）》，内部发行，1991年，第94页。

② 《合作会议报告》（1945年），烟台市档案馆，G005-001-037-165。

③ 《牟海×区合作事业蓬勃发展》，《大众报》1944年8月23日第4版。

组员进行工作。这种形式的优点是组员纺线好坏直接对组织负责，合作社则责成组织监督，不仅能提供纺线技术，还能纠正各种弊端。

总之，自1943年中央号召纺织工作以来，胶东的纺织运动轰轰烈烈地发展起来，纺织合作社也成为当时合作运动中的主要类别。如1944年胶东1765处合作社中，纺织社就有740处。据胶东东海区1944年的统计，纺织社占总数的73.4%，其他社占26.6%[①]（见表5－14）。到1945年3月，胶东根据地拥有弹花机约900架，纺车50多万辆，织布机10万余台，全年织布150多万匹。在品种上，除条子布、格子布外，还有闪光布、斜纹布等。[②]

表5－14　　1944年胶东东海区合作社性质比较

类型	纺织社	消费社	油业社	渔盐社	铁业社	鞋袜社	缫丝社	医药社	农业社	信用社	其他
比例	73.4	3.2	5.2	2.1	2.0	2.2	2.6	0.4	0.8	0.3	7.8

资料来源：山东省实业厅、民政厅《山东省农业变工互助组织面积村庄人口统计表》（1943—1946），山东省档案馆，G004－01－0064－017。

三　消费合作社

消费合作社一直是胶东根据地合作社的主要类型之一。由于日、伪、顽的经济封锁，根据地军民获取棉布、粮食、石油、文具、纸张、食盐等生活用品非常困难，而敌伪又通过奸商收买我根据地粮食。为解决根据地军民的日常生活，1940年，根据地倡导应该大力“创办消费合作社以平衡根据地内的物价”[③]。消费合作社可以把根据地的一切土产（如丝绸、花生等）有计划地用最高价格收买进来，更有计划地运到敌占区去，然后换取根据地军民所需要的日用品，再将这些日用品，以最低的价格卖给民众。

① 《中国工业合作协会山东办事处关于山东解放区工合事业发展概况及今后任务与计划的报告（节录）》（1946年12月），山东省供销合作社联合社史志办公室编《山东省供销合作社史料选编（1924—1949）》，内部发行，1991年，第245页。

② 中国近代纺织史编辑委员会：《中国近代纺织史研究资料汇编》第4辑，内部发行，1989年，第38页。

③ 《论改善人民的生活》，《大众报》1940年10月7日第1版。

据东海区的统计，从1940年到1944年，东海区共成立了消费合作社379处。胶东根据地的消费合作社在1942年以前是大发展时期，1943年大生产运动特别是纺织运动开展以后，纺织社就成为根据地的主要类型。根据地的消费合作社对于打破敌人的经济封锁，平衡物价，方便群众购物，起到了积极作用。有的消费合作社办得非常好，如东海某村的消费合作社，出卖货物，无人管理，把货价注明，任购者自取，每天晚上点货结账，一文不差。[①] 牟平西驾马沟的消费合作社为了平抑物价，统一价格收购，统一价格售卖，深得百姓拥护。

（一）消费合作社的经营方式

胶东根据地消费合作社的经营方式主要有四种，一是闲暇经营。这类方式主要是定时经营，或定于早晨，或定于中午或者夜间。由于职员是义务兼任，所以，营业时间要根据职员及社员的闲暇空余。这样，既不耽误职员的生产时间，又可减少社里的开支，一般是小村或小规模的消费合作社采取这种方式。二是门头经营。一些较大的村庄或大规模的消费合作社，雇佣专门的职员，设门头终日买卖，群众可随时到社里购买。三是肩挑经营。由于资金、地域等诸多原因，有的地方几个村子共同组织一个消费合作社，但由于路途较远，群众购买不方便，合作社便有专人肩挑人扛货物等，沿村贩卖。四是分店经营。对于在面积较大区域组织的消费合作社，为了群众购买便利，按照地区远近，分设支行，货物由总社购买，发给支社，支社的负责人由总社支配。[②]

（二）医药合作社

医药合作社是消费合作社的主要类型。为解决群众看病难、看不起病的问题，1944年以后，胶东根据地各区陆续建立了医药合作社。医药合作社一般是附在联社里，股金是从合作社的公益金中提取，再号召动员热心公益事业的地方士绅及富有者或私人药房出资入股，主要职责是开展乡村

① 《猛烈发展中的东海区合作事业》，《大众报》1941年11月12日第2版。

② 李刚：《胶东的合作事业》，《大众报》1945年1月15日第4版。

卫生防疫，便利社员看病。医药合作社的药一般比市价便宜，非社员买药也低于市场上的药价，对真正赤贫的抗属实行免费医治；医药社实行按股分红，医生领取薪酬。医药合作社的设立，大大方便了群众看病，如蓬莱崮山区医药合作社深得群众爱戴，“现在有了医药合作社的先生，（得了病）不但不用请，他倒亲自来找到咱这个穷病汉子门上了”①。由于合作社的药价比较便宜，每逢集市，黄县、西栖、蓬莱等地的群众纷纷过来购买；荣成公益医院是合作社拿公益金组织的合作医院，辐射周围四十里地的群众，不仅药价低，对抗属、民兵、政工人员都有优待，对最贫困的群众免费医治；牟平医药合作社，分区为群众诊治痞疾，穷苦的免费，深得群众拥护等。这种医药合作社为 1949 年后我们国家合作医疗事业的开展奠定了基础，据不完全统计，胶东根据地成立的医药合作社大约有 25 处。

（三）柴草木炭合作社

胶东根据地的对敌斗争体现在各个方面。由于胶东多丘陵，柴草缺乏，敌人经常到根据地抢掠柴草、炭火等燃料，尤其是在冬天，敌人甚至将老百姓的门窗都要拆掉。为了保证老百姓的日常生活，打击敌人的破坏活动，胶东根据地号召民众成立柴草木炭合作社。组织的办法是将有草或柴烧的民户组成出卖小组，由小组加入合作社团体股，也可吸收普通社员股金组成合作社经营收买柴草或供给民户日用必需品的业务，某些产柴区原来有合作社者可兼营。小组出卖柴草之数目均需到合作社登记，登记后方可自由买卖。如遇对敌斗争之必要时，则由管理局指导合作社统一掌握买卖，以断绝敌人炊火。为保证柴草小组服从指挥，合作社特制定公约：第一，遵守政府法令，服从合作社的指挥；第二，坚持对敌斗争，保证不走私；第三，以大众利益为利益，不应只顾自己；第四，违法者大家公议处罚；第五，干部要廉洁奉公，反对贪污腐化。②

① 北海专署：《北海 1945 年上半年农林合作工作总结报告》，山东省档案馆，G031－01－1381－001。

② 《北分局合作会议报告》（1944 年），烟台市档案馆，G005－001－037－155。

四　运销合作社

(一) 运输合作社

胶东的运输事业，是依靠旧有的小车队、驴驮、脚力零星地进行运输。由于敌人的封锁，根据地生产的原料、成品及日常必需品商品不能畅通地进行贸易交流。为打破敌人的经济封锁，方便群众生产和生活，胶东抗日根据地倡导组织运输合作社。运输合作社的经营方式也有两种，一种是用合作社的资金和运输工具（小车、毛驴），所得运输收益公私分红（例如公二私八）。另一种是用自己的资金和工具，或者由合作社辅助部分资金，组织运输队集体劳动，便于互相照顾，也有的运输合作社，由合作社兼营。

1944 年栖霞成立运输合作社 1 处，下设 4 个运输队，共有牲口 240 余头；蓬莱成立运输合作社 2 处，有牲口 220 头；栖东成立 1 处，有牲口 20 头；黄县 2 处，共有牲口 30 余头，这些牲口皆是民有，由县联社组织起来统一使用。运输合作社以母子式合作社居多，即在地点条件适宜的地区县设立总社，再在总社的区域内其他地方分设支社（也叫分社），再根据各地不同的群众要求进行营业。如栖霞运输合作社，总社设在大行庄，下设四个分站在各集市上，运输队共有牲口 240 头，牲口皆民有，经组织起来由运输社统一掌握。由于运输路线比较长，中途需要休息，总社下设运输站并附设骡马店以便利来往住宿，每站各组织民户运输队接替脚力。[①] 这种合作社的优点是能够统筹规划，统一指挥经营合作社的业务；资本相对集中，周转灵活，为群众服务比较方便。1944 年北掖成立运输合作社，三个月由招远运往掖县的粮食 35000 斤，生油 10000 斤，向东运盐 22000 斤，向大泽山运棉种 4000 斤，给大众报社运纸 4500 斤，油墨 300 斤。牟平安子石村成立的运输合作社，资本 18000 元，110 个社员，利用农闲，以运盐为主，组织一个运输大队，有 20 辆小车，以安子石为总站，玉林、崖子

---

① 《北分局合作会议报告》（1944 年），烟台市档案馆，G005 - 001 - 037 - 155。

两个村为分站，提出一元钱只赚二斤盐的钱（过去一元钱赚四斤盐的钱），这样就使当地民众吃到了便宜的盐，抵制了奸商的重价剥削。

运输合作社的建立，“调剂了供求，平抑了物价，增加了群众的购买力，刺激了群众生产的发展”，更“便利于特种物资的集中管理，掌握了外汇，有计划地换回必要的物资”[①]，有力促进了根据地的经济建设。

（二）渔盐业合作社

胶东三面环海，渔盐业比较发达。但渔盐民一直受着渔盐行的残酷剥削，打上的鱼、捞上来的盐卖给行里，“一碗不值半碗钱”，渔民无钱买网，无本修船；抗战爆发后，情况更加糟糕，渔盐产出日落千丈，渔民十室九饥；而在根据地的双减清算运动中，不少渔行被清算垮台，没有垮台的也不积极营业，渔民的生产资料与生活资料的供应以及渔产推销都成了问题。为了减轻渔民所受的沉重剥削，解决渔民的困难，1942 年，在抗日民主政府的帮助下，根据地成立起了渔业合作社，比较著名的如海阳大丰家济源社、荣成青鱼滩渔业合作社、乳山浪暖口洪义社、义生社等。由于渔民对合作社认识不足，初期筹备成立合作社时并不顺利，渔民入股不积极，如荣成青鱼滩渔业合作社采取扣 5% 贷款作为渔业合作社股金的办法，并动员了一部分股金，才成立了渔业合作社。各地渔业合作社的分红并不相同，同一合作社不同年份的分红办法也不尽相同。如荣成青鱼滩渔业合作社 1943 年分红办法是股东 20%，公积金 25%，奖励金 15%，交易返还金 40%；1944 年和 1945 年的分红规定为股东 30%，公积金 25%，公益金 5%，职员酬劳金 10%，交易返还金 30%。[②] 海阳济源合作社起初规定分红制度是资本分红 60%，奖励金 15%，公积金 20%，公益金 5%。第一次结账后，群众都纷纷入股。因资金分红比例高，与合作社扶弱济贫的原则不相符合，后来黄海总会又统一规定分红制度为资金分红 15%，交易返还金 15%，公积金 20%，公益金 5%，奖励金 15%。但由于资金分红比例较

① 李刚：《胶东的合作事业》，《大众报》1945 年 1 月 15 日第 4 版。

② 张锡纯：《山东省·水产志资料长编》，内部发行，1986 年，第 485—486 页。

低，影响了群众入股的积极性，1944 年又改为股东分红 40%，返还金 20%，公积金 20%，公益金 5%，奖励金（奖励理事的）15%。

渔业合作社的成立，使渔盐民摆脱了渔盐行的剥削，改善了群众的生活。荣成青鱼滩渔业合作社 1943 年盈利 12304.8 元，1944 年盈利 72608.03 元，1945 年盈利 218429.12 元，股金也从最初的 12100 元，发展到 18240 元。海阳济源合作社成立第一年结账盈利 17800 元，每股分红利 4 元。合作社还根据群众需要，购买必需品，如棉花、钉子、桐油、竹竿、红麻等，价格便宜，社员买东西减价 10%—20%。渔民贫苦的还可以赊账。根据历年营业统计，单只廉价供给桐油、钉子、红麻、竹竿、棉花五项，1943 年使群众节省了 2500 多元，1944 年节省 34000 余元，1945 年节省 78000 余元。

总之，在抗日民主政府的领导下，胶东根据地 8000 渔民、2500 余盐民都经过合作社在经济上组织了起来。在政府 400 万贷款的帮助下，添置了工具，产量大大增加，合作社能够高价推销渔产，廉价供应物品，渔盐民的收入增加了，生活改善了。1944 年一年，胶东根据地渔船由 1430 只增加到 2131 只，挂网由 3900 口增至 4300 口，流网由 115180 托（每托五尺）增至 115880 托。失业的盐民也有了工作，荣成瓦屋石村 1944 年增加盐田 200 多亩，一年税收 110 万元，盐价收入 510 余万元，盐民的生活得到了提高。

五　综合性合作社

综合性合作社是一种集消费、信用、运输、纺织、榨油等于一身的合作社，以延安合作英雄刘建章领导的延安南区合作社为代表，被毛泽东称为“真正被群众拥护的合作社的模范”，号召各地学习和推广。1944 年到 1945 年，胶东综合性合作社得到了比较快的发展，涌现出了许多典型。比如，掖县的综合性合作社——同利生，这是掖县朱家村的共产党员孙文亭在 1943 年 2 月带领村民组织成立的。该社的主要业务是产销盐和为政府征收盐，同时兼营纺织、编织、运输、消费等各项业务。该社的业务范围也不断扩大，逐渐从沿海区扩大到周围的临城区、西障区、汉山区和过西区，成为跨区的联合生产合作社，拥有社员达12000多名。海阳邵家村合作社创办于1943年秋天，几经动员凑集了4500元，成立了一个消费合作社，做点小买卖，到年底挣了500元。后又在合作社组织了一个纺织部，成立了32个纺织小组，把全村纺花织布的妇女都组织了起来。针对村民看病不方便，穷人病了没钱吃药，合作社拿出了6000元钱，找了三个人负责，成立了一个医药部，赤贫群众以及贫苦抗属看病吃药不收费，一般的抗属九五折优惠。1944年5月底结算，每元股金能分四角五分的红利。合作社还与互助组结合，把互助组节省的64个劳动力组织起来，成立运输队，划成12个组，选出一个队长，由合作社成立一个运输部来统一管理领导运输队的副业生产。此外，又成立一个信用部，存款借款一分五厘息，过一个月就有利。信用部经常存有三万到四万元，老百姓困难或赶集钱转不过来，或是买个牲口，就向合作社借，运输队没有车子的，便向信用部贷款。由于赶集太误工，东西也贵，合作社又成立了一个消费部，消费部货物由运输队运，省工又省钱。后来又成立了木业部、牧畜部等。这样，邵家村合作社以消费为起点，发展到生产、运输、信用、产销、消费、医药等多种业务，1945年全村共赚208670元，比1943年增加了5倍，互助组节省64个劳力，组织运输队，从6辆小车、3个牲口，发展到50多辆小车，全年赚利117000元，互助组全年增产粮食53807斤，其他副业赚2万元，纺织组全年赚7万元，合作社赚7.8万元，受到了群众的拥护。

六 其他合作社

（一）抗属合作社

抗日战士在前方抗日杀敌，保卫国家，优待抗日军人家属，保障抗属的日常生产生活，使抗战军人能够安心抗战就成为根据地民主政府的重要任务。根据地民主政府不仅组织代耕队帮助抗属生产，发放救济款和财物，以解决抗属的生活生产困难，还组织抗属合作社生产自救。方法是以区为单位，政府把该区抗属一年应发的粮交给抗属合作社，并吸收抗属入股，以之作为资本用以进行营业，周转生利，组织抗属进行贸易，同时组织抗属进行劳力生产，如纺花织布等。同时规定，抗属有盈余的钱可送合作社存着，不够三个月按分半利息计算，够了三个月分红利。抗属合作社既体现了根据地政府的优抚政策，又通过组织提高了抗属自救的能力。

（二）工人合作社

这种合作社是为了解决工人失业而成立的。由于敌人的封锁，胶东根据地缫丝业原料不足，致使缫丝工人每年春天要失业三四个月，直到秋茧下来，才能恢复工作，这几乎成了根据地的规律。仅牟海区，从三月开始到五月底，缫丝失业的工人就有三十多个。为了使失业工人有长久的事业，该区工会组织工人成立了“工人合作社”。合作社实行资本与劳力相结合，将借来的24000元开荒基金，作为全体工人所借有，投入合作社作为共同投资的基金，工人本身作为社员参加合作社作为劳力投资；分配上实行分红利的工资制，工人（社员）无固定工资，到期结账时，盈余多则多分，少则少分，工人（社员）按劳力强弱、责任轻重、成绩优良，经会议讨论定出分数，并每月按积极、怠惰的情形实行增减，以资鼓励，到期按分得红；实行平日接济制度，经会议讨论制定，每人每月可由社里借取一定数量的钱或粮，作为个人家中所用，结账时在个人应得的红利中扣除；凡失业的缫丝工人均可参加本社成为社员，但中途参加者须到下一账期开始，方可按正式社员分红。在账期到前，按一般工作标准发给奖金；账期结算时，营业的盈亏以实物标准计算；在管理上，实行民主集中制管理，由全体社员大会选出五人到七人成立管理委员会，分工管理社内一切事物，不适宜时，得罢免改选；管理委员会半年改选一次，账目亦半年总结一次，可连选连任；全体社员大会规定“服务公约”，全体社员遵照执行，如有不服，可通过民主教育，或请其退社；合作社根据社员的特长成立学机组、农业组、运输组、贩卖组，在闲暇时从事开荒、运输、贩卖的业务。① 工人合作社成立较晚，是在学习南区合作社的过程中设立的，合作社不论在股金、分配还是管理上，都体现了合作社民主、平等、互助的基本价值。

第三节　胶东抗日根据地的农业合作

胶东地处丘陵，平原地较少，土地水浇条件差，人均耕地面积甚少。但在抗日战争时期，胶东根据地通过合作社组织群众，进行精耕细作和水利建设，大大提高了粮食生产，有力地支援了抗战。

一　胶东抗日根据地的劳动互助

胶东抗日根据地建立后，在1938年前后，自由结合的犋犋组、帮工组就开始出现。据记载，栖东县灵山乡，当时有牲畜和有劳力的户犋犋耕种者占总户数的45%；无牲畜有劳力和有牲畜无劳力户临时帮工者占15%，余者为单干，鳏寡户靠亲友耕种。1942年，荣成出现了刘从桂等五人组成的互助组，他们集体租赁地主、富农的土地耕种。

1943年，在毛泽东“组织起来”号召下，中共山东省战时行政委员会要求在自愿结合的方针下，把全村人口的10%至15%的劳动力组织起来，参加劳动互助。互助应依照当地群众旧有习惯，等价交换，变工互助，根据各地具体情况、农业季节等，创造多种牛力换人力、人力换人力的互助方式，充分发挥党员干部的模范作用，积极开展劳动互助组织竞赛，达到提高劳动生产率、改变生活面貌的目的。胶东根据地在1943年便开展了轰轰烈烈的劳动互助运动。

（一）胶东抗日根据地劳动互助的形式

农业劳动互助，一般是以3—5户的农户，在生产资料私有制条件下，

① 《创办“工人合作社”》，《大众报》1944年7月27日第4版。

根据自愿互利原则，结合起来分散经营、集体劳动的组织形式，在互助组内，土地、耕畜、农具等为成员私有，由个人支配。一般来说，有以下几种形式。

1. 犋帮工

这是一种传统的帮工形式，在我国具有十分悠久的历史。由于我国生产力相对落后，农民大多缺乏牲口、农具等生产工具，为了解决这一困难，在长期的生产实践中，就形成了两家互相帮助的犋帮工，这种方式在当时的胶东根据地是相当普遍的。北海1944年对西栖大圩村的调查，全村143户中68户犋在一起，其他不犋的75户中，有51人没有牲口，12户富有者，人力畜力自己能行，不愿和别人犋，6户孤寡及有牲口的抗属（村里给代耕），2户有地但没有劳动力者，4户懒汉病人，因为他们有这些特点，所以他不愿和别人犋，或者人家不和他犋。如表：

表5-15　西栖大圩村旧有犋帮工统计

类别	组数	户数	劳力		牲口			阶层			32组中19组为亲兄弟及其叔侄关系，其余13组都是感情好的街坊邻居
			正	半	牛	骡	驴	富	中	贫	
犋帮工组	32	68	85	53	4	9	54	2	49	17	

表5-16　西栖大圩村旧有犋帮工统计

项目＼类别＼户数	户数	劳动力		牲口
		全	半	
全村的	143户	175人	125人	106头
以旧犋形式组织起来的	68户	85人	53人	67头
百分比	47.6	48.6	42.4	63.2

资料来源：北海专署《北海1945年上半年农林合作工作总结报告》，山东省档案馆，G031-01-1381-001。

这个数据基本代表了北海一般村庄的情况。这种形式有两个特点，一是一般由两户犋在一起耕地、送粪等，相互帮助，完全是以牲口为中心，其解散也大多是因为牲口的变化而变化，或是因感情不和而垮台。大圩村

1945年三个散伙的犋组，两家是因为牲口（一家驴死了，一家驴卖了），一户是因为感情不和吵架而散伙；二是不算账。你帮我干，我帮你，干完活了算完。因此，在组建犋帮工时，大多是具有血缘关系的犋在一起。从大圩村数据来看，组织犋帮工的32个组中，有19组是亲兄弟及叔侄关系，其余13组都是感情好的街坊邻居，大家牲口、地亩、人力差不多，或是双方强弱可抵补者等结合在一起。

这种犋帮工从时间上来分，分长期、短期、临时三种形式。长期的有好几十年的，人力、畜力、耕种、修锄、割打都在一起；短期的是耕种时在一起，修锄割打时则分开；临时的是临时遇到需要增加人力、畜力的活，临时找感情好的讲好交换条件找人帮助，以后偿还。

从形式上来看，犋帮工可分畜工、人工都犋在一起和以人工换畜工两种。用人工还畜工的多半是养不起牲口的贫农，一般要以两个人工送一个畜工，贫农是吃亏的。

犋帮工这种形式是群众已经习惯的，最愿意接受。因此，在根据地"组织起来"号召的推动下，大部分村庄的农户，都以旧犋帮工形式组织了起来。据不完全统计，胶东根据地1944年组织起来的犋互助组，北海3276组，东海6774组，连同西海区、南海区，共计成立犋组31050组。[1] 但这种互助是各种劳动互助中层次最低的，一般在新地区或群众未动员起来、工作基础比较薄弱的村庄，可用来普遍提倡群众犋互助，以解决群众的耕畜、工具、人力的困难。

2. 互助组

这种形式是在旧有的犋帮工基础上发展起来的。虽然以前就有这种形式，但并不多见。这种方式的大量发展是在政府的提倡号召及宣传以后，群众认识到了互助组能够节省劳动时间、人力、物力，提高生产效率，传统以两家为主的犋帮工发展到三家、五家的互助组。新组织起来

① 《胶东农业生产的发展》（1945年2月18日），史敬棠等《中国农业合作化运动史料》（上），生活·读书·新知三联书店1957年版，第688页。

的大部分是村干部、劳动英雄、模范及生产积极分子。其特点是：

第一，大部分是劳力、牲畜、亩地差不多相同，或者强弱可以互相抵补者，干活不记工，不算计；第二，性格相投，各家在生产上各有特点和缺点，互相依靠。这种互助组一般都具备第一个条件，不记工，但大体上是等价变工的，而以第二个条件形成的互助组最为巩固。如西栖西炳家村李华周互助组，一户寡妇有两头牲口，有三十亩地，仅一个十四岁的小男孩，二户贫农，各家养了一群猪，看猪不能种地，种地耽误了放猪，这样犋起来后，两群猪合起来，由十四岁的小孩去放，贫农有了牲口用，寡妇的地有了人种，她还可给两户贫农缝补衣服等。这种方式干活不记工，不算计，但大体上是等价变工的。

3. 等价变工组

它是在帮工互助基础上发展起来的较高级形式的劳动互助，以户为单位，将劳力、牛力、用具等组织在一起，各种劳力都有一定估价，记工算账进行长年变工，除农业生产之外，变工组还可从事运输、纺织、小买卖、打油等副业生产，提高大家的收入。等价变工最大的特点是改变了过去犋犋帮工和互助组不计工的缺点，实现等价变工。

4. 劳武合作的劳动互助组织

为了封锁根据地，敌人在根据地的周围设置了大量碉堡、据点，并不时地对根据地进行大规模“扫荡”，尤其是根据地的边缘区经常遭遇敌人的侵扰和破坏。在这种环境下，农民单独进行农业生产面临很大的风险，甚至是不可能的。于是，劳武结合的农业互助合作组织随即产生。在实践中，胶东根据地创造了以下几种劳武结合的形式。

第一种，在已经组织起来的村庄或组织比较好的村庄，以民兵的骨干组织等价变工组，每组都以民兵战斗组织为基础，上山干活时带着武器，休息时练习瞄准、下地雷等。民兵站岗放哨不算缺工，民兵有战斗任务，由全村统一派工助耕，反“扫荡”时民兵战斗组可随时投入战斗，变工小组内其他人员负责照顾民兵及抗属的一切。根据地以这种形式为最好。

第二种，在未组织起来的村庄，民兵上山干活时带着全套武装，统一规定信号及行动方向，其他普通自卫团分工领导及固定分工照顾民兵家属及抗属的牲口等，民兵到边缘区去封锁据点时，由村中统一派工助耕，根据地内以这种形式为最多。

第三种，在接匪区，群众则组织了全村大变工，以民兵骨干把全村能干活的男女老幼组成许多小组，全村统一计划到接匪区去抢种抢耕抢收，民兵随时投入战斗；在敌据点附近的村庄，由民兵联防抽调一定数量的民兵封锁据点，群众耕种，各村统一派工给封锁据点的民兵助耕。

第四种，不变工，各人带着枪到各人地里干活，一有信号，即分组到预定地点集合，马上变成若干战斗小组。或者是以民兵的骨干组织全村生产，以组为单位带枪上山，没有变工，谁的庄稼熟了就给谁割，谁的地好锄就给谁锄，敌人来了就转入战斗，参加战斗的民兵，土地由大家代耕。[①]

这些劳武结合的组织，既是劳动组织，又是战斗单位，既便于生产，又便于对敌斗争，大大加强了人民群众的自卫能力，保证了战时生产的开展，粉碎了日军的“扫荡”和掠夺，取得了抢收抢种的胜利。

在抗日民主政府的积极倡导以及大生产运动的推动下，劳动互助组织在胶东抗日根据地普遍地发展起来。据不完全统计，1943 年，胶东根据地有互助组织 37900 个，占当时根据地户数 10%；1944 年春天，北海、西海、东海共组织 130342 组，其中东海 116005 组，北海 4013 组，西海 10324 组。[②] 至 1944 年底，胶东根据地共成立互助组 31050 组，其中北海区 3276 组，东海区 6774 组。[③] 至 1945 年底，胶东共建立农业互助组织共 68895 个，组织起来的人数为 473646。[④]

① 《武劳结合的几种组织形式》，《大众报》1944 年 5 月 12 日第 4 版。

② 《历年农林数字统计》（1947 年），山东省档案馆，G031－01－1392－007。

③ 《胶东农业生产的发展》（1945 年 2 月 18 日），史敬棠等《中国农业合作化运动史料》（上），生活·读书·新知三联书店 1957 年版，第 688 页。

④ 胶东行政公署：《胶东生产工作总结》（1949 年），山东省档案馆，G004－01－0374－009。

在组织起来的号召下，胶东广大民众被充分发动起来。1945 年，东海区文登县就成立互助组 10630 组，全县 45000 户，组织起来的就有 33247 户，占全县总户数的 74%①。西海区掖县 1945 年 5 月有 9233 户农民组成 2704 个生产组，占全县人口总数的 21.7%，西海区掖南县在同期组织了 910 个生产组。胶东根据地组织起来的群众已达 170 多万，占根据地人口的 40%，组织较好的村子组织起来的群众能达到 60%—70%，栖霞创造了五个百分之百组织起来的村庄，较差的一般村庄平均达到 30% 至 40% 左右。②

表 5-17　1945 年上半年蓬莱七、十、十一三个区五个村组织起来的调查统计

类别			王格庄村	柳格庄村	东沟刘家	××河村	大柳行村
全村总数	户数		181	132	84	197	240
	人口		773	651	427	838	1099
	劳动力	整	152	153	97	209	192
		半	107	78	101	181	269
		共	259	231	198	390	461
已组织起来	组数		28	17	26	51	12
	户数		98	50	48	132	40
	劳动力	整	130	47	97	98	39
		半	33	1	84	51	1
		共	163	48	181	149	40
百分比	占户数		54	38	57	62	17
	占人口		23	7	59	18	3
	占劳力		63	20	92	32	8
备注			较好的	较差的	最好的	一般的	最差的

资料来源：北海专署《北海 1945 年上半年农林合作工作总结报告》，山东省档案馆，G031-01-1381-001。

① 山东省档案局、中共山东省委党史研究室：《山东的减租减息》，中共党史出版社 1994 年版，第 459 页。

② 同上书，第 424 页。

表 5－18 1945 年黄县组织起来的调查统计

组别＼项目	组数	户数	劳动力		畜力	备注
			整	半		
帮工组	664	1428	2142	2856	221	八个行政区的统计估计是根据几个村的统计调查做的。黄县特点是牲口最少
互助组	737	2975	2866	3475	647	
变工组	418	1053	1278	1540	315	
共计	1819	5456	6286	7871	1183	
占比（%）		30	35	26	5	

资料来源：北海专署《北海 1945 年上半年农林合作工作总结报告》，山东省档案馆，G031－01－1381－001。

表 5－19 胶东历年组织起来数字统计

年份	组数	户数
1943 年	37900	
1944 年春	130342	
东海	116005	
北海	4013	
西海	10324	
1944 年秋	56112	
东海	44826	
西海	4547	
北海	6739	
1945 年	68895	148746
东海	40874	98850
西海	10516	13730
南海	4010	7562
北海	13495	28604

资料来源：此表根据山东省档案馆《山东省合作社统计表》《历年农林数字统计》整理而成。

表 5－20 胶东历年组织形式数字统计

年份＼占组织起来%＼形式	等价交换	长年搿犋	临时搭犋	土劳合作	变工组
1944	24	73	13		

续表

年份＼形式＼占组织起来%	等价交换	长年犋犋	临时搭犋	土劳合作	变工组
1945	5655 组，占 8%	42017 组，占 15%	8619 组，占 13%	1547 组，占 2%	11057 组，占 15%

资料来源：《历年农林数字统计》，山东省档案馆，G031－01－1392－007。

表 5－21　**全区农业互助合作统计**

年度	互助组			
	处数	季节性	常年性	户数
1943	32539			
1944	51565	44346	7219	
1945	68895	61693	7202	148746

资料来源：山东省烟台市农业局编《烟台农业志》，1988 年，第 572 页。

农业劳动互助的开展，实现了农民的变工要求，在一定程度上弥补了根据地牲畜、农具的不足，劳动效率有较大提高，对根据地农业生产起到了极大的促进作用。文登张富贵互助组在大旱的 1944 年，粮食单产比 1943 年增长 10%，张富贵的一亩水浇地亩产 175.5 公斤，比条件好的单干户亩增 31%，比一般单干户亩增 61%。在张富贵互助组的影响下，1944 年全县共建立了 488 个互助组、1409 个犋犋组，入组农户 5852 户，胶东抗日根据地出现了农业互助合作的热潮。1944 年，胶东成立犋犋互助组 3.1 万个，开荒 37 万亩，打井 1.1 万多眼。栖霞创造了五个百分之百组织起来的村庄，平均组织起来的占全区的 40% 左右。

（二）胶东抗日根据地劳动互助的组织运作

从实践来看，劳动互助组织能否巩固和发展，关键在于组织是否公平合理，那么胶东根据地的等价变工组是怎么组织的呢？

朱村王伦海互助小组①

由四家中农四家贫农共八家组织在一起，九个组员，共合劳动力七个半，驴四头，每头算四分，互种九十五亩地。每人分给七分的竹签十根，三分的五根，一分的四根，半分的两根，共计九十分，纸壳做的每张一斤的小粮票三十个。组内公举组长一人，每天晚上指导开会，清算当天的工账，互相找签（劳动力的记分是早晨一分，上下午各三分，全天共七分，驴早晨算一分半分，上午算一分半分，下午算一分。像王伦海给李四干了一天，没吃李四的饭，则李四就给王伦海七个分，三个粮票。王五带着他的驴给李四干了一早晨一上午，吃了两顿饭，则李四给王五七个分，有驴的三分在内，不给粮票），并计划第二天的活，确定谁家用人，谁给谁干活等，剩余时间再研究其他问题，五天进行一次工作检讨，半个月来一次清算，按半月来的平均工作，彼此把钱找清，再把签均分，重新交换，倘若组员有病，不能干活，则其他组员送工（白干不要工）。

崖底尹义元互助小组

两家中农三家贫农共五家组织在一起，有六个劳动力，每个每天算七分（有一个仅出去一半，给地主干两天，再给组里干两天。有一个鞋匠，农忙时下地干活，闲时做鞋卖鞋，一个老头不能整天干活，只能歇着干，一半干的是技术活，如扶犁、播种等。这三个按全年来说算半个劳动力），三头驴，每个每天算三分半（早晨半分，上午下午各算一分半），互种九十六亩地。

每人分给用竹签做的十个工（每个工顶七个分，合粮食十三斤，包括三顿饭的三斤粮在内），十个分，十个一斤的小粮票。给人家干一天的活不吃人家的饭就挣一个工，若是吃了饭，就得找粮票给人

① 胶东建校：《1944 年大生产运动的几个互助组与农业合作社的介绍》，山东省档案馆，G031-01-1374-014。

家，吃一顿饭找一个，吃两顿饭找两个。

每天晚上找工，五天一次小结，记账一年分春天到麦口、拔麦子到种上豆子、种豆子到秋后三期清账，有粮的给粮，无粮的按当时市价找钱。为了照顾贫农，在未清账前，也可向中农借粮，但借的数目不能超过所得数。

三个驴一同出差，则指定一个人赶着去，其余二人在组内干活，所得的工三人平分，出差挣得也是三人平分。给抗属代耕的土地是固定的，各人趁着工夫去干。

段家段仲敏互助小组

五家中农与四家贫农组织在一起，有十个劳动力，七个算十分，一个算八分的，一个算六分的，一个算五分的。三个骡子，两个算十分的，一个算八分的，一个驴算六分，另一个算五分，互种一百四十二亩地，干活时早晨算二分，上午与下午各算四分，每人分三十五的分。

平时是各吃各的，农忙时中农上山送饭，贫农白吃，其他中农记账，清算时还粮，每顿一斤苞米，贫农不管饭。

组内的工价是由小组会议上决定的，一般比市价低，两个月清算一次。

组内没有活时则出去干零工，或是组织机构人去包地或赶着牲口送草，挣的钱按组内决定的工价把自己和牲口应得的工资扣下，多余的钱交组，年终按每个人和牲口在组内挣的总分数来分。

在农忙时民兵出去打游击战或干部到政府去开会，也算是干活，清账时由全组找钱分担，找钱给出差的。

以上案例大体描述了当时胶东根据地互助合作的组织状况。就当时胶东根据地而言，等价变工的组织大体包括以下几个方面：（1）变工组一般由三家以上的农户自愿组合而成，实行常年劳动互助，小组长选举产生；（2）互助组包种全组的土地，土地的包价由全组统一规定，各互助组的土地包价不等，有的27.5公斤每亩，有的30公斤每亩；（3）参加互助组的劳动力，按照劳动生产能力的强弱，集体确定分数等级，但这个分数是根据劳动者的积极程度和生产成绩随时可以变动的。工作好的大家讨论加工分，不好减工分。加工分所得的利益，归雇工自己所有，因不积极而扣除的钱和因缺工所扣的工价都算全组获利；（4）各户土地由自己决定种什么庄稼，但全组的劳力则统一混合使用，根据小组成员的特长，小组讨论决定分工谁干什么，一般是首先确定耕种全组土地的劳力，余者为剩余劳动力，剩余劳动力从事贩柴、打鱼、经商、运输等副业；（5）牲口按其强弱规定出全年的工价，工价按土地分摊，工价和牲口的所有权归牲口主所有，牲口的使用由全组讨论，户主不能因为私用而妨碍牲口在土地上应承担的劳动。各组各户的工具，伙使伙修，花的钱按地亩分摊；（6）土地包价收入来自两部分，一部分是种地的收入，另一部分是剩余劳力从事副业的收入，统算全组获得的收益。算账时按劳力挣得分数平分；（7）劳动者因病掉工，短期的不扣，长期的则大家讨论按价扣工。凡因公事出差和摊派劳役时一般不扣工（如民兵作战、运送伤病员），凡摊派劳役时（如送公粮）耽误一天算一天的工钱，以上两种扣工的工钱按时价计算，以表示团结。若无故掉工或因私事旷工太多，妨碍全组生产时，扣的工价应超过时价（因为别人替他干活是吃自己的饭），如果大家讨论同意，也可按时价或者少于时价计算。若需雇短工补偿时，雇工的工价与饭食则由旷工者自己支付；（8）吃饭大多自理，在山干活须送饭时，谁家由谁送，但吃别人一顿饭，要算主粮0.5公斤，平时记账，按期结算；（9）妇女、儿童加入互助组，也是按照其劳动能力、生产成绩定分数；（10）组内某户有事需要大家帮忙的（婚丧嫁娶等），小组派人帮忙，一般不算工钱，特殊的如修房、打井等可以讨论算工价，所得为全组所有；（11）组内赚来的钱，谁要使用，须经全组讨论同意；借用或低利贷所获得的收益，全组可以按季或按年算账分利；（12）半途退组者，按退组时的剩余分利，或按其工作的日期由全组付给工钱，包价则由全组讨论，或按日算工钱；（13）做好生产计划，订立劳动公约，大家按照计划及劳动公约进行生产。小组要根据需要随时开会，本组解决不了的问题，提到村生产委员会或互助小组长联席会议上讨论解决。①

当然，并不是所有的等价变工组都严格按照这些方法进行组织，大部分只规定劳动工分、土地包价和划分记账的方法等，也有规定其中7—8条的。

等价变工与犋帮工和互助组最大的区别是实现了等价交换，这也是等价变工能否巩固的前提。等价变工的方法一般是民主决议。由于农民不懂记账，胶东根据地一般是制作分数牌进行交换（分数牌形式各异），按人力、畜力的强弱定分数等级，一个整工按地区的习惯可定为十分或七分，入股整劳力一天算十分，即早晨二分，上下午各四分，半劳力可酌情每天定为六分或四分。畜力也按其强弱定十分、八分或五分等。工资按照当地市价或季节变化确定，一般是以粮为标准，平常每日四斤到五斤（饭和工资）；生产时自带农具，副业收入一般先补给长作工者，剩余其他人根据奖励规定进行分配。②

从胶东根据地的实践来看，巩固和发展等价变工，必须坚持以下几点：第一，遵循由小到大，由低级到高级的发展规律。凡是在实践中发展较好的变工组都是在原有的犋帮工或互助组基础上逐渐发展起来的，因为组员在过去的旧形式上亲身体会到组织起来的利益和记分的好处，小组长又具有一定的领导经验，组织起来比较容易成功。如果一开始就组织群众发展高级的等价变工的形式，群众没有体会记分的好处，碍于乡亲的情面，认为记分有伤感情，而且记分算账太麻烦，小组长又没有领导经验，

① 山东省烟台市农业局编：《烟台农业志》，内部发行，1988年，第571—573页。

② 北海专署《北海1945年上半年农林合作工作总结报告》，山东省档案馆，G031－01－1381－001。

这种突然提高的方式大部分垮台或流于形式；第二，等价变工的方法要简单省事，群众易于接受。比如“刘家店实行一种简便的记账法，用纸牌当分，没一张顶一分，干一个整工就给十分，由小组长统一分发，最后按纸牌的多少，互助算账找工”①；并且要及时找签，按期算账；第三，坚持群众自愿的原则。强迫命令、包办代替或以贷款利诱组织起来，脱离群众的接受程度发展起来的是不牢固的；第四，实行民主制度。凡事组内社员商量，及时开会，及时算账，发生了具体问题大家商量及时解决，同时发挥贫雇农的骨干作用；第五，坚持营利的原则。互助组要充分运用剩余劳动力，把组内的劳动力组织起来进行精种和副业，在开荒、打井等进行加工精种，在贩卖、运输、放蚕、打油等副业上有收益，等价变工才能巩固。

等价变工最好是富农和中、贫农结合在一起，把富农的生产工具、资本、生产经验和中、贫农的劳动力组织在一起，贫农可解决畜力、工具的困难，富农可解决劳力不足的困难。富农和中、贫农结合在一起，一定要坚持公平原则，遵守等价交换，顶工折价要公平，既不能仅凭富农的意见使贫农吃亏，也不能只照顾贫农的意见，使富农感到吃亏。但是根据北海的调查统计，参加等价变工的一般是贫农和中农，富农不愿意参加高级的等价变工组。在北海许多村庄的等价变工组没有一户富农参加，因为等价变工交换合理，消灭了剥削关系，富农更愿意参加互助组不记工的形式。

表 5-22　栖东 1944 年组织起来统计

类别＼项目		组数	户数	阶层			劳力		畜力
				富	中	贫	全劳力	半劳力	畜力
全县原有总数			33393	3729	18979	10685	43410	30721	17698
组织起来	高级	4227	12689	1034	5711	5944	13323	4310	6357
	低级	2512	5175	569	2587	2019	5425	2535	3933
总比数（%）			53.5	43.0	43.7	74.5	43.1	22.2	58.1

资料来源：北海专署《北海 1945 年上半年农林合作工作总结报告》，山东省档案馆，G031-01-1381-001。

① 《刘家店的两个典型互助小组》，《大众报》1945 年 6 月 11 日第 4 版。

总之，胶东根据地的劳动互助经历了由小到大，由简单到复杂，由低级到高级的发展阶段。第一阶段一般是由党员、劳动模范及积极分子在自愿的基础上对犋犋帮工进行改造后，组织起来开展劳动互助，其基本特征是没有长期的生产计划，互助仅限于农忙季节，没有固定形式和变工；第二阶段是通过对群众的宣传教育，普遍推广以变工为重点的劳动互助。因为当时多数农民缺乏牲畜，人畜换工是农民群众最感兴趣的，其重点是吸收有牲畜的农户参加互助变工，实行记工，并保证换工计算合理，按照等价交换原则进行分配；第三阶段是实行等价变工，按照自愿的原则合理安排农忙农闲季节的劳动分工，制定劳动公约，确定换工、变工的标准，严格记账办法，实行等价交换，并规定劳动纪律，订立生产计划，通过互助节省的劳动力开展各种副业与手工业，增加农民收入。实践表明，这种渐次发展的建立在土地私有制基础上的集体劳动，是与当时农村生产力发展水平相适应的一种劳动力组织形式，是符合农民群众切身利益的，因而他们是愿意接受并积极参加的。

互助组、变工组是建立在个体经济基础上的，并没有消灭私有制，参加互助组的农民不仅仍然拥有其各自原有的生产工具和土地，而且，劳动成果也归个人自己所有，仅仅是在生产过程中的某些环节实行集体劳动，分工合作。这种合作可按生产实际需要随时组合，随时分散或另行组织，是一种不定型的临时组织，但由于坚持自愿和两利的原则，采用集体劳动，分工合作的方法，并且通过劳动公约使劳动力和生产工具得到合理的分配和使用，人力与畜力、农业劳动与副业劳动能够合理互相交换，生产效率大大提高。通过互助合作，克服了农民个体生产中的某些弊端。同时，也培养了农民的集体思想，为农业合作社的发展奠定了基础。

二　胶东抗日根据地的农业合作社

1944 年，在大生产运动的过程中，胶东革命根据地古现、朱村、西楼、港里、垂柳等地出现了一种以发展水利和深耕细作为目的的农业合作社。农业合作社的组织和一般的合作社差不多，它的股份有劳力股、井股、钱股和地股等；理事监事一般由劳力股来担任，名额按社内规模大小决定，一般的理事三人或七人，监事一人到三人，这些人都按劳力挣工分与分红，不另支薪。这种以劳力、畜力、土地、肥料、副业等作股份的合作社，实行集体经营，并按劳、按股进行分配，在当时发展不是很普遍。但由于合作社实行了以劳力和土地入股，并按股分红，已经具有了社会主义萌芽的性质，代表了合作社的发展方向。其主要形式如下：

（一）水利精耕合作社

1944 年春天，胶东区党委响应党中央号召开展大生产运动的指示，创办了一种以发展水利和深耕细作为目的的农业合作社，以提高粮食产量，促进农业生产。这种合作社实际是以打井灌溉保证水利为中心，团结贫苦农民实行精耕细作为主要特点。在胶东，由于人烟稠密，山多地少，一般农民多是耕种几亩薄地，一年收入难以糊口。在“组织起来”的号召下，根据地普遍组织了变工队和互助组。变工队由于进行了合理的分工与分业，胶东根据地出现了较多的剩余劳动力，如何解决农村的剩余劳动力，便成为根据地“极其迫切的问题”①，农业合作社的出现，既可有效地吸纳农村剩余劳动力，更有力地推动了变工组的巩固与发展。正是在这一背景下，胶东根据地出现了以打井灌溉、精耕细作为中心的水利精耕农业合作社。

这种合作社组织的关键是要有优良的土地和充足的劳动力。但根据地的贫苦农民虽然有劳动力，然而没有土地或租种地主的薄地，适宜于发展水利的优良土地，则大部分为中农、富农和地主所有。因此，必须动员地主、富农自愿以土地入股或自愿租给参加合作社的农民。为动员农民、地主等参加农业合作社，政府依据具体情况，创新了许多入股方式，没有地的农民以劳力入股，有地的地主则以土地入股，还有钱股、井股等。劳力

① 顾膺：《胶东农业合作社创办的经验》，《大众报》1945 年 3 月 15 日第 4 版。

股是把自己的劳力参加到社内，服从合作社的分配，合作社什么时候需要就什么时候参加社里的劳动，合作社没有活时才能干自己的私活。井股是在打井修水道时，参加劳力干一天算一个股，或者干五天算一个股，在打井期间服从社的安排，打井结束后，或参加合作社的工作或不参加合作社的工作。钱股或地股是在社内入钱或参加土地。土地股不是以土地的多少入股，而是以地主为单位，一个地主算一个股，不论地的多少。钱股因各村情况不同而有差别，有的十元一个股，有的五元一个股，不论钱多钱少，都是按人头算股份，一个人算一个股，这种安排坚持了合作社的民主原则，避免合作社被地主或大户所控制。

同时，在利润分配上，照顾各方利润的获得。农业合作社的分配方法也比较灵活，按劳力入股的，劳力等级有十分、九分、八分等，工作好的可以十分半，等级划分根据社员的工作情形由社员大会决定，每年规定2次，开春一次，麦后一次。按照土地入股的，又根据三种不同的情况进行分配，一种是投入一亩地外加八个半工、八驮粪，既出地又出工还出肥料，对这种入股方式的分配方法是根据地主出地等级的平均产量分粮，外加增产以及草料等，土地投资分红按照地的等级分；第二种情况是只以土地入股，但既不出工，也不出肥料，收益从按照地的等级的平均产量减去八个半工和八驮粪所顶的粮食，土地投资分红按照地的等级分，但不分增产和草料；第三种情况是以土地入股，只出工不出肥料或只出肥料不出工，这种分配方法是从平均产量减去肥料或工所顶的粮，增产只分一半，参与土地投资分红。[①] 合作社内部不同入股方式的分红比例不同，劳力股占分红比例的30%，肥料入股占25%，井股占22%，土地股占8%，公积金占10%，奖励金5%，各合作社的具体分配比例也不尽相同。因此，这种新的合作方式在当时获得了比较大的成功。

胶东根据地创办以精耕细作、发展水利以提高粮食产量为目的的合作

① 胶东建校：《1944年大生产运动的几个互助组与农业合作社的介绍》，山东省档案馆，G031－01－1374－014。

社十分成功，也积累了丰富的经验，主要体现在以下几个方面。

第一，深入调查研究，选准目标。这种合作社成立的前提是当地是否有足够的剩余劳动力和适宜打井的土地。因此，在组织合作社之前，首先选一个或几个村庄作为基点，调查村中的剩余劳动力与急需租地贫农的状况；其次，要调查该村庄是否具有适宜精耕细作的良好土地并能打井；土地是否能适度规模，面积以数十亩为宜，作为合作社的农田。只有具备了这些条件，才能组织成立合作社。

第二，"以利晓之"，分别动员农民和地主参加农业合作社。因村中适合发展水利的优良土地多集中于地主、富农手中，因此，动员地主以土地入股或自愿租给参加合作社的农民，就成为合作社能否成立的最主要因素。但地主参加合作社会有许多顾虑与担心，比如担心他们的土地是否会被没收、参加合作社的利润分配等。针对地主的顾虑，根据地强调，地主参加合作社不仅不会动摇其土地的所有权和使用权，而且由于合作社的精耕细作，除获得一般平均产量外，还可获得比自己经营时更多的利润以及合作社的分红，其土地由于精耕细作，被合作社经营得更好。合作社在合作社条例及分红办法中规定，合作社的分红一般为纯利润（即除去地主应得及农民劳力肥料等该投资外的利润）的60%归农民劳力肥料股份分红，25%至30%为合作社公积金，其他10%至15%尚可分给地主，以奖励地主关心合作社。由于这些实际的利益，"故一般地主容易被说服参加合作社"[①]。而贫农参加合作社，不仅使农民获得了上等土地的精耕权，而且，以精密的方法经营合作社的土地，产量将有大幅度的提高，农民可获得更多的利润，并可获得增产利润的大部分。

第三，政府的支持是合作社成功的关键。为推动这种事业的发展，一方面，根据地规定举凡地主或农民由于创办水利而增加的产量，其增产部分，不但一律不算负担，且作为减轻负担的一部分；另一方面，将过去分散给农户的分散贷款，集中贷给合作社统一使用。过去政府发农业贷款大

① 顾膺：《胶东农业合作社创办的经验》，《大众报》1945年3月15日第4版。

多为分散贷款，农民拿到贷款后，或把贷款作为零用或作为救济金使用，而使农贷失去了真正的意义。合作社成立后，政府将农业贷款拨付合作社，作为合作社各种建设的费用，如打井、贷水车、购买肥料等。贷款集中被合作社使用，可以大大提高资金的使用效率，避免了过去分散贷款的某些缺陷，对于推动根据地的大生产运动，推动以水利为中心的精耕细作具有重要的作用。

第四，示范吸引。水利精种合作社作为新的组织形式，在开始时，并不易为农民所接受。根据地一方面选派具有农业知识的干部，到农村去指导，推动，并保证成功；同时，号召各领导机关创办此种合作社，以起到"示范作用，证明利润的丰厚，用已成功的事实来引起农民的重视和兴趣，以厚利的吸引来打破农民的保守观念"，"因为农民是要用事实来证明"的[①]。

第五，依靠农民推动地主的积极性。因农民获得合作社的大部分利润，而地主的利润相对较低，故而，农民参加合作社的积极性要远远高于地主，地主常常怠工或破坏等。因此，根据地在成立合作社时，制定严格的章程，规定地主应出的工数、粪数（对于粪数的等级也要规定清楚）、耕种时间和次序。比如，用地主的牲口耕合作社的地时，一般应在地主耕完自己的土地的一半时；或在天旱时自己不能耕种，可先耕种合作社的土地等。合作社管理人员和农民双方推动监督，保证地主履行条约。

第六，科学种田。使用科学的种田方法，将水利、深耕、增肥、换种、改良技术完全结合起来。只增肥不灌溉或只换种而不深耕灌溉，都不能达到粮食增产的目的，根据地将精耕细作的五个方法结合起来，取得了良好的效益。同时，根据地还进行农业改良，增加粮食产量，并经营利润高的经济作物，提高农民收入，使农民看得见实惠，要通过更高的利润，农业合作社"才能成为农民自觉的要求"[②]。

---

① 顾膺：《胶东农业合作社创办的经验》，《大众报》1945 年 3 月 15 日第 4 版。

② 同上。

（二）农业生产合作社

这种形式的合作社是以公产学田为基础，吸收社员私人土地参加，大家集体经营的一种互助组织。这种合作社组织的目的是节省劳力，增加生产以及培养群众集体生产的思想。

根据规定社员必须参加劳动才能享受合作社的一切权利，社员必须在统一领导下集体劳动。当然社员并不是将全部的劳动时间用于合作社大生产，而是由家庭的剩余时间参加合作社的集体劳动。从这里可以看出，这种合作社由于参加集体劳动，而且社员的土地亦吸收到合作社中共同耕种，合作社已经具备了社会主义的性质。

合作社的红利分配是以社员所出劳力之多寡来定，社员股金不参加分红，而是按月发给利息，但须秋后支领。为保证盈余分配的合理，合作社实行人力畜力及时间上的变工。变工计算方法如下：

第一，劳力按日工计算，规定基本工。由于人力之好坏不同，社员劳力分为三等分，三等人力工是一个基本工，二等人力工折算1.2个基本工，一等人力工折算1.5个基本工，妇女儿童之劳力工，以男子之基本工为标准，分为三等，一等妇女儿童领男子基本工。

第二，畜力工折后人力工共分三等：三等畜力工折合人力基本工一个，二等畜力工折合人力基本工1.2，一等畜力工折合人力基本工1.5。

第三，时间工按照时间的忙闲分为四季期间工。自春季开始至麦收时止为时间基本工，夏天锄草为三等时间工，如果荒地不严重，仍按照基本时间工计算；秋收全部时间为二等时间工，折合1.5个基本工，割麦为一等时间工，折合2个基本工。

合作社的分配方法是：秋收后收获除了经营开支及支付股息外，全部按照公积金5%，公益金15%，职员奖励金10%，劳力返还金70%的比率进行分配。①

① 《1944年合作纺织工作总结报告》，烟台市档案馆，G005－001－037－143。

这种合作社虽然没有把社员的人力物力全部结合起来，但由于以官产和学田为物质基础，以农民的剩余劳动力从事公共生产，进行集体劳动，就生产方式上来说已经是一个进步，具有了社会主义萌芽的性质。

（三）土地劳力合作社

这也是一种比较高级的农业劳动互助组织，当时在胶东主要有两种形式。

一是用公田或反恶霸斗争果实中的土地以及社员开荒获得的土地为主，大家以资金、劳力、种子等投资，集体经营，解决农村的剩余劳动力，收获大家分红的一种合作社。1944 年北海共成立了 12 处土地合作社，这些合作社都是在群众自愿的基础上成立的。

合作社的组织系统是合作社成立委员会，设主任、副主任及管账三名委员，社员分几个小组，分组耕种土地，互相竞赛，每组由组长负责；合作社受村政委员会的领导，聘请村中、各救会会长等监事；委员会只负责统一计划，种什么、怎么种及生产中的督促检查等，耕种的具体事情由小组长负责。合作社按照社员的中贫农成分及畜力等情况，在自愿原则下，结合成几个小组，小组内抗属、贫佃农有耕种收割投劳动力的优先权。土地合作社的分红及奖励方法由社员公议确定每个社员的劳动分数，有的合作社规定全劳动力七分，半劳动力四分，妇女三到四分。有的地方则按照十分、九分、八分等。每三十元作为一个股，肥料不作为股份，每投入一驮粪到秋后算六元钱；每年分红两次，分别在夏季和秋季，分红时除去费用净收益中 20% 作为奖励金和公益金，交村政府做公益事业用，其余再由股份和投入的耕种劳动力按照不同的比例进行分红，一般是股四劳六的比例。每次分红前，要选举劳动模范奖给农具，凡是因加工精种而增产的，增产部分的一半奖给小组，反之，要受到批评或取消投入劳力的资格。[①]这种合作社的优点是解决了组织起来后的一部分剩余劳力，领导了全村的

① 北海专署：《北海 1945 年上半年农林合作工作总结报告》，山东省档案馆，G031－01－1381－001。

变工小组，推动了全村的精种及各种抗日工作，缺点是仅限于几亩公田荒地，没有私地的投入，所以，群众的关心程度不大，热情不是很高，短期的利益倾向比较明显。

二是各家把分散的土地作为资本，投进合作组织里面。文西程格庄李本秀等四家，都是贫农，共有地49亩，人22口，4个全劳动力。过去没喂牲口，完全靠人抬拉肩扛，地无法精种，为了提高劳动效率，四家联合起来组织在一起。全组的地在一起耕种，人在一起劳动，劳动时间记工记分。全组设组长一人管理记账、召集开会、请假学习等，副组长管理计划生产，正副组长由大家选举，每十天开会一次，记分和检查计划生产工作；记工记分办法是每人每天按一分计算，运动过重的如推小车及成绩好的，在十天的会议上经大家讨论通过增分，成绩过坏的经大家讨论减分；未参加劳动的，每天按一分计算扣除，但因病与民兵活动，不算缺工，也照常记分；年终结算一次，缺一分者，补本币（北海币）三元交公。合作社的粮食款项分配办法是每人留下三亩地瓜不分，好储藏，但须春天指定，不得临时挑；地里打的粮食，按四人平均分；地里的草按四人平均分；副业及各种收入款项，完全按四人平均分；关于牲口、种子、工具、肥料等问题：购买两头驴，合喂合使，不得推磨和做自己的营生；地瓜芽，自己种的自己买，其余的公家买；别的庄稼种子是自己的自己买；公家买两张锄两张锨和两辆小车，其余自己带；公家买两口猪及其他肥料，四人的动物粪可以卖给公家；为提高效率，该合作社还制定了劳动纪律，没有要紧的事，不得随便不参加劳动；有紧要的事情要请假；事情讲民主，大家共同商议，遵从；工作要勤苦，反对懒惰；每十天认识四个生字，全年识一千。同时，互助组还制定了生产及副业计划。①

这种合作社与其他生产合作社大体相同，但由于各家把分散的土地当作资本入股，因土地不同于资本，有肥瘦、产量、远近的不同，所以在分配上更加复杂。

---

① 希哲：《文西农民互助形式之一——土地劳力结合》，《大众报》1944年4月7日第4版。

总之，抗战后期，胶东根据地创办的农业合作社以及在党的号召下组织起来的等价变工组，充分体现了合作社的理念和价值。根据地的这种农业互助合作组织，把人力畜力土地等结合在一起，生产资料集体化，大家集体耕种共享收益，提高了劳动效率，实现了增产，改善了群众的生活；这种互助合作组织，体现了契约精神，社员共同遵守公约和纪律，用契约克服小生产者的自由散漫；这种合作互助组织也充分体现了民主平等的原则，组长是选举产生的，遇事大家共同商议，如王伦海互助小组，每五天进行一次工作检讨，检讨的内容主要是组长的领导是否实行民主，工作布置是否得当，每个组员是否服从领导，是否不在会上提出意见而在会后牢骚满腹；每个组员是否爱护牲口与工具，是否干别人的活当自己的一样干，如果不是的话，在会上大家就要提出批评，这种民主之风在根据地的合作互助组织中是普遍存在的；所有组员的权利都是一样的，而不是以土地或钱的多少为标准，分配的方法以及工分的制定都是大家讨论公议，社员完全平等；同时，这种组织充分体现了互助友爱的精神，因民兵活动或疾病缺工耽误农活的，组员都会义务照顾。这种新型的农业合作社已经具有了社会主义的性质，但这种形式由于群众接受度较低，因此，只在动员起来组织起来比较好的村庄试办。

第六章　胶东抗日根据地合作社质的剖析

在战争环境中建立和发展起来的胶东合作事业，其中心任务是支持抗战。正如1939年中共中央财政经济部制定颁发的《各抗日根据地（简称本边区）合作社暂行条例示范草案》指出："合作社系用群众集体经营方式以发展国民经济改善人民生活，并组织与教育广大群众共同完成'抗战建国'之需要为目的"①。从抗战开始，胶东根据地合作社紧紧围绕服务抗战、服务群众这个中心，在抗日民主政府的推动之下，胶东合作社运动发展迅猛，甚为可观。研究胶东根据地的合作运动不仅要进行量的考察，还要进行质的分析，才能比较准确地把握根据地合作运动发展的总体状况。

第一节　胶东抗日根据地合作社的内部管理

一　根据地合作社的股金

根据胶东区工商管理局1944年5月制定的《胶东区合作社暂行规程草案》（简称《草案》）规定：社员认购社股以股为单位，股数不限；社股金额每股至少1元，至多不得超过5元；社员认购社股除现款外，可以粮食、山货及其他物品折价代付股款，但须与合作社共同商妥折价；

① 《各抗日根据地（简称本边区）合作社暂行条例示范草案》（1939年），杨德寿《中国供销合作社史料选编》第2辑，中国财政经济出版社1990年版，第359页。

社员认股应一次交纳，并可继续入股。《草案》对于社员入社所认股数不加限制，对于入社的每股金额也未做明确的说明，只是确定了上下限额，这为各地合作社组织留下了弹性空间。由于根据地群众比较贫穷，1940年，山东省民主政府明确指出“每股的金额不要过多，以2角到1元为最合适，千万不要把每股金额提高至5元或10元，这样等于拒绝大多数劳苦群众入股”①。

胶东根据地各地组织合作社每股的股金数额没有明确的资料记载，只能根据现存的合作社的社员数与股金数的比例进行推算。一般来说，抗战初期股金多在1元至5元之间，1941年胶东合作社社员的平均股金额为5.37元，如表6-1：

表6-1　　1941年胶东合作社平均股股金数

区别	东海	北海	西海	南海	共计
社数	542	143	117	21	823
社员数	65957	19339	23474	5250	114020
股金数（元）	305681.5	36751	263657	6306	612395.5
社均股本（元）	563.99	257	2253.47	300.29	744.10
人均股额数（元）	4.63	1.9	11.23	1.2	5.37

资料来源：《历年农林数字统计》整理而成，山东省档案馆G031-01-1392-007。

但是，1944年以后，胶东根据地合作社的股金数额明显增多，少的二三十元，多则达到一百五六十元。栖东合作社在1944年整理之前，合作社社员平均股金数额在30元，合作社扩大后，大约在72元（如表6-2）：

表6-2　　1944年栖东合作社社员、股金扩大情形

	股金（元）	社员	人均股金额数（元）
原有（1944年以前）	112469	3758	30
现有	484740	6696	72

资料来源：胶东区工商管理局：《栖福县局合作工作总结报告》，山东省档案馆，G031-01-1306-005。

① 《战斗中的山东人民》（1940年8月），山东省供销合作社联合社史志办公室编《山东省供销合作社史料选编（1924—1949）》，内部发行，1991年，第2页。

从东海历年合作社的发展状况也可以看出，1943 年之前，合作社社员平均股金数额在四五元左右，1944 年以后，平均在四五十元，如表 6－3：

表 6－3 胶东、东海区合作社历年发展统计

年别	1940	1941	1942	1944	1945
社数	39	301	518	1426	1616
社员数	14124	96508	141496	485220	534521
股金数（元）	76429	201289	377060	23115724	27472695
社均股本（元）	1959.72	668.74	727.92	16210.19	17000.43
人均股额数（元）	5.41	2.08	2.66	47.64	51.40

资料来源：山东省档案馆、山东社会科学院历史研究所合编：《山东革命历史档案资料选编》第十八辑，山东人民出版社 1985 年版，第 129 页。

由于根据地民众相对比较贫困，农民个人入股的比重较低。为激励更多民众参加合作社，根据地创造了多种多样的股金形式，民众不仅可以资金入股，也可以实物入股。就胶东根据地而言，主要的入股方式有以下几种。

第一，劳力入股。社员到合作社去劳动，根据劳动的熟练程度或数量，由社员大会决定比例。劳力入股的方式很多，到合作社劳动搓花生、刨地、干农活、驮脚、倒线织布、木工等都可入股。

第二，物质入股。粮食、豆子等皆可入股，有的合作社入蚕股，还有的以织布机入股，甚至老母鸡、锅、木板、猪子、磨盘等都可以入股。

第三，利用解散的私人买卖动员入股，如栖东前肖格印刷所解散后，被动员入股桃村西医药房 5 万元。

第四，以高价吸引社员入股，如邢家庄农民如蚕股比市价微高，有的合作社妇女纺线手工，加入合作社每斤 18 元入股，不加入只能是 15 元。

第五，分红入股，即在合作社结算分红时，动员社员将分得红利作为股金再投入合作社，从而使得合作社的股金不断扩大。如栖霞张格铺合作社第一次结算发展股金 500 元，第二次结算发展股金 3500 元，第三次即扩大为 4000 元，这种入股方式是其他根据地的通用做法。

除此之外，有的合作社以斗争的胜利果实入股、土地入股等。在这些

入股方式中，物股和力股所占比重相对较高。面对根据地经济的困难，根据地采取了灵活的、切合各区实际的入股方式，入股范围非常广泛，“钱、粮食、机器、畜力、人力及各种物质力量，都可算股”①。根据地合作社的入股方式不是单一的，每一个合作社都是多种入股方式，如牟平纺织合作社就设有生产股（专门负责纺线、刷机、织布的）、工具股（专门负责制造木机、纺花车等用具）、压（轧）花股、消费股（专门负责发花取线出卖成品）四种入股方式，后来又创造了利润入股等，多样的入股方式极大提高了群众的积极性，避免了因单纯的资金入股只能使富有者参加合作社，更使广大的贫下中农不能够加入合作社的弊端，真正体现了合作社平等、扶弱、合作的精神。

二 根据地合作社的盈余分配

合作社的盈余分配是决定合作社性质的主要指标。股份公司由于是资金的联合，以资本为主体，所以是资金分红。罗虚戴尔经典合作社的分配方法是根据社员惠顾额的多寡进行盈余分配。根据地的合作社是资本与劳力的结合，既不是完全按照资金的多寡也不是完全按照社员的惠顾额进行分配，而是从实际情况出发，实行资金与劳力皆能分红的分配政策。从全国各个抗日根据地颁布的有关合作社的法律规程来看，根据地的盈余分配大致分为公积金、公益金、奖励金、社员红利四个方面。分配比例各个根据地不尽相同，公积金大约在10%—20%之间，公益金约在5%—10%之间，奖励金一般在5%—10%之间，剩余为社员红利。除此之外，有的根据地除了公积金、公益金、奖励金、社员红利四个方面外，在盈余分配中还有其他的基金，如陕甘宁边区要求在合作社的盈余分配中拿出5%为救济金，专为救济抗属及贫困社员之用，晋冀鲁豫边区要求拿出事业基金若干，但没有明确的比例。社员红利的分配基本按照资金与劳力皆能分红的

① 胶东区工商管理局：《冯局长在胶东工商管理局直属县局合作纺织干部会议上的总结报告》（1944年8月），山东省档案馆，G031－01－1359－001。

分配政策，如1941年颁布的《晋冀鲁豫边区合作社条例》第12条规定："生产合作社按各社员每结算期内所得之工资或所缴生产物价格比例分配之"，"运销合作社按所销各社员货物之多寡或所得运输手续费之多寡比例分配之"，"消费合作社按各社员购买总额之多寡比例分配之"，"信用合作社按各借款社员已交借款利息之多寡及储金社员已支付之储金利息多寡比例分配之"①。《晋察冀边区合作社法草案》也明确规定："供给业务，按社员购买额多寡为标准分配之"，"运销业务按社员交运额多寡为标准分配之"，"生产业务，按社员劳动日多寡为标准分配之"，"信用业务，按社员借款额多寡为标准分配之"②。《胶东区合作社暂行规程草案》对于胶东根据地的合作社盈余，规定了四种分配方法：第一种为公积金20%（限于准备弥补合作社之损失及发展业务之用，并应以一部分存入信用合作社及银行），公益金5%（限于用作公益事业），职员奖励金15%（应以劳绩大小比例分配之），余额为社员交易额退还金，分配办法，以社员对合作社交易额之多寡为标准比例分配；第二种方法为公积金20%，公益金5%，职员奖金15%（应以劳绩大小比例分配），股金分红20%，按股金多少比例分配，余额为社员交易额退还金，分配办法，以社员对合作社交易额之多寡为标准比例分配；第三种分配方法为公积金20%，公益金5%，股金分红20%，其余额为职员及工人返还金，按劳力之大小比例分配；第四种方法为合作社盈余应提出公积金20%，公益金5%外，其余额为股金分红40%，按社员所出股金多少比例分配，职员及工人返还金60%。

这四种分配方法，既坚持了经典合作社惠顾额返还的原则，又根据根据地的实际情况，实行资金与劳力的分红，充分调动每一个社员的积极性。在实践中，根据地的分配方法更加灵活。"盈余分配，不必拘守条文，

① 《晋冀鲁豫边区合作社条例》（1941年10月15日），杨德寿《中国供销合作社史料选编》第2辑，中国财政经济出版社1990年版，第403页。

② 《晋察冀边区合作社法草案》（1941年），杨德寿《中国供销合作社史料选编》第2辑，中国财政经济出版社1990年版，第397页。

由社员大会按原则灵活的自行讨论规定”。① 合作社根据不同的入股方式，制定了不同的分红比例，尤以纺织合作社和农业合作社最为灵活，大体说来，劳力、肥料、打井、土地以及各种实物等皆可参与分红，分红比例各合作社不尽相同。

三　根据地合作社的管理

根据地合作社是群众的经济结合，是群众依其需要而自愿组织起来的，是为社员群众服务的组织，合作社只有坚持民主、自愿的原则才能得到群众的拥护。然而，由于特殊的战争环境，民众对合作社认识的缺乏，根据地的合作社是在不断纠正问题的过程中发展起来的。根据地合作社在成立之初，部分合作社内部管理存在着各种各样的问题，偏离了合作社正确的轨道。比如强征社股、按地亩摊派，把群众斗争恶霸的果实强迫入股；在合作社内部管理上，部分合作社不民主，少数人把持社务，不按时结账，不按时分红，账目不公开，或根本没有账本，把账记在肚子里；不为群众服务，不给群众解决困难，单纯的经济观点，合作社商店化，职员商人化；合作社吞并商店，联社吞并村社等；② 没有制度，工作紊乱，社员代表大会也不能按期召开等，这些问题虽然只是少数合作社存在着，但却制约着整个根据地合作社的发展。

为保证合作社的健康运行，根据地在实践中不断纠正合作社发展中出现的问题。1945 年明确指出了纠正的办法：第一，凡经营半年以上的各种合作社，应根据社员的要求，结算账目，报告营业，公开分红利；第二，凡被迫加入合作社之商店及被迫加入联社之村庄等，准许于结算期，愿退出者可自由退出；第三，不管新旧合作社，如有强征及按地亩摊派入股等情形，其不愿参加者，在未缴股款时可不缴纳，已缴纳者可自由退出；第

① 胶东区工商管理局：《冯局长在胶东工商管理局直属县局合作纺织干部会议上的总结报告》（1944 年 8 月），山东省档案馆，G031 - 01 - 1359 - 001。

② 范心然：《纠正目前东海合作工作中的偏差》，《大众报》1945 年 3 月 11 日第 4 版。

四，在清算清理中，如发现有营私舞弊等贪污行为时，可提供社员大会处理，情节严重者，可送政府司法科，依法处理；第五，加强合作教育，教育合作社职员、社员，提高其对合作社的认识，职员要走群众路线，为群众服务，给群众解决问题，处处为群众打算。社员要认识到自己是合作社的主人，要使用手中的民主权利，监督、检查合作社的工作，这是合作社发展的关键。[①] 经过对合作社的清理、整顿，逐步进入了良性的发展轨道，为解放战争时期胶东合作社的发展打下了坚实的基础。

四 根据地合作社的阶层分析

合作社是劳动者的联合，是劳动者的自助组织，但是抗日战争时期，民族矛盾是当时的主要矛盾，任何阶级矛盾必须服从于抗日的民族大局，这是抗日战争时期中国共产党一系列经济方针和政策的出发点。本此原则精神，早在1940年山东省临时参议会制定的《合作社暂行规程》规定："除汉奸外，任何人均可入股为合作社社员"[②]。1944年毛泽东在陕甘宁边区合作社联席会议上的讲话中明确指出："合作社是统一战线的性质，所有农民、工人、地主、资本家都可以参加合作社"[③]。胶东根据地根据党的政策和合作社性质，取消了社员入社资格的阶级限制。1944年胶东民主政府颁布的《胶东区合作社暂行规程草案》指出："凡属公民，任何人均可入股为合作社社员"[④]。也就是说，除汉奸外，不分阶级、职业、性别、信仰均可入股成为合作社社员，并享有同等的权利和义务。胶东抗日根据地合作社也就成为各阶层联合的经济合作组织。

根据地合作社虽然是各阶层联合的经济合作组织，但"它是政府领导

① 范心然：《纠正目前东海合作工作中的偏差》，《大众报》1945年3月11日第4版。

② 《山东省合作社暂行规程》（1940年12月17日），山东省供销合作社联合社史志办公室编《山东省供销合作社史料选编（1924—1949）》，内部发行，1991年，第6页。

③ 毛泽东：《毛泽东同志谈合作社的业务与方针》（1944年7月4日），杨德寿《中国供销合作社史料选编》第2辑，中国财政经济出版社1990年版，第347页。

④ 《胶东区合作社暂行规程草案》（1944年5月），山东省供销合作社联合社史志办公室编《山东省供销合作社史料选编（1924—1949）》，内部发行，1991年，第57页。

各阶层人民联合经营的经济、文化及社会公益事业的组织”[①]。因此，合作社的领导权应该掌握在工农群众手中。但合作社的设立，绝非一般百姓所能完成的，根据《胶东区合作社暂行规程草案》的规定，消费及信用合作社至少有21人以上、生产及运销合作社至少有11人以上才得设立，而且还需要完成一系列的程序后方能设立，比如“合作社设立人应召集创立会，通过章程，选举监事、理事、组织社务会，于20日内附具社章及合作社登记表，呈请县工商局为设立之登记”[②]。要做到这一切，发起者不仅要识字，还要有一定的号召力和影响力。由此推断，合作社的发起人以及合作社的理事、监事等职务皆不是一般农民所担任。而且，在1944年之前，由于当时群众普遍没有翻身，真正为群众所掌握的合作社还比较少，合作社很多被商人、富农、小地主等把持。[③] 1944年东海在合作工作总结报告中指出：“有的合作社干部是操纵在落后商人及落后分子的手里，他们是专会为个人后少数人打算，单纯发财观点，缺乏为多数群众服务的观念”[④]。1944年，栖福局在对合作社的清理整顿中，罢免了一批不合格的合作社干部，从统计的资料来看，这些罢免的合作社干部47%是富农出身，53%是中农出身，有7个是商人，2个是学生，如表6-4：

表6-4　　栖福局1944年罢免合作社干部情况

姓名	性别	出身	成分	职别
孙本善	男	中	农	常理
谢作礼	男	中	商	常理
朱学官	男	中	商	采办
丁介臣	男	富	商	常理
谢忠基	男	富	学	采办

① 杨德寿：《中国合作社经济思想研究》，中国财政经济出版社1998年版，第205页。

② 《胶东区合作社暂行规程草案》（1944年5月），山东省供销合作社联合社史志办公室编《山东省供销合作社史料选编（1924—1949）》，内部发行，1991年，第56页。

③ 胶东区工商管理局：《栖福县局合作工作总结报告》（1944年），山东省档案馆，G031－01－1306－005。

④ 《东海合作社总结工作，股金较前增加一倍》，《大众报》1944年8月11日第4版。

续表

姓名	性别	出身	成分	职别
谢克运	男	富	学	会计
姜文善	男	富	农	采办
邹明文	男	富	商	常理
胡春德	男	中	商	常理
赵连芳	男	富	农	常理
胡长进	男	中	商	常理
张玖	男	中	商	采办
郝文口	男	中	农	会计

资料来源：胶东区工商管理局：《栖福县局合作工作总结报告》，山东省档案馆，G031－01－1306－005。

从表中可以看出，农民只有4人，而且还是中农出身，合作社大多被商人所把持。另外一份的调查也显示，北海合作社职员的出身中，贫农占44%，富农占0.9%，中农占45.1%，而这些人中，从事农业的农民占40.16%，工人占9.4%，学生占3.68%，商人所占比例高达46.76%。[①] 合作社掌握在什么样的人手中，直接决定了合作社的方向，在1944年以前，胶东根据地的合作社部分被小商人所把持，这是当时发财主义思想、单纯盈利的思想充斥合作社的主要原因之一，这种现象直到1944年进行清理整顿，群众被真正发动起来以后，才得到解决。

五　社员对合作社的态度

根据地合作社的发展并不是一帆风顺的，从无组织的自流状态，到有组织的健康发展，从包办代替、强迫命令、摊派入股到民办公助、为群众服务，根据地合作社的发展可谓一波三折、曲折发展，社员对合作社的态度也经历了从消极对抗到积极拥护的过程。在合作社发展的早中期，由于没有坚持自愿的原则，部分合作社被地主小商人所把持，所经营的业务也

① 胶东区工商管理局：《栖福县局合作工作总结报告》（1944年），山东省档案馆，G031－01－1306－005。

不是群众需要的，而是成为政府的代办所。合作社经营的目的也不是为群众服务，而是以盈利为目的，群众年年入股，年年得不到分红。文登苏家泊鞋业合作社理事以社内资金经营自己的买卖，赚了钱是自己的，赔了钱是社内的。① 因此，群众对这样的合作社没有认同感，这种合作社的存在，极易造成群众的思想混乱，引起群众的非议，比如有的群众认为合作社是"上级的合作社""八路的合作社"。② 为规范合作社的发展，促进根据地合作事业的良性运行，1944 年以后，胶东根据地对合作社进行整理清顿，强调"必须把这些不为群众服务只顾自己发财的理事改选掉"③，经过发动群众，罢免了不合格的合作社干部、职员，并强调合作社必须坚持为群众服务，必须坚持自愿的原则，必须按时分红等。在清理整顿中，建立了一大批受群众真正拥护的合作社，合作社给群众带来了实惠，群众参加合作社的热情大为提高，牟海 × 区至 1944 年 8 月，有 18 个村子都成立了合作社，占全区村庄总数的 1/3；桃村联合社 1944 年下半年净赚 73000 元，61% 返还给群众，群众不仅获得了 50% 的红利，还分得很多劳动返还金和交易返还金，"大家对合作社的信仰大大提高，更清楚认识到合作社确是对大家有好处，特别是对社员的好处更大"④，"在街头巷尾，茶余饭后，合作社成为谈话的主要资料，没有参加的自以为落伍，已参加的却得意扬扬"⑤。

第二节　合作社的经营分析

抗日根据地的合作社是根据地经济困难的产物，是发展根据地经济的

---

① 乔文礼：《文登合作事业是怎样发展起来的》，《大众报》1943 年 6 月 14 日第 4 版。

② 胶东区工商管理局：《栖福县局合作工作总结报告》（1944 年），山东省档案馆，G031－01－1306－005。

③ 《胶东区行政公署合作会议总结》（1945 年），山东省供销合作社联合社史志办公室编《山东省供销合作社史料选编（1924—1949）》，内部发行，1991 年，第 263 页。

④ 《东栖桃村联社结算半年账目净赚余利七万三千元，百分之六十一返还群众》，《大众报》1944 年 12 月 23 日第 3 版。

⑤ 《猛烈发展中的东海区合作事业》，《大众报》1941 年 11 月 12 日第 2 版。

重要环节之一，是平抑物价，反对奸商投机操纵，改善群众生活的途径，更是“促进生产，抵制日寇之经济封锁与破坏政策，巩固抗日根据地争取持久抗战之最后胜利”的需要。[①] 但根据地合作社在实现其“工具理性”的过程中，也使其具有了现代化企业的特征。

一 现代股份合作制的最早尝试

股份合作制是在合作制的基础上，汲取股份制的某些合理因素，将劳动联合和资本联合结合起来而形成的一种新型的合作形式。其主要特点是劳动联合与资本联合相结合、按劳分配和按股分红相结合、股东大会与社员大会合为一体。这种合作形式，是改革开放后随着我国合作经济的发展而逐渐发展起来的。

胶东抗日根据地的合作社虽然在当时的历史条件下，仍然是以个体农业和手工业为基础的生产合作组织，但这些合作组织都不同程度地以土地、农具、牲畜等生产资料折股入社，统一使用劳动力，民主商定生产和分配大事，按劳、股比例分配等，这就使根据地的合作社具有了现代股份合作制的特征。

第一，在资金上，不论是农业合作社还是手工业合作社都采用了合股的形式，这就使其具有了现代股份合作制企业的特征。合作社的股金或以货币认购，社员认购社股，每股金额至少 1 元，至多不超过 5 元；或以粮食、山货、牲畜、鸡蛋、柴草等群众可用的一切有价值的实物均可折价代付股款，如用棉花参加纺织合作社，用花生参加打油合作社；或以劳力入股，如为合作社纺线、织布、打油、运盐等，即以所得工资之一部分作为股金；或以分红入股，即分红时号召社员以所得红利入股等，随着根据地合作社的发展壮大，合作社的股金也逐渐地增加。

第二，在经营上，采用了各种责任制。胶东根据地的合作社均采用有

① 《山东省县区联合社章程》（1940 年 12 月），山东省供销合作社联合社史志办公室编《山东省供销合作社史料选编（1924—1949）》，内部发行，1991 年，第 18 页。

限责任制，社员负有限责任。胶东区消费合作社章程规定“本社定名为有限责任×县×村消费合作社”，本社如有亏损，以本年度盈余、公积金、社股金及其他财产以次抵补，信用合作社以及产销合作社章程也有同样的责任规定。根据地的联合社则为保证责任制，胶东区区联合社模范章程规定“本联社定名为保证责任××县×区信用、生产、消费合作社联合社”，合作社联合社社员负保证责任，其保证额为其所认社股的4倍，联社如有亏损，除以公积金及社股抵补外其不足之额由社员分担，但以其特负保证金额为限，县联合社也有同样的规定，这种责任股份制，从现代经济组织的特性来说，已经带有了现代企业组织的性质。

第三，利润分配上，实现按股分利为主的多种分配原则。股份合作制企业的最重要特征就是实行按资分配和按劳分配相结合。股份合作制企业的职工既是股东又是劳动者，其取得收入的途径有两种；一是工资收入，实行按劳分配，多劳多得；二是资本分红，按其入股多少决定。根据地的合作社是资金与劳力的结合，资金所有者与生产劳动者都是合作社的主人，都有分红的权利。资本报酬有限与合作社盈余按社员与合作社交易额比例返还给社员是合作社利润分配的最主要特征，各合作社根据合作社经营业务的不同及自身的情况，采取了不同的分配方法，《胶东区合作社暂行规程草案》规定了四种不同的盈余分配方案，除却公积金、公益金外，都强调既要以社员对合作社交易额之多寡为标准比例进行分配，又要按照投资额进行分红。如文登××村社1943年的盈余分配为20%为公积金，5%为公益金，15%为职员奖励金，剩余60%以20%为股东分红，40%为返还金，按社员所费劳动力多少纺花斤数与织布尺数分配，消费方面则按社员购买量的比例分配。[①] 桃村联社1944年的分红比例则是公积金20%，公益金8%，股本分红33%，劳动返还金18%，交易返还金10%，职员奖励金10%，其他1%。当然，在根据地的合作社的分配方案中，更加注重奖励生产劳动和为群众服务的精神，资金分红是居次要地位的。1944年以

① 《经过去年整理改造后文登合作事业发展》，《大众报》1944年3月25日第4版。

后，随着纺织合作社和农业合作社的产生，合作社更增加了劳力的分红比例，体现了多劳多得的原则。

第四，在内部管理上，股份合作制设立董事会、监事会、经理等现代企业的管理机构，企业职工通过职工股东大会形式实行民主管理。股份合作制企业的职工股东大会既是企业的股东大会，又是企业的职工代表大会，是股份民主和劳动民主的适当结合。胶东抗日根据地的合作社也按照章程的规定，设立理事会、监事会，社员大会为合作社最高权力机关，社员大会必须定期召开，合作社的重要事项如营业、盈余分配等必须召开社员大会决定等，这些实践都是股份合作制的最早尝试。

二 现代合作社经营的初步尝试

在生产经营方面，根据地合作社进行了初步的分工与协作，具有了现代合作社的经营理念。根据地的合作社具有明显的“战时”特征，无论其设立的目的还是经营的内容都具有服务抗战和解决根据地经济困难的现实需求，是处于合作社发展的低级阶段，其经营的方式与手段也具有战时和计划的性质，与现代市场经济条件下合作社的经营相差甚远。但是，根据地合作社在生产经营和流通方面，进行了初步的分工与合作，这就使根据地合作社具有了现代合作社经营的特征。

第一，在经营模式上，合作社采用“合作社+农户”的组织模式，具有了产业一体化特征。这一模式在纺织合作社中更为突出。胶东根据地的纺织业比较发达，但农户大多是自备原料，独立生产与售卖。这种个体生产，由于没有足够的能力了解市场的需求及变化趋势，“常吃买卖人的亏”[①]。根据地组织纺织合作社，把独立的个体纺织户组织起来，参加合作社的纺工织工依然在家劳动，各自生产、各自占有其自己的劳动果实，但是原料由合作社统一供给，产品也由合作社统一销售。纺工织

① 胶东区工商管理局:《栖福县局合作工作总结报告》（1944 年），山东省档案馆，G031－01－1306－005。

工利用合作社的棉或线来纺线织布，交还合作社而领取一定数量的工资，合作社还根据出售线和布后所得盈利进行分红。牟平一个纺织合作社，内部设立生产组（负责织、刷）、压（轧）花组、工具组（负责制造木机、纺花车等工具）、消费组（负责发花取线出卖成品）等四个部门，各负其责，分工明确，社内还有专门的技术人才，负责技术指导。这种组织化的经营模式，大大提高了纺织的效率，也提高了个体织户的积极性。为保证纺织质量，合作社还派技术员对纺工织工进行技术指导，也保证了纺织的质量，使根据地的“土布与洋布相差不远，而其坚实则在洋布以上”①。

第二，从流通上来看，合作社开始采取初步的分工与协作，产品从原料、生产、销售各个环节，都有专业的合作社承担，使根据地合作社具有了垂直一体化的特征。如 1944 年，牟平南李家村村民集资 5000 余元，创办了农具合作社，主要生产铁锨，农具合作社的原料（铁及炭等）由运输合作社供给，产品由农具合作社生产，成品一般交由各地消费合作社推销，使农民能够买到贱价的工具。这种模式虽然在根据地的合作社中并不是主要的，但根据地的手工业合作社大多采用了这一模式，是根据地的合作社在流通环节的初步尝试。

第三，从服务上来看，合作社初步具有了社会化服务的特征。1942 年 12 月，在陕甘宁边区高级干部会议上，毛泽东对南区合作社的经验进行了总结，指出南区合作社能够打破教条主义，不拘泥于陈规，从一个消费合作社开始，逐渐发展成了包括纺织、榨油、制毡等六个生产合作社和一个拥有百余头牲口运输队的综合性合作社，经营着消费、供销、生产、运输、借贷等事业，号召各根据地向南区合作社学习。在向南区合作社学习的热潮中，胶东根据地在抗日战争后期涌现了许多综合性的合作社，如邵家合作社，为解决村里的剩余劳动力，便组织了一个运输部；针对根据地

① 薛暮桥：《山东抗日根据地内的纺织手工业》（1944 年 7 月），山东省供销合作社联合社史志办公室编《山东省供销合作社史料选编（1924—1949）》，内部发行，1991 年，第 95 页。

粮贱布贵、老百姓穿不上衣服的现象，又帮助群众组织了纺织小组。纺织小组普遍组织起来后，群众感到原料供给、成品推销比较困难，就又帮助群众组织了纺织合作社，统一购买原料、推销成品；在游击区，由于敌伪的骚扰，不能正常进行生产，就组织群众成立了武劳结合小组，共同对敌斗争；某地区牲畜死亡严重，便帮助群众成立兽医合作社抢救牲畜等。[①] 这种综合性的合作社体现了“供销并举，综合经营，系列服务”的特点，随着合作社综合业务的不断拓展，根据地明确提出要实现农业合作、手工业合作、金融合作三者的结合，[②] 这是“三位一体”合作的最早的尝试。

第四，从管理上来看，初步建立了现代性的管理系统。这一特征在纺织合作社中比较突出。在生产方面，社员和合作社各有分工，社员负责纺线织布，合作社内部有负责发线的，有负责工具制造的，有负责产品销售的；社员纺线还有专门的技术人员进行指导，以提高纺织技术，使胶东根据地纺织品的质量大幅度提高，“胶东蚕丝改良场和缫织实验厂制造的竹绿桑绸，桃红峨眉付绸，湖色印花被单，和各色小茧丝绸，等等，共约二十余幅，几乎与湖绉杭纺不相上下”[③]；在加工上，逐渐从手工纺织发展到机器加工。1941 年，胶东就有了拉梭机，这种机器能织宽面布，效率比普通织布机快几倍。1942 年初，胶东妇联举办了一个拉梭机训练班，每期一两个月，三四十人不等，共训练了三、四期，培养出了大批技术骨干，[④] 织布效率提高了三倍到四倍；在经营管理上，建立了职责分明的管理机构。联合社设有会员代表大会为最高权力机关，由社员选举产生，代表大会选举产生理事会和监事会，理事会负责处理联社一切事务，监事会负责

---

① 《胶东行政公署合作会议总结》（1945 年），山东省供销合作社联合社史志办公室编《山东省供销合作社史料选编（1924—1949）》，内部发行，1991 年，第 263 页。

② 胶东区工商管理局：《冯局长在胶东工商管理局直属县局合作纺织干部会议上的总结报告》（1944 年 8 月），山东省档案馆，G031 - 01 - 1359 - 001。

③ 山东省税务局税史编写组：《山东革命根据地工商税收史料选编》第三辑，内部发行，1985 年，第 62 页。

④ 曲韶华：《抗战时期的胶东妇女》，《胶东风云录》，山东人民出版社 1981 年版，第 373 页。

监察理事会执行业务情形，及本联社财产状况与一切事务。合作社也建立了相同的经营管理体系，每社设正副理事监事分工负责，各司其职；理事和监事由社员大会选举产生。如洙江区一个合作社，合作社内设理事委员会和监事委员会。理事会有理事长1人（妇救会长），妇救会和识字班干部8人。此委员会掌握管理合作社，除社员大会外，理事委员会为合作社最高领导机关，合作社之经理与会计是执行理事委员会指示与任务的；监事会有委员9人，其任务为检查账目与货物，故其委员除正副村主任和农救会长外，还有能写能算之上层。①

虽然根据地的合作社，无论从资金上还是人员组成上，其规模都比较小，其生产经营管理的现代化程度与今天的现代企业的经营管理不可相提并论，但它显示了现代企业经营的方向，具有了初步的现代企业的性质。

第三节 胶东抗日根据地合作运动的经验与不足

胶东抗日根据地合作运动是胶东合作事业的开端，从1938年萌芽到1945年的发展，合作社成为胶东抗日根据地一支重要的经济力量，对于推动根据地的经济建设，活跃根据地农村经济，粉碎敌人的经济封锁，促进根据地生产自救，支持抗战取得胜利，发挥了积极的作用，留下了不可磨灭的历史功绩，也为后来的合作运动积累了丰富的经验和教训。

一 胶东抗日根据地合作运动的经验

（一）秉承合作社自愿、民主、平等的基本价值理念

在根据地合作运动发展过程中，始终秉持着民主平等、自愿结合、弱

① 顾膺：《介绍洙边区一个合作社的特点》（1944年4月7日），山东省供销合作社联合社史志办公室编《山东省供销合作社史料选编1924—1949》，内部发行，1991年，第47页。

者联合的价值理念，以合作社主要的价值理念为基础，结合中国共产党的群众路线，形成了民主平等、民办公助、为群众服务的基本原则。

1. 坚持民办公助的原则。坚持在群众自愿的基础上由群众自己建立，反对强迫命令和包办代替，“这是合作社能否办好的全部关键，也是合作社好坏的两条路线”①。合作运动的首要原则是自由自愿，“我们所必须遵循的第一条原则是根据群众的自愿”②。但合作运动初期，由于对合作社的认识和理解的偏差，强迫命令、包办代替的现象比较严重。有些合作社是由政府、群众团体命令式分配各村的；某些合作社的干部是由政府指派的；合作社的经营也主要由政府决定，在业务上不是或不完全是经营群众必需的日用品；股金采取摊派式、捐款式；社员不能自由入股、退股；部分合作社的干部对什么是合作社不甚了解，缺乏群众观点，把政府对合作社的领导误认为就是代替合作社工作；少数合作社的制度也不健全，既不定期召开社员代表大会或社员大会，也不向社员公布帐目，也不按期分红等，群众对这样的合作社自然不满，在主观上就认为不是他们自己组织的合作社，对合作社不闻不问，合作社的一切事情由政府包办代替。虽然这样的合作社只占少数，但却阻碍了根据地合作事业的健康发展。

1942 年，中共中央提出合作社要“克服包办代替，实行民办官助”的方针，强调合作社要坚持社员自愿入股的原则，实行民主管理，政府不能包办代替。政府只在政策方面给予指导，在合作社遇到困难时，从旁予以协助，合作社的社务及业务应该由社员自行决定。

山东抗日民主政府在 1941 年 4 月就指出，一切包办代替的现象，都是合作社发展的障碍。合作社是人民自己的集体经济组织，要在人民中间广泛地深入地开展这一运动，使群众彻底了解合作的意义，才能使他

① 《胶东区行政公署合作会议总结》（1945 年），山东省供销合作社联合社史志办公室编《山东省供销合作社史料选编（1924—1949）》，内部发行，1991 年，第 259 页。

② 《边区组织劳动互助的主要经验和今后工作》（1944 年 2 月 11 日），甘肃省社会科学院历史研究室《陕甘宁革命根据地史料选辑》第二辑，甘肃人民出版社 1983 年版，第 470 页。

们自动地参加，“一切不加解说，强迫组织和强迫加入的办法都是不正确的”。要制止强迫组社，强迫群众加入，“有些地区，为了突出成绩，完成数目字，竟命令式地限期成立，并在吸收股金上采取摊派方式，按村按户来征收，强制群众入股”①。这样不但是组织起来的合作社不巩固，而且容易引起群众对合作社的误解和不满，完全失去了合作社的意义。胶东根据地合作社在发展初期也存在着代替包办、不民主、摊派股金，不能自由入股、退股的现象，在实际工作中，部分合作干部存在着对合作工作漠不关心与自由放任的两极偏差。“民办官助”方针提出来后，胶东根据地认真贯彻“民办公助”的基本方针，要求彻底纠正包办代替、强迫命令的官僚主义作风，指出“合作社是群众的经济结合，是群众依其需要，而自愿组织起来的，是为社员群众服务的。这种脱离群众，包办代替，强迫命令的官僚主义作风，应该马上停止与纠正”②。经过对不规范合作社的纠正清理，合作社逐渐克服了包办代替的作风，1944 年以后发展的合作社一般都是在群众自愿自觉的原则下组织起来的，合作社基本走上了正轨，实践证明，凡是“采取自下而上群众自愿的原则”组织起来的合作社，就“是与群众有密切联系的，巩固的与发展的”；凡是“从上而下由行政命令的方法来组织”的合作社，就是“脱离群众的，不巩固的和不发展的”③。

2. 坚持民主平等的原则。入社自愿、民主管理、一人一票等是合作社的基本原则。合作社原则是合作社制定的、在实践中遵守、被证明是行之有效的、用来指导合作社发展的行为规范。合作社原则是合作社本质规定性，它提供了合作社制度的标准和判断行为、做出决定的方针。随着经济

---

① 戚铭：《在开展合作事业中急待解决的几个问题》（1941 年 4 月 13 日），山东省供销合作社联合社史志办公室编《山东省供销合作社史料选编（1924—1949）》，内部发行，1991 年，第 29 页。

② 范心然：《纠正目前东海合作工作中的偏差》，《大众报》1945 年 3 月 11 日第 4 版。

③ 《山东省第二次行政会议生产组总结报告（草案）》（1944 年 12 月），山东省档案馆、山东社会科学院历史研究所合编《山东革命历史档案资料选编》第十三辑，山东人民出版社 1983 年版，第 396 页。

的变化以及合作社实践的发展，人们对合作社的原则一直进行不断的修改和调整，但民主管理的原则始终未变。民主管理原则界定了合作社的决策方式，其在合作社运行中的表现就是民主选举，遇事社员协商讨论，一人一票等。省战工会非常重视合作社的民主性，指出“应充分发扬他的民主，只有使社员们选举他自己所信任的人来负责社务，才能发挥社员的积极性，密切社员与合作社之间的关系”①，“合作社之负责人一定要在社员大会上选出，政府不得包办或指派。其在执行业务期间发生流弊者，得由社员提出罢免之”②。

胶东根据地合作社从成立之日起，始终强调合作社要贯彻民主选举、民主决策以及“一人一票”的原则。但在其发展初期，由于章程、组织等各方面的不完备，根据地合作社官办色彩比较浓厚，民主原则贯彻得并不是很好。有的合作社管理混乱，没有制定严格的、完善的民主管理制度，社员没有监督权，少数人滥行开支、账目不清和亏损不堪，引起群众的强烈不满，从而得不到群众的拥护。如南招八区的一个合作社，合作社经理不积极工作，更不向社员报告合作社的营业情况，既不结账，也不分红，社员问询，只向社员说是够本了，不遵循合作社的民主原则，引起社员不满。③ 针对这种情况，胶东根据地对合作社进行了多次整理，要求取消条文社章，由社员民主自愿订立公约。特别是陕甘宁合作联席会议以后，胶东根据地要求贯彻陕甘宁边区合作会议的规定，社员选举主任，主任不称职，社员有撤职之权；民主公议社务，社务有毛病，社员有批评的权利；入社自由、出社自由，入股自由、出股自由；账目按期公布、按

① 戚铭：《在开展合作事业中急待解决的几个问题》（1941 年 4 月 13 日），山东省供销合作社联合社史志办公室编《山东省供销合作社史料选编（1924—1949）》，内部发行，1991 年，第 29 页。

② 《山东省战时工作推行委员会关于开展合作事业的指示》（1941 年 4 月 15 日），山东省供销合作社联合社史志办公室编《山东省供销合作社史料选编（1924—1949）》，内部发行，1991 年，第 31 页。

③ 《一九四四年上半年胶东合作工作总结报告（节录）》，山东省供销合作社联合社史志办公室编《山东省供销合作社史料选编（1924—1949）》，内部发行，1991 年，第 89 页。

期分红、按股分红；社员一律平等，股金不论大小，都有选举权、表决权。[①] 由于实行了合作社的民主原则，1944 年以后胶东合作社出现了大发展的局面。

3. 坚持为群众服务的原则。合作社是为群众服务的经济组织，这是合作社最主要的特点。抗日战争爆发后，根据地面临严重的经济困难，如何“发展生产，保障供给”，改善群众的生活，为战争胜利奠定物质和经济基础，开展以大生产运动为中心的经济建设就成为克服根据地困难的最主要问题。但是要把大生产运动发动成一场群众性的运动，就需要把根据地的男女老幼都组织发动起来，而“合作社是从经济上组织群众的最好方式”[②]。合作社是组织群众，发展经济的有力工具，要组织群众参加合作社，拥护合作社，就要改善群众的生活，照顾群众的利益，一切以群众的需要为出发点。合作社也要赚钱，但赚钱不是合作社的主要目的，合作社的主要目的是为群众服务，为群众解决生产上和生活上的各种困难，合作社赚钱的最终目标是提高群众的生活。但是胶东根据地合作社在发展初期，部分合作社的发财主义思想比较严重，比如有的合作社为了赚钱，往往脱离群众需要，只从事与群众生活漠不相关的投机买卖，甚至为要多赚钱而剥剥群众，有些纺织合作社故意压低纺工织工的工资，不准社员从事其他业务，强迫社员纺织。有些消费合作社垄断市场，抬高物价，妨碍自由贸易。这些“合作社不但不能为群众服务，反而成为他们剥削群众的手段”。[③] 针对这种情况，1943 年 10 月，毛泽东在边区高干会上的讲话中指出：“合作社的性质，就是为群众服务，这就是处处要爱护群众，为群众打算，把群众的利益放在第一位。这是我们与国民党的根本区别，也是共产党员革命的出发点和归宿。从群众中来，到群众中去，想问题从群众出

---

① 范心然：《纠正目前东海合作工作中的偏差》，《大众报》1945 年 3 月 11 日第 4 版。

② 张明远：《冀东区 1947 年大生产运动的具体计划》，华北解放区财政经济史资料选编编辑组《华北解放区财政经济史资料选编》第一辑，中国财政经济出版社 1996 年版，第 786 页。

③ 《胶东区行政公署合作会议总结》（1945 年），山东省供销合作社联合社史志办公室编《山东省供销合作社史料选编（1924—1949）》，内部发行，1991 年，第 263 页。

发，而以群众为归宿，那就什么都好办”[①]。1944 年，胶东清理改造合作社，把不为群众服务、只顾自己发财的理事改选掉，同时加强了对合作社干部的教育，使其认识到自己是受人民委托为人民服务的；合作社是在群众自愿的原则下自己组织起来，给群众办事的团体，不是公家的商店，合作社必须坚持为群众服务的宗旨，必须坚持走群众路线，要急群众之所急，办群众之所需。1944 年经过整顿后，胶东根据地的群众被充分发动起来，合作社的办社方针更加明确，合作社的领导成分发生了变化，不为群众服务的理事、经理被撤掉了，群众的认识和能力也提高了，基本能够自觉地运用民主的方式对合作社的业务经营进行监督，一些小地主、小商人出身的社干部在政府的教育和社员的监督下，也开始为群众服务，合作社的干部也积累了相应的经验，胶东的合作事业轰轰烈烈发展起来了。

在胶东根据地发展的过程中，涌现出了许多典型，海阳邵家村合作社就是其中之一。这个合作社是在“民办公助”方针指导下，发展成为真正为群众谋利益又为群众所关心爱戴的一个综合性的合作社。合作社贯彻“群众需要什么就办什么”的方针，[②] 它的业务发展到七八种，都是根据群众需要，给群众谋福利的。比如看到许多群众穿不上新衣和棉袄，合作社就把全村妇女组织起来成立纺织部；群众组织起来，有了剩余的劳动力后，合作社就组织运输队；合作社看到村里有人病了没法治，穷人买不起药，便成立了一个医药部；合作社还成立一个信用部，群众有余钱，就存到合作社里生利，群众扩大生产要用钱，就到合作社里低利或无利借贷，抗属有困难，合作社帮助解决；鳏寡孤独者，帮助解决他们种地及生活上的困难；为防旱备荒，合作社举办水利、购运粮食。总之，邵家村合作社坚持处处为群众打算，把群众的利益和生产放在第一位上，把合作社和群

① 毛泽东：《论合作社》（1943 年 10 月），孙晓忠、高明《延安乡村建设资料》（二），上海大学出版社 2012 年版，第 118 页。

② 高平：《组织起来的邵家村》，《大众报》1945 年 4 月 7 日第 6 版。

众的利益真正结合起来，合作社与群众形成了血与肉的关系。群众家里办不了的事就叫合作社办，合作社就成了群众个体上面的集体。有了这个集体的邵家村的广大群众，才由饥饿贫穷走上了丰衣足食，邵家村合作社也越来越发展壮大。①

（二）灵活创新，因地制宜

胶东抗日根据地合作运动，是在残酷的革命战争环境中发展起来的。特殊的战争环境使得胶东抗日根据地的合作运动必须适应战争的环境，才能促进合作事业的发展。在发展合作事业的过程中，胶东民主政府既坚持合作社的基本原则，又灵活多样地加以创新。

1944 年，胶东工商管理局在直属县局纺织合作会议上，强调扩大合作社入股范围，"一切物资均可算股加入，扩大股金不限股数，任何阶层，均可入股。分红时间要短，红利分配数，由社员大会自行通过执行；公积金永远是社员的，联合社提股应以不妨碍合作社之营业及联合社之需要为原则随时规定。联合社并可吸收私人入股，打破合作社工作墨守成规的教条主义"②。在这一思想指导下，胶东根据地合作社不论在入股方式、业务经营还是分红方法等方面均采取了适合群众要求的办社原则。在合作组织形式上，涌现了各种各样的合作社，除消费、纺织合作社外，群众还发展了信用、医药、鞋业、渔业、盐业、农具、油菜、皮革、土地、兼营、综合、肥皂制造业、铁业、运输、柴草、榨油、抗属等 20 多种形式的合作社；在入股方式上，为吸引群众入股，实行了灵活的入股方法，农民既可以资金入股，也可以劳力入股，还可以实物入股、分红入股，也可以土地入股，纺织社还允许纺线入股等；在盈余分配上，不拘泥于章程规定的分配比例，而是将盈利多分给社员，实行资金、劳力等的多样化分配；在业务经营上，初步掌握了合作社营业的季节性，如夏季布贱则转营他业，冬

---

① 《胶东区行政公署合作会议总结》（1945 年），山东省供销合作社联合社史志办公室编《山东省供销合作社史料选编（1924—1949）》，内部发行，1991 年，第 259—260 页。

② 《工商管理局直属县局会议确定合作社方针及办法》，《大众报》1944 年 5 月 8 日第 4 版。

季农闲兼营油坊、粉坊等，如文登油坊合作社遇到春荒，则停止营业转去贩粮，低价卖给贫民；荣成渔业合作社掌握鱼价，高价收买，打破商人的垄断等。总之，胶东抗日根据地“冲破了合作社的教条主义、形式主义，不拘守成规”①，极大促进了合作事业的发展。

在大生产运动中，根据地合作社与变工互助相结合，农业互助与副业生产相结合。海阳邵家村的经验就是将合作社和村中各种生产劳动组织与副业紧密结合。② 邵家村合作社成立后，首先把互助组节省的64个劳动力组织起来，成立了一个运输队，运输队划分了12个小组，由合作社成立运输部，管理领导运输队的副业生产，运输队挣得钱，10%作为奖励金，奖励积极工作、爱护公物、遵守纪律者，5%作拥军，其余按劳力多少分款，各人将所得交给自己的互助组；合作社为了解决粮食自给，充分使用剩余劳动力，还成立了农业部，一方面统一领导全村的互助组，另一方面在农闲时又建起了豆腐坊。1943年底，全村未互助时副业收入为57894元，1944年组织起来后，全村共赚288670元，互助组成立的运输队，从6辆小车、3个牲口发展到50余辆小车，全年盈利117000元，其他副业赚2万多元。合作社与变工互助相结合，农业互助与副业生产相结合，既解决了剩余劳动力，又增加了生产，提高了农民收入，同时也巩固了变工组，合作社更加得到群众的拥护。

为了保证互助变工组的巩固与发展，根据地在组织上创造了“由小到大，由简单到复杂，低级到高级”③ 的发展步骤。首先是由党员、劳动模范及积极分子在自愿的基础上对搿犋帮工进行改造后，再对群众进行宣传教育，普遍推广以变工为重点的劳动互助，在群众普遍具有等价变工的愿望后，再引导农民实行等价变工，在等价变工的基础上，又适时引

① 毛泽东：《关于发展合作事业》（1942年12月），杨德寿《中国供销合作社史料选编》第2辑，中国财政经济出版社1990年版，第311页。

② 高平：《组织起来的邵家村》，《大众报》1945年4月7日第6版。

③ 《胶东区行政公署合作会议总结》（1945年），山东省供销合作社联合社史志办公室编《山东省供销合作社史料选编（1924—1949）》，内部发行，1991年，第266页。

导农民发展具有社会主义萌芽性质的农业生产合作社。如文登张富贵的互助形式，是“由低级逐渐向上发展的，起初是帮工，后来是等价交换与发展副业”，1945年发展了部分农业合作社，这种形式是“最容易被农民接受”的。[①] 这一发展规律，其组织规模由小到大，存在的期限由临时到永久，互助合作的内容由简单协作到分工分业相结合。这种渐次发展的模式能够契合农民的认识程度和利益，因而能够与群众产生共鸣而得到普遍发展，也为1949年后发展农业生产和互助合作奠定了良好的基础。

（三）宣传动员、示范引导与利益吸引相结合

如何动员群众参加互助运动直接关系到根据地合作事业的成败，关系到根据地政权的巩固和经济建设。在长期的生产实践中，根据地采取了卓有成效的宣传动员策略。魏本权基于沂蒙农业生产互助的研究，提出了沂蒙地区党和民主政府采取的四种生产动员策略，“利益型动员、诱致型动员、压力型动员和强制性动员”[②]，这四种动员模式广泛存在于各个根据地的生产动员中，但从胶东根据地的情况来看，主要是宣传动员型、示范引导型和利益吸引型。

1. 宣传动员型。近代中国合作运动完全是移植西方的舶来品，一般民众对合作社事业毫无认识，要使农民自愿加入合作社，必须使其了解合作的意义，“一切不加解说，强迫组织和强迫加入的办法都是不正确的”[③]。1941年，省战工会在《关于开展合作事业的指示》中指出，各地在开展组织合作社之前，应首先向群众作广泛深入地宣传和动员，使群众彻底了解合作事业的重要，群众稍有认识后再进行组织，不得忽视宣传或宣传不深

① 《群英大会各行各业的英雄们分组座谈交换经验》，《大众报》1945年3月13日第1版。

② 魏本权：《革命策略与合作运动——革命动员视角下中共农业互助合作运动研究（1927—1949）》，中国社会科学出版社2016年版，第121页。

③ 戚铭：《在开展合作事业中急待解决的几个问题》（1941年4月13日），山东省供销合作社联合社史志办公室编《山东省供销合作社史料选编（1924—1949）》，内部发行，1991年，第29页。

入即命令式地着手组织，致使群众盲目服从。为此，省战工会制定了合作社工作计划及宣传提纲，宣传的内容主要是三个方面，一是合作社的专业知识，譬如什么是合作社、合作社的种类、如何组织合作社、怎么办合作社等；二是开办合作社的意义。比如，合作社可以粉碎敌人“以战养战”经济侵略的阴谋、合作社事业可以改善人民的生活、合作社可以巩固抗日民族统一战线等；三是提出了一系列宣传合作社的标语口号。如合作运动是改善民生的基本动力与积极有效的办法、参加合作社可减轻生活的负担与消费、参加合作社可以免除无原则的买卖营利的剥削、参加合作社可以争取自己掌握经济生活，向合作社投资，不论入股多少全有股东权利等20多条。[①] 这些口号，既让群众简单明了地了解了什么是合作社，又提高了群众的政治觉悟，比如合作运动是粉碎敌人的“以战养战”的阴谋与日寇作经济斗争的武器、合作社是建立抗战建国的物质基础、合作社是巩固抗日根据地的经济堡垒等口号，使民众意识到合作社不仅是解决根据地军民经济困难，更是对敌进行斗争的经济堡垒。宣传动员的方式也是多种多样，合作工作人员的下乡宣传、合作社培训、夜校、识字班及冬学的学习、张贴标语等，事实证明，只有群众彻底了解了合作事业，合作运动才能顺利开展。

2. 示范引导型。要求发展合作社时“绝对不可强迫命令”，应在群众自愿原则之下，通过“示范”将合作社的“好处告诉群众”[②]，引导其加入合作社。为有效地引导群众加入合作社，胶东根据地要求创办合作社时应首先宣传它的目的和意义，使群众自愿入社。同时，积极推动创造模范合作社，树立典型，通过实例证明合作社的好处。如《大众报》在总结吴怀玉变工组为什么垮台的时候，指出，领导上没有掌握“典型示范，耐心说服”的方针，只想着把这个基点村一下子轰轰烈烈地全面搞起来，组织

① 《合作社工作计划及宣传大纲》（1940年），山东省供销合作社联合社史志办公室编《山东省供销合作社史料选编（1924—1949）》，内部发行，1991年，第13—16页。

② 顾膺：《胶东农业合作社创办的经验》，《大众报》1945年3月15日第4版。

"大变工"，而不是踏踏实实地抓紧培养一两个典型人物、典型组去积累创造经验，真正发挥基点的作用。① 1945 年，在总结上半年的生产工作时就提出，为推动全区"组织起来"，要首先"在组织起来有基础的村庄，先很好地组织一个变工组"，帮助制定全年生产计划，进行精耕细作，发展水利并开展副业，推动生产，通过这个小组"向群众进行教育以推动全村及周围村庄以收典型示范之效。"②

胶东根据地还不断开展劳模运动，以模范合作社、模范英雄等带动群众参加合作社。1944 年北海在创模运动中，提出了模范合作社的条件：能够真正做到为群众服务和谋利两方面；各种制度健全，工作学习能够结合起来；所出的物品物美价廉；消费合作社要做到根据群众的要求和需要；生产合作社主要依靠社员生产；能够按期结算和分红。蓬莱模范合作社联社的条件是：能为村社服务；对敌作顽强斗争，坚持阵地；为群众解决问题，繁荣集市，平抑物价。栖东模范合作社联社的条件是能够为群众服务并积极帮助村社解决一切问题；能够根据群众的需要办理业务；民主作风好，工作能够深入下层。模范合作社职员的条件是积极负责，舍己为群；深入群众为群众解决一切问题；以自己的模范行动推动全区合作社事业的开展。在 1944 年 5 月召开的北海纺织劳动模范及工商业展览大会上，蓬莱和栖东两个联合社获得"对敌经济斗争的堡垒"和"群策群力，精益求精"的荣誉称号，两个村的村社获得了模范合作社的荣誉，蓬莱联合社的常务理事薛中和获得模范合作社职员一等奖，栖东七区联社常务理事杨子功获得二等奖。③ 文登张富贵自己是劳动模范，为了鼓励群众积极劳动，平时，他将好的小组和组员写到黑板上进行表扬，"一个月结账时，将最

---

① 《吴怀玉变工组为什么垮了台》，《大众报》1945 年 6 月 21 日第 4 版。

② 《二三四五月四个月的生产总结报告》（1945 年 6 月），烟台市档案馆，G005 - 001 - 159 - 002。

③ 《劳动模范代表会及纺织工业展览会报告》（1944 年），山东省档案馆，G031 - 001 - 1360 - 003。

好的还写成标语贴到大道口或送到邻村"。[1] 正是由于这些模范合作社和模范人物的带领示范，对引导农民加入合作社，以及合作社的健康发展起到了重要促进作用。

3. 利益吸引型。马克思说过："'思想'一旦离开'利益'，就一定会使自己出丑"，"人们奋斗所争取的一切和他们的利益有关"。因此，离开利益的宣传动员是空洞的、乏味的、毫无效果的。传统的观念认为，个体经济下的小农是懒惰的、愚昧的、不讲效率及没有理性的。但是，20 世纪 50—70 年代，美国学者塔克斯、舒尔茨、波普金等学者通过一系列的实证分析，系统阐述了理性小农的特点，提出了许多著名的理论。比如经济学家舒尔茨就认为，一旦现代技术要素能让小农获得可观的利润，小农生产者会毫不犹豫地接受现代技术，因为他们与资本主义企业家一样，是最大利润的追求者。[2] 波普金也认为小农农场最宜于用资本主义的公司来比拟描述，小农是一个在权衡长短期利益之后为追求最大利益而做出合理生产抉择的人。[3] 中国虽然是一个自给自足的小农经济，长期以来使农民形成了因循保守、牢固求稳的心理，但中国农民也是理性小农，凡事注重现实的效果。正如梁漱溟所言：如果"于眼前生机不能给他一点好处，则任你什么事情、什么道理，他亦不接受"[4]。宣传动员，让群众明白合作社的意义，固然是开展合作运动的先决条件，但由于"一般民众对合作社事业的认识不够，要吸引他们参加这一运动，只有在实际利益上，不断地给以鼓励，才能引起民众的热忱，使合作社的信仰逐渐的建立起来"[5]。合作社虽然不以营利为目的，但农民参加合作社的现实动机是能得到一定的利益，

① 《群英大会各行各业的英雄们分组座谈交换经验》，《大众报》1945 年 3 月 13 日第 1 版。

② ［美］舒尔茨（Schultz，T. W.）：《改造传统农业》，梁小民译，商务印书馆 1987 年版，第 80 页。

③ ［美］黄宗智：《华北的小农经济与社会变迁》，中华书局 2000 年版，第 2 页。

④ 梁漱溟：《梁漱溟全集》第 2 卷，山东人民出版社 2005 年版，第 424 页。

⑤ 戚铭：《在开展合作事业中急待解决的几个问题》（1941 年 4 月 13 日），山东省供销合作社联合社史志办公室编《山东省供销合作社史料选编（1924—1949）》，内部发行，1991 年，第 29 页。

“唯以群众是实利主义者，拿出钱就要赚钱，所以首先是怎样让群众从合作社中多得到利益，才能提起群众对合作社入股的兴趣”[①]。所以，根据地在宣传过程中，也是利益的吸引，如“不分男女老幼全要参加合作社，改善自己的生活”“用合作社富裕群众的生活”“向合作社投资，保证资本的安全及按时分配红利”“合作社是为各阶层人士谋利益的”等口号的提出，都向群众展示了合作社的利益功能。莒南在制定模范合作社的条件时，满足群众的利益是第一要求，比如他们规定“模范合作社的条件：一、保证全村贫民都穿上棉衣，先叫抗属穿上。二、帮助庄里迅速成立养牛合作社。三、社员群众得到的利益，远比合作社本身得到的利益要多”[②]。农民加入合作社实际的利益具体表现在对社员日用物品的优待及按期分红等。因此，省战工会要求为了满足社员的期望，提高他的信心，分红日期尽量缩短些，一般以 3 个月为限，再缩短些更好。收益不管大小，能做到逐期分红，按时公布，才能使股金逐渐扩大，合作社才会日益巩固。

胶东根据地在组织农业合作社的过程中，起初农民并不接受，根据地除了派具有相当农业智识的干部下去指导示范外，更重要的是要保证农民利润的获得，“证明利润的丰富，用已成功的事实来引起农民的重视和兴趣，以厚利的吸引来打破农民的保守观念”，“农民为追逐此颇大的利润，亦必能打破其保守思想，而争相仿效”，“因为农民是要用事实来证明”的。为了让农民获得更大的利润，合作社除了改进农作物的经营方法外，还提倡种植高附加值的经济作物；为鼓励地主参加合作社，不仅保留地主土地的所有权和使用权，而且，地主参加合作社还能获得一部分额外的收入，地主的土地也会被合作社经营得更好，基于这样一些实际利益的获得，“故一般地主容易被说服参加合作社”[③]。

---

① 《陕甘宁边区合作社联社关于怎样发展边区合作事业的意见》（1940 年 12 月 22 日），杨德寿《中国供销合作社史料选编》第 2 辑，中国财政经济出版社 1990 年版，第 284 页。

② 《莒南召开合作社主任联席会》（1944 年 12 月 7 日），山东省供销合作社联合社史志办公室编《山东省供销合作社史料选编（1924—1949）》，内部发行，1991 年，第 98 页。

③ 顾膺：《胶东农业合作社创办的经验》，《大众报》1945 年 3 月 15 日第 4 版。

抗战后期，农民加入合作社的热情极为踊跃，主要原因是经过清理整顿的合作社能够及时分红，为群众谋利益。如文登董家村合作社，1941 年成立时股金 950 元，1943 年结算得利 720 元，当场分红，股金激增至 12000 元。下冷家纺织合作社股金 35000 元，1943 年底结算，得纯利 70000 元，返还给社员，1944 年股金增至 65000 元。[①] 海阳济源合作社最初成立时，动员入股好多人都瞧不起，渔民也没有信心，并说“合作社是做买卖的，一个大字不识的渔民组织起来，只有舍没有挣”，还有说“我拿上 1 元，我就拼上舍了吧”[②]。有钱的不肯拿，没钱的不能拿，经过数次的说服动员，到 1943 年春天，才凑了 26000 元的资本，开始营业。当年海市罢后，社里结账，得到 17800 元。每股（每股 10 元）分得红利 4 元。渔民及群众见有利可得，继续入股者甚多。随着股金的不断增多，合作社逐渐发展成为一个综合性的合作社，合作社也得到了群众的真心拥护。文登张富贵的互助组，不仅组织社员生产，还将剩余劳动力组织起来发展副业，“有了副业收入，结账时富的不用往外找工钱，穷的有了活干，而且得钱更多”，“若不叫发展了副业，俺村的互助组也早垮了”[③]。

从胶东合作社的经验来看，农民加入合作社，更多的是因为“利之所趋”。虽然历史已经进入到 21 世纪，但农民的这种现实思维丝毫没有改变，农民的现实思维简单而直接，提高合作社的经营能力，让农民切身体验到合作社好处，让广大农民通过参加合作社得到实实在在的利益，这也是胶东根据地合作运动给我们今天的重要启示。

二　胶东抗日根据地合作运动的不足

根据地的合作运动取得了巨大成绩，“首先，在对敌经济斗争上，起了很大的作用，打击了敌人对我之经济封锁，缩小了敌人的市场，封锁了

① 乔文礼：《文登合作社介绍》，《大众报》1944 年 3 月 24 日第 4 版。

② 《海阳留格区济源渔民合作社》（1946 年 6 月），山东省供销合作社联合社史志办公室编《山东省供销合作社史料选编（1924—1949）》，内部发行，1991 年，第 173 页。

③ 《群英大会各行各业的英雄们分组座谈交换经验》，《大众报》1945 年 3 月 13 日第 1 版。

敌人，并助长了土货的流通。其次，是在根据地的建设上，有着极大的贡献。如解决了布的困难，供给了纺织的棉花，活跃了市场，周转了金融，并且平抑了物价，打击了高利贷，削弱了封建经济。再次，部分做到了为群众服务，供给了群众日常消费用品，解决了群众的困难，并且还以这种经济为中心团结和组织了部分的群众。最后，培养出合作事业的人才，这是将来更大规模开展事业的本领"①。但是，我们应该看到，胶东抗日根据地的合作事业一直是成绩与问题相伴而行，这在胶东根据地合作总结的报告中随处可见，如1944年胶东《大众报》发表了《合作事业中急待纠正的几个偏向》的文章，集中分析了当时胶东根据地合作事业存在的突出问题。

"合作社有不少的成绩……但是，在合作事业中，还有严重的不允许忽视的缺点，如果不纠正这些缺点，我们的合作事业就无以发挥它更大的作用：首先，在合作事业中，行会宗派观念，垄断思想相当的浓厚，其结果是脱离群众，把合作事业限止于狭小的圈子里，没有更大更普遍的发展。如公营合作社与私人合作社对立，公私合作社都与小商贩对立，荣成油坊不准私人打油，海阳二区××合作社存在着×不卖给私人工厂。其次，在合作事业中的主观教条与形式主义。如海阳有些地区妇女多以编席养蚕结网包为副业生产，但我们则非逼之纺花不成，还说纺花是妇女生产的中心工作，机械执行上级的指示；牟平一个区联社买了几张猪皮放在家里一年，莱东一个合作社为了应付上级检查，一宿造了两本账，这也是强迫命令造成的结果。又次，在合作社中的单纯经济观点，不管合作社的需要，不以社员的消费为标准，而以赚钱多少为转移；有货不卖给社员，非卖给公家不可或拿到市场上出卖，社员或纺织小组纺线算价低，人家争执，还批评妇女对合作社没有认识，以至于联社与村社做斗争，互相排挤各自营利。再次，在合作事业中，还存在着有私无公与有公无私的偏向。如福山共二十三个合作社，最少也有十七八个走私偷

① 刘坦：《合作事业中急待纠正的几个偏向》，《大众报》1944年5月8日第4版。

税；文西的运输合作社买船运盐，实际是运麦子给敌人；也有个别联社，社员纺线使水掺假也要，说是为社员服务。复次，在合作事业的大生产方式，铺张形式也值得提出。如有的合作社把资本完全买到机器，结果不能做其他事情；有的合作社买了四张机，结果只用一两张，其他空放在那里积压资本；有的把许多机器完全放在一个村子里，忘掉了今天的战争环境。更次，在合作事业中没有与群众工作联系起来，单纯搞合作社忘记教育组织群众。搞纺织合作社，没有把妇女组织起来。最后，特别在合作事业中，放弃农业合作，没有把农业放在第一位，而是把商业把工业放在农业前面，这是本末倒置的做法，如果是发展的规律也应急速地转变"①。

这篇文章概括了当时胶东根据地合作事业存在的普遍问题，大体说来，胶东根据地合作事业的不足和弊端主要表现在以下几个方面。

一、主观主义、官僚主义、包办代替等错误现象不同程度地存在着。如有的地方组织信用社摊派股金，民兵持武器催索，迫使群众卖粮卖牲口入股；联合社干部由政府委派指定，随便调动等；有的合作社干部对合作社的指导帮助不够深入，官僚主义严重，只知道坐在房子里规定合作社的制度和分红办法，对民办公助的方针不认真研究，对合作社的业务不能具体帮助；有的合作社干部工作漂浮不深入，到合作社仅是走马观花，对合作社发展规律和具体为群众服务的经验，很少有人研究，对于合作社发生的困难，不能及时帮助解决，而仅仅把指导合作的重点放在定制度办法狭小的圈子内。

二、部分合作社存在垄断思想。认为只有合作社可以自由地经营贸易，但是私人和商人不可以自由经营。如东栖有的合作社干部就说："根据地实行自由贸易，工商局不管制商人，咱还能顶过商人吗？"正是在这种思想影响下，有的合作社企图排挤商人，如乳山打蹄子合作社，拿着群众的钱和商人闹英雄，企图垄断市场，结果赔本两万余元，有的合作社则

---

① 刘坦：《合作事业中急待纠正的几个偏向》，《大众报》1944 年 5 月 8 日第 4 版。

垄断业务，如胶东油业社不准私人油坊卖油，这些现象在胶东根据地都或多或少地存在着，影响了根据地合作事业的发展。

三、宗派主义思想。或者只强调自己工作的重要性，抱怨别人不帮助不配合①；或者是强调系统闹独立，孤军奋战，不善于运用各方面的力量来扶助合作社的巩固和扩大；各群众团体按照自己的系统成立合作社，如农救会成立农民合作社、妇救会则成立妇女合作社等，各行其是，形不成合力。

四、对合作社经营的目的不明确。要么单纯营利的观点，要么片面理解为群众服务。如有的合作社理事认为合作社只要能给群众赚钱就行，不管什么服务不服务，如栖霞有的纺织合作社同纺妇的关系，仅仅是交易关系，你给我纺线，我给你手工钱，合作社不能起到组织、领导、推动生产、发展经济的作用。当强调合作社应为群众服务，反对单纯营利的观点时，有的合作社又抱着吃亏主义，反对合作社赚钱，单纯强调为群众服务，致使合作社亏损严重。

五、部分合作社管理比较混乱。有的合作社虽然是由群众组织起来的，但由于他们缺乏业务知识，不善经营，以致折本垮台；没有账本，把账记在肚子里，也不定期分红；有的一个人入了股，全家便以社员的名义享受合作社的优待等。同时，有的合作社不能独立自主，依赖成性，合作社成立时不注重吸收社员股金而专门依赖政府的借款，有的合作社则无理由地依赖政府收买成品，造成合作社软弱无力。②

六、机械的教条主义的工作作风。在开展合作事业的过程中，忽左忽右，容易走极端。为纠正合作工作中的包办代替与事务主义的偏向，根据地多次提出要让群众自己组织，结果部分地方便由包办代替转向了放任自流，如有的地方，当农村合作指导员问××区区长合作社应该怎样整理时，他说："那是你的事情，谁管！"③ 1945 年，针对联社存在的问题，根

① 《北分局合作会议报告》（1944 年），烟台市档案馆，G005－001－037－155。

② 《西栖县委 1944 年生产工作总结》，烟台市档案馆，G005－001－063－117。

③ 《胶东区行政公署合作会议总结》（1945 年），山东省供销合作社联合社史志办公室编《山东省供销合作社史料选编（1924—1949）》，内部发行，1991 年，第 261 页。

据地要求对没有群众基础、对村社也没有业务指导工作的区联社必须取消，而对于群众拥护、关心、在教育群众、组织村社起了不少作用的区联社不应机械地取消，但由于没有很好地进行宣传，个别县形成了“取消运动”，个别地区的干部听说要取消联社，回去把账一结大吃大喝一顿，便召开社员代表大会公布账目发放股金，导致合作工作呈现停顿的状态。①

根据地合作社自产生之日起，上述问题就一直困扰阻碍着根据地合作事业的发展。这些问题产生的原因很多，从当时的分析来看，当事人对根据地合作事业中存在问题的分析更具有战争及政治的色彩，如刘坦在《合作事业中急待纠正的几个偏向》中对合作事业的分析认为：

这些缺点“它之所以产生，主要是由于我们对合作社的重要性认识还不够，不了解合作社是新民主主义经济的重要组成部分之一，无论对根据地的建设上，对敌经济斗争上来谈，合作社是有其极大作用的。特别是农业合作社，这是人民群众得到解放的必由之路，是由穷苦变富裕的必由之路，也是抗战胜利的必由之路。正是因为对它在思想上认识不足，所以在领导上也没有认真研究这个问题，对这个问题是马虎放过，任其自流，因而发生许多偏差。

它之所以产生，还由于我们对新民主主义经济不了解，不了解新民主主义经济是发展资本主义经济，允许私人资本主义的发展，所以有些人仇视私人资本，仇视小商贩，不是如何在经济上团结或帮助某些中小企业的发展，借以吸收民间的睡眠资本，再进而推动其投入合作事业中，倒反打击仇视他们，有着浓厚的行会宗派观念。

它之所以产生，也由于我们对于对敌经济斗争上没有正确认识，不能及时对合作社工作人员教育和检查，以致有许多合作社走私偷税，合作社做这种事情，这不仅是错误，而且是违法行为；同时也由于对建设根据地没有正确认识，忽视合作社对发展根据地经济的重要，所以放弃

① 北海专署：《北海1945年上半年农林合作工作总结报告》（1945年），山东省档案馆，G031－01－1381－001。

农业，不做长期打算，不以农业为第一，而本末倒置地把商业列在第一位，这也使得我们的合作事业没有更好的发展，在某种方面说，只是在消费上打圈子。

它之所以产生，也由于我们的群众观念薄弱，我们对合作社是群众性的经济组织还了解不深刻，所以没有认真地把许多群众团结在合作社的周围，没有真正解决群众的需要与困难，而是脱离他们；正是因为这样，以致某些合作社在群众中非常孤立，群众到处说合作社的坏话，不愿加入合作社，当然，这怪不得群众，而应由合作社本身负责。”①

从这段记录可以看出，当时人对合作事业中出现偏差的分析主要基于思想意识方面的考量，不论是由于“对合作社的重要性认识不够”，还是“对新民主主义经济不了解”，或是由于“对敌经济斗争上没有正确认识”以及“群众观念薄弱”等因素，都是由于思想水平的落后或者是政治觉悟的低下造成的，这虽然是造成根据地合作事业出现问题的一个重要方面，但并不是最主要的原因。

今天，我们重新审视这段历史，在历史的坐标中进行纵横考量，根据地合作事业为什么一直是在纠错中曲折前行的，其根本的原因是发展路径的差异，即根据地合作运动更多地不是群众自下而上推动的，而是政府自上而下倡导发动的。众所周知，近代的合作运动是在资本主义发展初期，面对商品经济发展、市场竞争激烈，作为社会底层的民众为解决各种困难，保护自己利益而做出的一种选择，是一种自下而上的民众需求。而合作运动在根据地的发展不论是在发展路径还是发展目的，都走出了一条不同的道路。从合作运动的发展起因看，根据地的合作运动更加具有应急的特征，它是“在战争、土改、灾荒三个特殊条件之下产生和发展起来的。”②抗战爆发后，特别是相持阶段到来后，日寇加紧了对根据地的封锁和军事

① 刘坦：《合作事业中急待纠正的几个偏向》，《大众报》1944年5月8日第4版。

② 孟用潜：《新民主主义经济与合作社（初稿）》（1949年1月26日），杨德寿《中国供销合作社史料选编》第2辑，中国财政经济出版社1990年版，第753页。

“扫荡”，加上连年的水旱虫自然灾害，根据地的经济生活立即陷入极大的困难。开展大生产运动，自己动手，丰衣足食，就成为根据地最主要的任务，发展经济主要的方法就是组织起来，“而最好的组织形式和组织方式之一，就是合作社”①。1938 年薛暮桥在《战时合作运动的特殊任务》中，对抗战时期合作社担负的重要作用进行了更详细的论述。

在抗战将要进入第二阶段的今天，我们来讨论战时合作问题将有更重要的意义。跟着经济中心和重要交通工具的丧失，我们的后方将要日益退缩到经济落后的区域；这时农作物的运销，日用必需品的供给，以至各种生产事业的维持和发展，将要愈感困难，尤其在敌后方的游击战根据地，因为在敌军的包围封锁之中，经济和生活上所遇到的困难更加不难想象。如果我们不能创造一种新的工具来克服这种种难关，我们怎么能够支持这最艰苦的长期抗战，并取得最后胜利呢？

这时候的合作组织除掉一般任务外，还应当负担起几种特殊的任务。例如：

第一，它应当调整农村金融，供给生产资金；尤其是在敌后方的游击区域更为重要。

第二，它应当扶助手工业者，组织生产合作社，来填补因为工厂丧失而引起的日用必需品的缺乏。怎样供给原料，怎样改进新式工具，怎样召集和培养熟练的技术工人，怎样推销制成了的商品……这些问题都要靠着合作组织才能圆满解决。

第三，它应当指导并促进农业生产，例如根据新的经济条件来改种各种新的作物，补充在战争中间散失了的耕畜农具，购买肥料和供给改良种子，开垦荒地，整治水利……，都是合作运动者的重要工作。在春耕和秋收时期，还要领导一个很热烈的生产突击运动。

第四，购买日用必需品和运销农产，这也要靠合作组织。尤其在敌后

① 《论合作社》（1939 年 9 月 27 日），杨德寿《中国供销合作社史料选编》第 2 辑，中国财政经济出版社 1990 年版，第 264 页。

方的游击区域，若干日用必需品的供给，非由合作社来控制调节，必难获得充分的保证。

第五，许多战时的慰劳救济等问题，也可以靠合作社来解决。例如征集慰劳物品，救济难民，帮助抗战军人家属……通过合作组织也很容易收到美满效果。合作运动普遍发展以后，合作组织可以成为战时经济动员之一很有力的工具。①

从这段论述中可以看出，不论是援助农民和手工业者，还是统制农产品运销，调整粮食和原料的供求，防止奸商垄断，保证日用必需品的供给，都必须通过合作社。合作运动是战时经济建设的有力工具，合作社是中国共产党创造的“一种新的工具”来克服根据地面临的种种困难，组织合作社的直接动机是为了应对根据地“没有衣穿，没有油吃，没有纸，没有菜，战士没有鞋袜，工作人员在冬天没有被盖”② 的艰难困境，使根据地军民渡过经济危局。而要完成这一历史使命，单纯依靠农民自身的力量是无法实现的。战时的、现实的需求使根据地只能采取自上而下的、大规模的动员方式。

从合作社的功能来看，根据地的合作社不但承担着经济使命，实现其经济功能，还承担着政治使命和社会使命。从经济上来看，合作社的直接效应是为解决抗战时期的经济危局，但是从生产关系和生产制度的变革来看，合作社却发挥着“桥梁”的作用。由于根据地所处的环境是一个“建立在个体经济基础上的、被敌人分割的、因而又是游击战争的农村根据地”③，在这一环境下，“如果不从个体劳动转到集体劳动的生产关系，即生产方式的改革，则生产力还不能获得进一步的发展，因此建设

---

① 薛暮桥：《战时合作运动的特殊任务》（1938 年 9 月 20 日），《薛暮桥文集》第 2 卷，中国金融出版社 2011 年版，第 92 页。

② 毛泽东：《抗日时期的经济问题和财政问题》（1942 年 12 月），《毛泽东选集》第 3 卷，人民出版社 1991 年版，第 892 页。

③ 毛泽东：《必须学会做经济工作》（1945 年 1 月 10 日），《毛泽东选集》第 3 卷，人民出版社 1991 年版，第 1016 页。

在以个体经济为基础（不破坏个体的私有生产基础）的劳动互助组织——即农民的生产合作社，就是非常需要了”[①]。根据地的合作组织是“达到集体化的唯一道路”[②]。小农业和小手工业的分散性、落后性是贫困和痛苦的渊薮，只有用合作社来组织小农业和小手工业，使之向集体经济发展，走新民主主义道路，才能使农民彻底摆脱贫困。因此，“合作社是从个体经济发展到集体经济的桥梁，它使分散和落后的大生产逐渐地集体化”[③]。在这种理论支撑下，根据地的合作社就成为改造个体经济的工具和走向集体经济的桥梁。随着合作经济的不断发展，合作经济将成为支撑根据地的经济基础之一，“我们的经济是新民主主义的，我们的合作社目前还是建立在个体经济基础上（私有财产基础上）的集体劳动组织”[④]。在此基础上发展起来的合作经济，与公营经济、私人经济相互补充，共同构成根据地的经济体系，并随着新民主主义革命的胜利，成为新民主主义经济的重要组织部分。因此，根据地的合作社在经济上承担着“工具”和“桥梁”的使命。

从政治上来看，合作社最直接的政治使命就是支援抗战的救国任务。从合作社产生的那一天开始，“服务抗战”始终是合作社的中心任务。合作社要把根据地的男女老幼组织起来，“生产出更多的粮食与必需品来，叫军民吃得饱饱的，穿的暖暖的，打败日寇才有保证”，“合作社必须担负起这个任务来”[⑤]。从社会使命来看，合作社是“一种修身、齐家、治村、富国的整套基本工作”，“它是社会改进的全面工作”，通过消费、运输、生产信用等合作事业，逐步由村合作社进而联合组织区县省的合作社联合

① 毛泽东：《论合作社》（1943 年 10 月），孙晓忠、高明《延安乡村建设资料》（二），上海大学出版社 2012 年版，第 116—117 页。

② 毛泽东：《组织起来》（1943 年 11 月 29 日），《毛泽东选集》第 3 卷，人民出版社 1991 年版，第 931 页。

③ 薛暮桥：《怎样办合作社》（1945 年 1 月 13 日），山东省供销合作社联合社史志办公室编《山东省供销合作社史料选编（1924—1949）》，内部发行，1991 年，第 112 页。

④ 毛泽东：《组织起来》（1943 年 11 月 29 日），《毛泽东选集》第 3 卷，人民出版社 1991 年版，第 931 页。

⑤ 《胶东区行政公署合作会议总结》（1945 年），山东省供销合作社联合社史志办公室编《山东省供销合作社史料选编（1924—1949）》，内部发行，1991 年，第 260 页。

社，最终使全社会纳入到“合作组织系统之中公平生活的大同世界”①。

合作社是一个经济组织，但在抗日战争特殊的环境下，合作社被赋予了诸多的角色，承担着更重要的政治与社会使命。这种超越经济功能的民族使命，单纯依靠民众自下而上地发展是不能完成的，必须依靠政府的命令和法律“自上而下”地去推动。而在战争非常规的环境下，面对生存的困境，用一种什么样的手段和方式能够迅速、有效地将群众动员起来加入合作社？除了政治动员这种方式之外，根据地几乎没有可供选择的其他政策工具。借助强大的社会动员能力来发动群众，赢得群众的支持是中国共产党最有效和最成功的革命经验。但这种政治动员由于是在战争所造成的社会失序、群众以及合作干部对合作社认识空白的非常规环境下采用的，在工作中极易产生强迫命令、教条主义、官僚主义、包办代替等错误倾向。为推动合作社的发展，政府定指标，下任务，如 1941 年 1 月，省战工会在《关于 1941 年山东经济建设工作计划》中对合作社的发展提出了具体的量化指标，并要求“当作最重要的政治任务来完成”②。文登县政府在 1941 年下达了限期完成成立生产小组的任务，规定到 1941 年 8 月，全县要完成 3300 个生产小组的任务，并且根据各区的实际情况，分配了不同的任务指标，如文登四区要完成 800 组的任务，六区 500 组，七区 500 组，三区 500 组，一区 200 组，八区 200 组，并要求“用突击精神战斗姿态完成任务”③。为在规定的时间内完成数字和上级布置的任务，运用“突击精神战斗姿态”的工作方式去发动、组织合作社，包办代替、强迫命令、限期成立、摊派股金等不良现象的发生就不足为怪了，这是根据地合作运动官办代替、强迫命令不断产生的根本原因。

① 郑刚：《合作社的性质与任务》（1939 年 11 月 1 日），杨德寿《中国供销合作社史料选编》第 2 辑，中国财政经济出版社 1990 年版，第 268 页。

② 《山东省战时工作推行委员会关于一九四一年山东经济建设工作计划（节录）》（1941 年 1 月），山东省档案馆、山东社会科学院历史研究所合编《山东革命历史档案资料选编》第六辑，山东人民出版社 1982 年版，第 236 页。

③ 《文登县政府通令：关于组织生产小组的决定》，中共文登市委党史研究室《中共文登地方史》第 1 卷，山东人民出版社 2002 年版，第 139 页。

除此之外，根据地合作干部对合作政策理解的偏差以及工作作风的官僚主义也是导致合作运动不断出现问题的主要原因。由于合作运动是舶来品，许多干部并不知道合作社是什么，对如何组织合作社等并不清楚，只是经过短期培训后就从事了这一工作。有的合作社干部认为合作社就是赚钱的买卖，“合作社只要能赚钱就是为群众服务”[①]，以致合作社形成单纯营利的观点；合作社的干部对党的政策也不了解，比如“有的干部说富农参加合作社就不应该吸收，合作社是为基本群众服务的，富农也来分利还行吗?”[②] 不懂得合作社是各阶层的经济互助组织，不论工人、农民、地主、士绅、商人都可以参加，合作社就是要让“各阶层把全部的资金和人力投入合作社，大家同心协力，想办法出主意，繁荣胶东，战胜日寇”[③]；不懂得新民主主义经济政策，仇视私人经济，有的干部“说小商人（指与合作社竞争的商人）就应该打击一下，让他翻不过身来”[④]。不懂得根据地只有将公营、私营、合作社三者结合起来，只有团结商人，允许私人经济的发展，才能繁荣根据地经济；不懂得合作社是民办的经济组织，有的合作社干部看到“人民自动组织的合作社便觉得奇怪，认为不是合作社”[⑤]，于是便加以干涉，不遵照政府的命令给予优待。在工作作风上，有的合作社干部存在“领导上严重的官僚主义，对工作不够深入，了解问题不够具体，甚至不了解情况，至于亲自动手，个别指导，基本上谈不到”[⑥]。合作指导机关已“变成合作衙门，上峰对于下属不能详细地去考察工作，解

① 胶东区工商管理局：《栖福县局合作工作总结报告》（1944 年），山东省档案馆，G031－01－1306－005。

② 胶东区工商管理局：《冯局长在胶东工商管理局直属县局合作纺织干部会议上的总结报告》（1944 年 8 月），山东省档案馆，G031－01－1359－001。

③ 《胶东区行政公署合作会议总结》（1945 年），山东省供销合作社联合社史志办公室编《山东省供销合作社史料选编（1924—1949）》，内部发行，1991 年，第 260 页。

④ 胶东区工商管理局：《冯局长在胶东工商管理局直属县局合作纺织干部会议上的总结报告》（1944 年 8 月），山东省档案馆，G031－01－1359－001。

⑤ 伯森：《怎样实现合作社的政策》（1942 年），孙晓忠、高明《延安乡村建设资料》（二），上海大学出版社 2012 年版，第 44 页。

⑥ 北海专署：《北海 1945 年上半年农林合作工作总结报告》，山东省档案馆，G031－01－1381－001。

决工作中的各种困难，只是滥发命令，滥用权力；而下属对于上峰也就只求应付公事，丝毫不能自觉自发地去开展工作"[①]；有的在业务上不精通，组织合作社的时候，好高骛远搞大的，追求大而全，合作社一组建就经营好几种业务，结果不是合作社气派太大，就是铺张花费太多，开不开门，不懂得组织合作社应遵循由小到大，由简单到复杂，由低级到高级的规律，应逐渐从互助变工发展到合作，从简单的业务经营走上复杂的、多样化的经营。个别干部领导上缺乏经验，不注重调查研究，官僚主义、教条主义比较严重，比如机械地执行条文规定，没有根据当时当地情况，灵活地运用组织起来的原则，提倡纺织社，就专搞纺织社，其他的农业合作社、运输合作社等就不搞。如有个村子家家户户都编席，老百姓要求组织编席合作社，而合作干部却指导组织纺织合作社，老百姓不满意，组织起来不久就垮台了[②]；在工作上，有的合作干部工作计划不从实际出发，只靠主观的想象，便写计划或下达指示，由于计划与实际情况不符，结果所完成的与目标相差太远，久而久之使计划指示失去作用，造成了工作纪律的松懈；工作布置后少有检查和督促及应有的总结，结果使干部认识不到自己的成绩和缺点。长而久之使精神涣散情绪低落，工作疲劳不安心种种现象；工作方式上，部分合作干部不研究业务，"乱抓一把，头痛医头，脚痛医脚，缺乏突破一点指导全盘的工作方式"[③]。在工作态度上，有的合作社干部轻视合作工作，认为"做合作社是没有出息的，精简下来的干部才做这个工作"[④]。不安心工作，"对合作工作还未从思想上认识到，自己是受人民的委托而为人民服务的实

① 薛暮桥：《战时合作运动的特殊任务》（1938 年 9 月 20 日），《薛暮桥文集》第 2 卷，中国金融出版社 2011 年版，第 93—94 页。

② 胶东区工商管理局：《冯局长在胶东工商管理局直属县局合作纺织干部会议上的总结报告》（1944 年 8 月），山东省档案馆，G031 - 01 - 1359 - 001。

③ 胶东区工商管理局：《栖福县局合作工作总结报告》（1944 年），山东省档案馆，G031 - 01 - 1306 - 005。

④ 《山东省第二次行政会议生产组总结报告（草案）》，山东省档案馆、山东社会科学院历史研究所合编《山东革命历史档案资料选编》第十三辑，山东人民出版社 1983 年版，第 394 页。

际革命工作”[①]。受到某些刺激或碰了钉子便悲观，觉得合作工作是下贱的，如黄县的合作社干部普遍要求转做其他工作，栖霞福山合作人员转做其他工作后“如逃生一般”[②] 等等。正是由于部分合作社干部在思想上对合作工作认识片面，工作作风脱离群众，又缺乏业务修养，导致对合作社领导的软弱无力。根据地也认识到了这个问题，1945 年胶东行政公署在合作总结会议上指出：“合作社的干部的生活必须照顾，教育必须加强，使他们安心工作”[③]。

① 《胶东区行政公署合作会议总结》（1945 年），山东省供销合作社联合社史志办公室编《山东省供销合作社史料选编（1924—1949）》，内部发行，1991 年，第 260 页。

② 北海专署：《北海 1945 年上半年农林合作工作总结报告》，山东省档案馆，G031 - 01 - 1381 - 001。

③ 《胶东区行政公署合作会议总结》（1945 年），山东省供销合作社联合社史志办公室编《山东省供销合作社史料选编（1924—1949）》，内部发行，1991 年，第 260 页。

第七章　胶东抗日根据地合作运动与乡村社会变迁

胶东抗日根据地合作社发展经历了初步发展、普遍发展和整理巩固三个阶段，在其发展的过程中，初步建立了合作社的行政机构、法规体系及组织体系，其业务涵盖生产、消费、运销、信用等各个方面。胶东的农业合作创造了以劳力、畜力、土地等作为股份，实行集体经营，并按劳、按股进行分配，具有社会主义萌芽性质的农业互助合作社。合作社作为一种经济组织，有效整合了劳动要素，提高了劳动效率，改善了农民的生活，为抗战胜利提供了坚固的经济保障。然而合作运动作为一种生产关系的变革，固然或最重要的是改变人们的经济关系，实现其促进经济发展、改善民生的经济功能。但同时我们也应该看到，合作社还是乡村组织化的一个重要环节，它也深刻影响和改变了乡村的政治关系和社会关系，重构了乡村的权威秩序，合作社成为抗日根据地重构乡村社会的一个平台。通过合作运动，农村阶层结构发生了变化，社会财富由富农向贫苦农民流动，两极差距缩小，中农阶层扩大；合作运动中产生的劳动模范成为乡村社会的新型权威，农村传统的乡绅权威结构开始解体；合作社以业缘关系将农民组织起来，农民的组织性、纪律性大大提高；通过参与合作社实践，农民的民主意识和能力得到了培育。

第一节　合作运动中的胶东妇女

马克思曾指出："没有妇女的酵素就不可能有伟大的社会变革。社会的进步可以用女性（丑的也包括在内）的社会地位来精确地衡量"[①]。但是，中国妇女尤其农村妇女深受封建制度的压迫和束缚，她们除了受政权、族权、神权的支配外，还要受男子（夫权）的支配，她们"是男子经济（封建经济以至初期资本主义经济）的附属品。男子虽已脱离了农奴地位，女子却依然是男子的农奴或半农奴。她们没有政治地位，没有人身自由，她们的痛苦比一切人大"[②]。她们长期被束缚于家中，没有独立的经济地位和社会地位，胶东特委书记理琪同志在给各级党组织的一封信中，指出"中国妇女是受着两重压迫，一是帝国主义的剥削，一是封建的旧礼教制度。在组织妇女斗争时，要注意各地妇女受痛苦的不同性，农村中的妇女，她们的痛苦主要的是旧礼教，如包办婚姻、买卖婚姻、教育不平等、没有财产继承权、离婚的不自由、寡妇不能再嫁及丈夫姑翁等无理打骂"[③]。如何把妇女从受封建束缚和围着锅台转中解放出来一直是中国共产党在新民主主义革命时期的主要任务之一。按照马克思恩格斯的观点，妇女解放的根本途径是参加社会劳动，"只有在妇女可以大量地、社会规模地参加生产，而家务劳动只占她们极少的工夫的时候"[④]，妇女解放才有可能。列宁也曾经说过，"要彻底解放妇女，要使她同男子真正平等，就必须有公共经济，必须让妇女参加共同的生产劳动。这样，妇女才会和男子

---

① 中华人民共和国妇女联合会：《马克思恩格斯列宁斯大林论妇女》，中国妇女出版社 1990 年版，第 59 页。

② 毛泽东：《寻乌调查》（1930 年 5 月），中央文献研究室、中国井冈山干部学院《毛泽东在中央革命根据地斗争时期的调查文集》，中央文献出版社 2010 年版，第 131 页。

③ 《胶东特委书记理琪同志给各级党同志的一封信》（1936 年），山东省档案馆、山东社会科学院历史研究所合编《山东革命历史档案资料选编》第三辑，山东人民出版社 1981 年版，第 324 页。

④ 天津市社会科学界联合会、中共中央编译局马恩室：《马克思恩格斯学说集要》下册，天津人民出版社 1995 年版，第 3565 页。

处于同等地位”[①]。抗战时期，胶东根据地广大妇女，积极投入到抗日救国的洪流中，不仅做军衣军鞋，慰劳抗日将士，担负抗战的后勤工作，还积极参加生产劳动。而参加合作社，特别是纺织合作社，不仅提高了妇女的收入，改善了妇女的生活，更重要的是妇女通过合作社参加了社会劳动，实现了社会价值。合作社为广大妇女提供了解放自己的舞台，成为妇女解放的重要途径。广大妇女在参与合作运动的过程中，其政治生活、经济生活和社会文化生活都发生了重大的变化，妇女的自主意识开始觉醒。

一　胶东妇女参与合作事业概况

在胶东合作事业的发展中，妇女是一支不可忽视的力量。由于青壮年男子大都上前线打仗，后方的生产劳动等工作都落在了妇女身上。1940 年山东妇救会在《怎样纪念“三八”》的倡议中，号召“每一个山东的妇女都积极地学习耕种、纺织、养蚕、种菜、植树，开办与参加各种合作社等，以准备代替上前线的壮丁，担任后方生产工作”[②]。1941 年 4 月，山东妇救会生活改善部部长张廷英在《经济建设中的妇女合作事业》中，指出“妇女参加合作社的工作更有其特殊意义”，“妇女参加合作运动，一方面可以改善自己的生活，……另一方面，可以用经济的合作来团结各阶层的广大妇女，来共同在改善妇女经济生活中走向抗战的大路上来”[③]。号召妇女们积极参加消费、生产、信用合作社，要求各地区根据不同情况及妇女已有的农村副业基础来着手，有些地区可以进行纺纱合作社和织布合作社，有些地区可以举办养蚕、缫丝合作社等。1941 年 9 月，省妇联为了响

① 列宁：《论苏维埃共和国女工运动的任务》（1919 年 9 月 23 日），《列宁选集》第 4 卷，人民出版社 1995 年版，第 47—48 页。

② 汪瑜：《怎样纪念“三八”》（1940 年 3 月 7 日），《山东妇运资料选》，内部发行，1983 年，第 36 页。

③ 张廷英：《经济建设中的妇女合作事业》（1941 年 4 月 22 日），山东省供销合作社联合社史志办公室编《山东省供销合作社史料选编（1924—1949）》，内部发行，1991 年，第 33 页。

应山东分局十项建设运动的号召，再一次指出，要发展工商业，办合作事业，要求有抗战工作基础的地区“每一个区里至少组织一个合作社，每县至少要办个工厂、至少要有五个以上的生产小组”①。根据上级精神，1941年夏天，胶东妇联召开胶东第二次妇女代表大会，号召妇女积极行动起来，自力更生，丰衣足食。在妇救会的号召组织下，广大胶东妇女积极加入到合作运动的大潮中。从数量上来看，胶东妇女参加合作社的人数基本达到了合作社社员数的三分之一以上。据1944年的统计，东海合作社男社员282288人，女社员则是202830人，女社员占到41.8%；栖东各区合作社男社员共15306人，女社员为6329人，女社员占到29.3%；文登1944年共组织合作社295处，社员35655人，内有女社员6801人，占总社员的19%。②

表7-1　　1944年胶东各区县合作社男女社员比例

县别 / 属性	文登县	文西县	荣成县	牟平县	牟海县	海阳县	合计
男	57986	18407	78400	15777	38509	73209	282288
女	26260	23021	28656	13012	38490	73491	202930
女社员占比（%）	31.2	55.6	26.8	45.2	49.92	50.1	41.8

资料来源：《1944年东海合作工作总结报告》，烟台市档案馆，G001-001-201-086。

表7-2　　1944年栖东各区合作社男女社员比例

县别 / 属性	桃村	铁口	×山	亭口	金山	回龙	榆林	鱼台	磁山前	合计
男	3683	1702	1658	1436	1528	1584	997	2279	439	15306
女	1796	700	533	746	659	725	546	613	11	6329
女社员占比（%）	32.8	29.1	24.3	34.2	30.1	31.4	35.4	21.2	2.4	29.3

资料来源：《栖福县局合作工作总结报告》，山东省档案馆，G031-01-1306-005。

① 《省妇联向各地指示实施十项运动办法》（1941年9月7日），《山东妇运资料选》，内部发行，1983年，第179页。

② 乔文礼：《文登合作社介绍》，《大众报》1944年3月24日第4版。

表7－3　　1944年福山各区合作社男女社员比例

县别／属性	狮山	门楼	疋山	宅院	合计
男	2187	964	366	152	3669
女	1007	179	124	26	1336
女社员占比（%）	31.5	15.7	25.3	14.6	26.7

资料来源：《栖福县局合作工作总结报告》，山东省档案馆，G031－01－1306－005。

从类别上来看，当时胶东妇女参加的合作社多为纺织社。胶东的纺织业作为家庭副业，有着悠久的历史，其生产的目的“大都主要为农家以供衣食租税之用，乃不得不利用农闲和家庭老幼的被视为无偿的劳动来从事纺织”①。抗战爆发后，由于敌人的侵略，胶东的纺织业特别是城镇纺织一落千丈。但在比较偏远的山村，依然保存。为保障人民生活和反抗日本侵略战争的需要，早在1938年以前，根据地的纺织生产就以生产小组的形式在各县形成。小组有多种形式，政府供给原料，收回成品，发给工资的称为附属小组；群众独立自主，即自备原料，纺线织布自己出卖的，称为独立小组；小组全部由织者组成，成为织布小组；全由纺者组成的，称纺线小组；二者皆有的，称混合小组。在政府的提倡下，小组迅速在各地建立，1940年下半年，北海组织生产小组310组，组员有2527人，参加者多为妇女，以织布织袜为主要业务。

比生产小组更完善的组织形式是纺织合作社。1940年以后，敌人对根据地的封锁日甚一日，在敌人的蚕食分割、经济封锁下，根据地的经济日趋困难。为打破这一困难，根据地即采取生产自给的政策，以合作社的形式组织棉布生产。1941年，纺织合作社相继在根据地的荣成、文登、牟平、栖霞、掖县、蓬莱、黄县等地发展起来，到1942年，荣成组织合作社280处，文登威海63处，牟平27处，栖霞30处，

① 彭泽益：《清前期农副纺织手工业》，《中国经济史研究》1987年第4期。

蓬莱、黄县40处，共440处，其中，纺织合作社在合作社总数中占90%以上。[①] 为了粉碎敌人的经济封锁，保证战时军民的穿衣问题，1942年秋山东省成立了纺织局，领导合作社的工作，要求通过合作社的方式组织群众进行纺织。纺织局在经济上帮助合作社周转，供给原料，收购成品，赊借款项，在业务上给予指导，进行技术指导，同时银行给予贷款帮助，1943年上半年北海银行帮助成立纺织社37处，全年支持纺织贷款2824623.38元，1944年东海发放纺织贷款9002150元，支持纺织社62户，贷款210800元。在政府的号召、支持下，胶东抗日根据地纺织生产随着合作社的发展而成为一种广泛的群众运动，纺织合作社也成为当时合作运动中的主要类别，如1944年胶东1765处合作社中，纺织社就有740处，胶东东海区1944年的统计，纺织社占总数的73.4%，其他社占26.6%。[②] 纺织社多为妇女参加，胶东"纺织英雄"王文英，在她的带领下，成立了荣成第一个纺织生产合作社，全社共有社员285名，其中妇女社员224名，她们的纺织合作社越办越红火，有些外村的妇女也跑来要求加入她们的合作社。[③] 东海区1944年发展了55处纺织社，妇女社员202282人，还有1人参加许多合作社。栖霞唐家店合作社共有社员18人，由于妇女缺乏买卖经验与能力，为了使这合作社领导上的坚强，所以吸收了一个男人为常务理事，负责经营合作社，其余都是妇女。牟海区的段家村，共三百余户，参加纺织的有289人，除缫丝者外，全村妇女几乎都参加了纺织。东栖青年纺织模范王秀明，在她的带领下，全村妇女全部入股加入了纺织合作社。1943年，海阳根据地发动妇女织布，海阳小辛家村全村妇女都参加了

① 中国近代纺织史编辑委员会：《中国近代纺织史研究资料汇编》第4辑，内部发行，1989年，第38页。

② 《中国工业合作协会山东办事处关于山东解放区工合事业发展概况及今后任务与计划的报告（节录）》（1946年12月），山东省供销合作社联合社史志办公室编《山东省供销合作社史料选编（1924—1949）》，内部发行，1991年，第245页。

③ 《妇女劳动英雄王文英报告开展妇女纺织运动的经验》，《大众报》1945年3月23日第1版。

纺织合作社，全年共计织布211360匹，涌现出纺织英雄1429名。[①] 胶东妇女向合作社入股非常踊跃，不但把自己的私人游资投入，有的把自己的首饰、出嫁的衣服箱柜变卖成钱去入股。为更好地组织纺织生产，1944年北海号召“把‘组织起来’贯彻到纺织里去”，要求把纺织工作组织起来。1945年3月，山东妇救会发出《关于1945年妇女工作指示》，要求继续发展纺织生产运动，中心区要建立合作社，是年4月19日，山东妇救会又发出《为迎接成立中国解放区妇联会给各级妇联的指示》，要求注意使妇女纺织生产组织化。为贯彻上级指示，胶东纺织生产合作社在村社的基础上成立了区联社，个别县（如荣成）还建立了县联社。纺织运动的开展，使成千上万的妇女参加到纺织行列中来，形成了浩浩荡荡的劳动大军。上至六七十岁的老太太，下至十几岁的娃娃，共有23万人，东海地区参加纺织的妇女人数占妇女总数的50%至70%，文登、荣成、牟平妇女因参加纺织，组织起71%以上。在纺织运动中，涌现出胶东区纺织英雄2人、纺织模范30多人，县以上纺织英雄604人。[②] 纺织运动的开展，粉碎了敌人的经济封锁，胶东根据地1943年和1944年就基本上解决了根据地军民所需要的布匹、纱布，1945年，胶东根据地有纺车50多万辆，各种织布机10万余台，弹花机约900架，纺车50多万辆，全年产布150万匹。[③] 这对粉碎敌人的经济封锁，发展根据地的经济做出了巨大的贡献。更为重要的是，广大妇女通过参加合作社，经济地位和精神面貌都发生了巨大的变化。

二 合作事业中觉醒的胶东妇女

合作社是妇女得解放的有效途径。传统的宗法社会和家庭的束缚、烦琐事务的压迫，使妇女没有或很少有机会参加社会生活和活动。而合作社则为广大妇女提供了参与公共社会活动的舞台。通过合作社，广大妇女参

① 王晓光：《烟台市纺织志1958—1985》，内部发行，1989年，第11页。

② 中共山东省委党史研究室编：《中共胶东地方史》，中共党史出版社2005年版，第278页。

③ 中国近代纺织史编辑委员会：《中国近代纺织史研究资料汇编》第4辑，内部发行，1989年，第38页。

与了公共生产和集体生活，妇女身上沉重的封建枷锁被逐渐打破，社会地位也不断提高，自身的从属地位得到了改变。通过合作社，妇女获得了经济上的独立权，伴随着经济上的独立，妇女的自我意识、社会意识及民族意识也不断地觉醒。她们用自己的生产实践改变了社会对妇女的偏见，促进了自身的解放进程，推动了社会的文明与进步。

第一，两性平等的观念开始深入人心。男女平等是妇女解放的重要标志，参加社会生产，实现经济独立，是妇女获得政治、文化、婚姻家庭平等权利的先决条件，这是马克思主义妇女理论的基本观点。抗日战争不仅是敌我双方军事力量的较量，更是经济实力的较量，只有发展生产，加强和繁荣边区的经济建设，才能保障抗日战争的最后胜利。占根据地人口一半的妇女无疑是根据地经济建设的生力军，而妇女也只有在参加生产劳动的过程中，其经济地位和社会地位才能得到改善，妇女的解放才会切实可行。1940 年 2 月 8 日，毛泽东在给中央妇委的指示信中提出，“妇女的伟大作用第一在经济方面，没有她们，生产就不能进行”①。1941 年夏天，胶东妇联召开了第二次胶东妇女代表大会，号召妇女积极参加生产劳动，支援抗日战争。1943 年，中共中央颁布了《中国共产党中央委员会关于各抗日根据地目前妇女工作方针的决定》，要求在当前艰苦的抗日形势下，“动员妇女参加生产是保护妇女切身利益最中心的环节”，“广大农村妇女能够和应该特别努力参加的就是生产”，“提高妇女的政治地位、文化水平、改善生活，以达到解放的道路，亦须从经济丰裕与经济独立入手，多生产，多积蓄，妇女及其家庭的生活都过得好，这不仅对根据地经济建设起重大作用，而且依此物质条件，她们也能逐渐摆脱封建的压迫了”②。因此，

① 毛泽东：《毛泽东给中共中央妇委的一封信》（1940 年 2 月 8 日），中华全国妇女联合会妇女运动历史研究室编《中国妇女运动历史资料（1937—1945）》，中国妇女出版社 1991 年版，第 261 页。

② 《中国共产党中央委员会关于各抗日根据地目前妇女工作方针的决定》（1943 年 2 月 26 日），中华全国妇女联合会妇女运动历史研究室编《中国妇女运动历史资料（1937—1945）》，中国妇女出版社 1991 年版，第 648 页。

参加生产劳动，获得经济独立，是妇女解放的先决条件。但胶东大多数妇女起初不习惯到田间干活，她们下地拎着篮子，里面放着破旧衣裳，盖上毛巾或包袱，装着走亲戚；到了地头，再把身上的整洁衣服换下来，去干活儿。[①] 后来，在胶东妇救会的组织、鼓励下，胶东妇女积极投入大生产运动，开荒种地，搞各种家庭副业，特别是以妇女为主的纺织运动开展以后，胶东妇女真正成为生产战线的主力军。

胶东妇女参加社会生产，改变了她们的社会地位，特别是她们参加合作社尤其是纺织社、纺织小组以来，获得了独立的经济能力，过去因经济上不能自立而被轻视虐待，现在她们则成为家庭生活的重要担负者。妇女不但能自己养活自己，而且都不同程度地给家庭带来了“富裕”，其中许多人甚至成为家庭生活的主要依靠。据统计，从 1943 年到 1945 年上半年，全胶东根据地妇女纺线 18720 万斤，织布 4680 万匹，收入 997000 万元。其中，一个纺线妇女年收入可达 500 元至 800 元，一个织布妇女年收入可达 1500 元至 2000 元。[②] 栖霞的纺织合作社帮助了 14500 个女人副业生产，计全年得到纺花工资 754000 元，有的一个人能得 1250 元，还得 110 元的劳动返还金。[③] 东海区荣成十二区的毕秀真，原来是一个要饭的，现在自己每五天能纺线一斤，平均每天能挣三元钱，在这样的努力与苦干之下，她家再不要饭了；鞠家村还有一位妇女王淑娥，从前在家不当公婆意，而今年家里没有什么吃，她却把纺织的钱拿出来买了粮食给家吃，到秋天还赎了三亩地，从此以后，公婆对她很好，别人也不轻视她了。[④]

妇女经济地位的提高推动了男女平等的实现。牟海段家村的妇女几

① 烟台地区行政公署出版办公室：《胶东风云录》，山东人民出版社 1981 年版，第 372 页。

② 中共山东省委党史研究室编：《中共胶东地方史》，中共党史出版社 2005 年版，第 278 页。

③ 胶东区工商管理局：《栖福县局合作工作总结报告》（1944 年），山东省档案馆，G031－01－1306－005。

④ 胶东区工商管理局东海分局：《1944 年东海合作工作总结报告》，烟台市档案馆，G001－001－201－086。

乎都参加了纺织，一年共织布七百余疋，赚钱五万三千七百余元，不仅妇女自己改善了生活，还帮助家里改善了生活，并因此改善了自己在家庭中的地位。“有的懒丈夫回家看见老婆积极干活，也不好意思闲着，并对人说‘咱不是怕她，有时咱还得花她的钱，所以有些事就得让点步’”①。由于妇女实现了经济独立，传统的“嫁汉嫁汉，穿衣吃饭”以及“女人靠男人”的陈腐习俗被一扫而光。妇女经济平等的要求，随着生产热潮的高涨而反映出来了，“有不少妇女明白了合作社的好处，回家质问丈夫，查问儿子，入股是否写了她的名字，有的和丈夫讨论，加入纺织股所得的红利，不能算家里的，自己劳动所得，要归自己所有”②。合作社使妇女获得了经济独立，证明了妇女也能够担负起养家糊口的重任，因而，“重男轻女”的传统观念逐渐发生变化。福山后富村王禄民在村里的工作很积极，但受家长的气，经常被母亲骂，栖东的马家窑马文玉家里很穷，常有人骂她，打她，倘若跑回家还得挨她妈妈的打骂。自纺织开展后，王禄民、马文玉学会了这套本领，一年最多能赚一千余元，她们的妈妈不仅不打骂了，还常说：“闺女怎么的！小子怎么的！俺看一样”③。妇女参加纺织合作社，就其经济意义来说，改善了自己家庭的生活，和睦了夫妻关系和公婆关系，但其经济意义背后所产生的社会意义是极为深远的，正如北海银行东海支行1943年工作总结中所说的：“纺织事业，行政区普遍地、边缘区部分地发展起来了，既解决了根据地的衣服问题，又提高了妇女的经济地位。许多妇女参加纺织不仅自己生活能够解决，还能拿出一部分家用，减轻了妇女对家长和男人的依赖思想和男人轻视妇女的观念，给妇女打开了解放之路”④。

① 杨永平：《段家纺织小组是怎样发展起来的》，《大众报》1944年3月8日第5版。

② 《牟平×区妇女纺织竞赛》，《大众报》1943年4月28日第1版。

③ 胶东区工商管理局：《栖福县局合作工作总结报告》（1944年），山东省档案馆，G031－01－1306－005。

④ 中国人民银行金融研究所、中国人民银行山东省分行金融研究所：《中国革命根据地北海银行史料》第一册，山东人民出版社1986年版，第515页。

第二，增加了妇女的社会资本。马克思说过："妇女解放的第一个先决条件就是一切妇女重新回到公共的劳动中去"①。妇女社会资本的增加主要是指随着妇女参加合作社，妇女走出了封闭的家庭而融入了集体活动中，在集体劳动生产的过程中，妇女的社会交往圈子不断扩大，组织化程度不断提高，她们从个体的劳动者变成了集体劳动组织的成员。合作社建立了超出一家一姓的社会网络，有了较严密的组织、民主选举领导人和比较公平合理的劳动计算办法，并大力发扬互助友爱的精神，这种组织形式把广大的妇女置于集体劳动和组织化的生活中，增强了她们的集体化意识。她们白天一块织布，早晨晚上一块学习，一块休息，弹花声、纺花声、织布声、纺织的歌唱声，在根据地几乎每个角落都能听到。正如薛暮桥1944年在《山东抗日根据地内的纺织手工业》报告中指出的，"在某些纺织生产特别发展、群众组织特别活跃的地区，青年妇女开始要求集体生活。当寒冷的冬天，往往一个温暖的地窖中，集合着几张布机或十几辆纺车热烈地纺着织着，休息时就说着笑着，人声机声闹成一片。在炎热的夏天，每当清风明月之夜，广场上集合着几十辆纺车，凉风中飘漾着沉重的车声和轻快的歌声。她们在辛苦的生产劳动中体验着集体生活的愉快，这一幅活泼紧张的图画正象征着未来的新民主主义经济的曙光"②。

在集体互助的生产过程中，妇女对合作社的认同感大大增强。合作社在发展中始终坚持群众利益第一的方针，注重保护社员的利益。由于"妇女很少有买卖东西的常识"，"既不会买也不会卖，常吃买卖人的亏"③，合作社便统一供给社员纺织原料，并负责推销成品，用集体的力量解决了妇

---

① 天津市社会科学界联合会、中共中央编译局马恩室：《马克思恩格斯学说集要》下册，天津人民出版社1995年版，第3565页。

② 薛暮桥：《山东抗日根据地内的纺织手工业》（1944年7月），山东省供销合作社联合社史志办公室编《山东省供销合作社史料选编（1924—1949）》，内部发行，1991年，第96—97页。

③ 北海专署：《北海1945年上半年农林合作工作总结报告》，山东省档案馆，G031－01－1381－001。

女生产中和交换中的各种困难。而且，由于合作社是资本与劳力的结合，能够很好地照顾每个社员的生产利益，她们在这里享受到了平等和尊重，所以她们非常拥护和爱戴合作社，积极入股参与合作社。如文登×庄的妇女与她男人，赛着入股，她男人拿100元，她也拿100元，她男人不让拿，她非拿不可，并说明道理，不仅她这样入股，并能动员别的社员同她一样的入股。[①] 东栖青年模范王秀明知道了合作社的好处，自己以身作则，省吃俭用80元入股，并说服了全村妇女都入股合作社。[②] 正如有的学者指出："在这种团体生活中，他们的眼光开始突破家庭的小天地，他们开始普遍地形成强烈的政治认同，公民意识和国家观念也迅速长成。"[③] 同时，妇女的社会圈子日益扩大，"在各处的集市上、娱乐场所里，以及集合结社各种救亡活动中，妇女一天天地增多"[④]。1942年以后，赶集妇女一般约占全集人数十分之二（买卖纺织品），而1942年以前妇女赶集的极少。妇女真正地开始冲破家庭而融入了更广阔的社会生活中。

第三，妇女的自我发展能力增强。妇女解放最重要的标志就是自我发展能力的培育和提高，广大妇女通过参加合作事业，不仅提高了自己的经济收入，更重要的是主动、被动地学到了一些谋生和发展的本领，她们乐于接受新的技术，纺织技术大大提高。"纺织业一天天地开展，妇女的纺织技术亦随之进步，荣成每人每天纺线由去年（1943年）的四两，提高到今年的六两，青年妇女有比去年增加一倍者，去年多用机匠刷机，今年只九、十两区即有百分之七十以上的妇女学会自己刷机，自己赶布。"[⑤] 就当时胶东整体的纺织事业来说，土腰机进步到了拉梭机，以至铁机。生产效率大大提高。例如：土腰机每日织洋布十二尺，拉梭机织

① 胶东区工商管理局东海分局：《1944年东海合作工作总结报告》，烟台市档案馆，G001－001－201－086。

② 张强：《青年纺织模范王秀明》，《大众报》1944年5月13日第1版。

③ 马冀：《抗战时期陕甘宁根据地农业合作社的绩效分析》，《江西社会科学》2008年第2期。

④ 中国人民银行金融研究所、中国人民银行山东省分行金融研究所：《中国革命根据地北海银行史料》第一册，山东人民出版社1986年版，第515页。

⑤ 同上。

四十八尺，铁机织九十六尺。手摇纺车进步到纺纱机，效率提高了三至四倍，例如，一人用手摇纺车，每天纺四两，纺纱机平均每人能出一斤，手摇纺车的效率也一般地提高了，由每日的二两提高到四两。在纺线的长度来说，过去每斤花纺两万七千八尺，现在一般纺到三万五六千尺，最好的纺到四万五千尺。[①] 妇女的生产技术大大提高，“普遍地提高了一倍到两倍”[②]，过去纺一尺布用花 16 斤，到 1944 年秋天最好的纺织手用 14 斤花即可。妇女纺的线也又细又长，织的布非常平匀，“与洋布放在一起都认不出哪是土布哪是洋布”，布的花样也丰富了许多，在文登，妇女已经“会织带色的布条、格布、花布”。花布格布已不算什么稀奇布了，比较高级的是在布里加上亮线，特别受妇女的欢迎，用这种布做成的衣服，妇女“穿身上很远即能闪出光来，特是有面头的穿着的亮光，大远见似是一堆金”[③]。1942 年胶东专署刚刚提出发展纺织时，仅四五十岁的老大娘才会纺线，到 1943 年以后，胶东的绝大部分妇女都学会了纺织。有了技术的胶东妇女增加了自尊、自信的底气，更有了自立、自强的豪气。

第四，妇女的个人效能感显著提高。她们通过参加合作社，认为个人生活境遇的改变主要依靠的是自己的勤奋和努力。栖东的杨大娘曾四处要饭，1943 年加入了合作社，“一年挣了三千多元，还了饥荒，买了粮食，盖了两间新屋，又喂了两口肥猪，又和孩子们穿了九个小布子，又入了一百元的社股，这一来，老头子也不敢欺负了，以后我一定照上级说的做，我也动员俺疃的妇女都这样做”[④]。正是在这些劳动模范的带领下，广大妇女积极参与到轰轰烈烈的纺织合作事业中。1943 年牟平 × 区发起了妇女纺织劳动竞赛的号召，“妇女们都要以自己的积极行动，来争取‘纺织英雄’

① 李刚：《胶东的合作事业》，《大众报》1945 年 1 月 15 日第 4 版。

② 《东海区纺织工作与合作事业总结》（1943 年），烟台市档案馆，G001 - 001 - 198 - 053。

③ 胶东区工商管理局东海分局：《1944 年东海合作工作总结报告》，烟台市档案馆，G001 - 001 - 201 - 086。

④ 《北海纺织劳动模范座谈交换经验挑起竞赛》，《大众报》1944 年 5 月 14 日第 2 版。

这一光荣的称呼”。“××村五婶子是已经纺了七斤半，还差半斤纱，老云和儿媳都是新学手，都已纺出五斤纱了，她们想每人再买上一斤纺出来，超出别人的水平，争取头三名”[①]。妇女的进取精神被极大地调动了起来，她们纷纷参加或组织合作社，许多合作社还成为当地的模范合作社，比如西海南招下坞村纺织社，最初是在妇女劳动英雄领导成立了一个纺织合作小组，后来逐渐发展成纺织合作社。纺织小组最初成立时只有5人，共集资800元，她们买卖棉花，自纺自织，仅40余天就赚钱200余元，迅速得到村中妇女的欢迎与拥护。[②] 据胶东妇联不完全统计：1943年至1945年上半年，胶东涌现出“纺织英雄2名（王文英、高淑庆），纺织模范30名，地、县，区纺织模范604名”[③]。妇女们通过参加合作社证明了自身的力量和价值，更得到了社会的认可，她们有的成了人们羡慕的纺织英雄，有的被推选为妇联干部，有的担任了村主任，她们谱写了中国妇女史上从未有过的新篇章。

第五，妇女的教育观念有了突破。妇女教育权的获得是妇女解放的重要内容，但长期的封建社会使妇女一直处在社会的底层，“女子无才便是德”是中国妇女以及社会的传统认知，广大妇女尤其是农村妇女根本没有受教育的权利。“大门不出，一字不识”也是胶东妇女的总体描述。但妇女参加合作社则改变了这种传统的现象，她们在生产实践中感受到参加扫盲识字和学习文化的重要性，强烈要求在文化上翻身。参加纺织运动的妇女“迫切地要求学习识字和记账”[④]，她们感到自己会算账不会记账，既不方便又不放心，便要求在妇女识字班里增加算术课。为满足妇女的这种学习愿望，根据地开办了各种培训班、识字班、冬学、村学、夜校等。1940

① 《牟平×区妇女纺织竞赛》，《大众报》1943年4月28日第1版。

② 《一九四四年上半年胶东合作工作总结报告（节录）》，山东省供销合作社联合社史志办公室编《山东省供销合作社史料选编（1924—1949）》，内部发行，1991年，第90页。

③ 山东省妇联妇运史编辑室：《山东妇女运动历史大事记（1919年5月—1949年10月）》（征求意见稿），内部发行，1986年，第71页。

④ 杨永平：《段家纺织小组是怎样发展起来的》，《大众报》1944年3月8日第5版。

年，蓬莱、黄县、掖县、栖霞抗日民主政府举办妇女识字班1329处，参加者42637人。[①] 1941年3月统计，全区举办民众夜校3077所，妇女识字班3405所，参加学习者达26万余人。[②] “以前上午校的人，叫都叫不齐，现在都自觉地去学习”[③]。

而妇女能否识字也是能否成为劳动模范的条件之一，如杨淑珍当选北海妇女纺织模范头等奖的条件是：能耐心教导别人，推动组织五个纺织小组，亲自领导开展了七个村的纺织工作；帮助办理妇女识字班；在技术上，每天能织一个小土布且细密平匀美观；二等奖王秀芝当选的条件是以自己的模范行动推动组织了五个纺织小组；推动妇女上识字班，自己每天保证识两个生字；在技术上每天能织半个小土布且很好；三等奖王秀凤的当选条件是积极学习织布，并组织了一个织布小组，教会两个妇女织布；学习积极，每天保证上妇女识字班。纺织模范工作者韩珠英的当选条件是响应号召推动全村纺织，不辞辛苦，因之推动了该区工作的开展；学习积极，每天保证识两个生字，并推动妇女经常上识字班；积极学习纺纱纺织[④]。妇女学习的方法也多种多样，有的用粉笔把生字写在墙上和大机上，织机时一抬头就能看见；北招纺织工作者宋延芳参加妇女识字班，天天晚上和四个孩子围着灯学习功课，有时孩子当她的先生，她有时也当孩子的先生[⑤]；“纺织英雄”王文英说“妇女要求得彻底解放，一个是要求经济上能独立，一个是还要识字懂道理，知道国际国内大事”。她动员妇女上识字班，对于有特殊困难不能上识字班的，她就组织一个特别小组，集合在一家里听课。在她的带领下，全村302名社员，都能经常上学，“他们每

① 任月英、山东省地方史志编纂委员会：《山东省志·妇女团体志》，山东人民出版社2004年版，第255页。

② 张玉玲、迟丕贤：《山东抗日根据地和解放区妇女的教育及启示》，《妇女研究论丛》2005年第4期。

③ 《牟平×区妇女纺织竞赛》，《大众报》1943年4月28日第1版。

④ 《劳动模范代表大会及纺织工业展览会报告》（1944年），山东省档案馆，G031－01－1360－003。

⑤ 姜舟一：《模范抗属纺织工作者宋延芳》，《大众报》1944年5月30日第1版。

天晚上一班政治课，晌午是新文字或算术、识字班穿插，现有的妇女社员，有十一人珠算练习得很熟，其余每人都能用笔算开普通的纺花账。提高了妇女的文化，对她们纺织上的纠纷减少了”①。

合作社在开展识字算术的过程中，也加强对社员的政治教育，把党的政策和新的道德风尚与文化灌输给妇女，妇女的政治觉悟大大提高，深深地认识到只有跟着共产党走，才能过好日子。正如东海区有一位妇女所说“多亏了纺织才能穿上棉衣，这是共产党八路军给我的，当年那些土混子在这里，谁还纺线织布，即使织了也没有卖，挣谁的？”② 教育与生产相结合是根据地政权建设的一贯方针，合作社作为群众性的经济组织，同时也承载着文化教育的功能。由于实行生产与文化政治教育相结合，在根据地培养了大批相信共产党、愿意跟共产党走的新型妇女，为共产党政治目标的实现奠定了丰厚的社会资源。

第二节 合作运动的经济功效

合作社是经济上的弱者联合起来对抗资本剥削的经济组织，不论在西方还是东方，合作社的经济功能始终未发生变化。但在抗日根据地，由于在战争的环境中，非常态的社会秩序使得合作社的这种经济功能发生了微妙的变化：一方面，根据地的合作运动，是促进根据地经济发展、增强根据地经济自给的能力、帮助根据地渡过经济上的难关，为抗战胜利提供经济基础的坚实保障；另一方面，根据地的合作社又承担着经济改造的功能，合作社是废除几千年来的个体经济、铲除封建经济的重要途径。

一 “工具”与“桥梁”

抗日战争时期是中国共产党新民主主义理论不断成熟的时期。中国共

① 《妇女劳动英雄王文英报告开展妇女纺织运动的经验》，《大众报》1945年3月23日第1版。

② 胶东区工商管理局东海分局：《1944年东海合作工作总结报告》，烟台市档案馆，G001－001－201－086。

产党领导的新民主主义革命的重要任务就是要推翻帝国主义、封建主义和官僚资本主义的统治，建立人民当家作主的新民主主义社会。推翻封建主义，首先要废除封建主义赖以生存的经济基础——地主土地所有制。为此，中国共产党通过轰轰烈烈的土地革命和减租减息运动，打破了根据地的封建束缚，“边区束缚生产力发展的是过去的封建剥削关系，这种封建剥削关系，在有一半的地方经过土地革命已经完全破坏，另一半的地方经过减租减息也受到打击。这就是土地革命，是第一个革命”①。对于中国共产党来说，打碎旧的经济制度，废除封建土地所有制只是中国革命的第一步，中国革命的最终目标是要引导个体农民逐步走上集体经济的道路，从而为将来建立社会主义社会奠定基础。如何引导农民从个体经济走上集体经济？由于我国是一个自给自足的小农国家，面对零散、独立的个体经济，“克服这种状况的唯一办法，就是逐渐地集体化；而达到集体化的唯一道路，依据列宁所说，就是经过合作社”②。《论合作社》是反映列宁合作思想的重要一篇文章，俄国是一个以小农经济为主要经济成分的落后国家，在这种国情之下，苏维埃各国如何使广大的农民走向社会主义？列宁将合作社作为引导农民走向社会主义的重要途径，“以商品经济为纽带、以农民自觉自愿为前提、以合作互助为基础，从建立供销合作社与消费合作社入手，逐步建立起更高形式的生产合作社，即通过合作制，最终把千百万个体小农引上社会主义道路”③。在列宁合作制理论的指导下，中国共产党将合作社视为改造小农的重要途径，合作社既是改造个体经济的“工具”，又是将个体经济引向集体经济、走上社会主义的桥梁。在新民主主义革命的历程中，合作社被中国共产党赋予了新的使命，即通过合作运动改造小农经济，实现根据地经济的合作化、集体化，“合作社是从

① 毛泽东：《切实执行十大政策》（1943 年 10 月 14 日），中共中央文献研究室中央档案馆编《建党以来重要文献选编》第 20 册，中央文献出版社 2011 年版，第 605 页。

② 毛泽东：《组织起来》（1943 年 11 月 29 日），《毛泽东选集》第 3 卷，人民出版社 1991 年版，第 931 页。

③ 彭大成：《列宁的社会主义观》，湖南师范大学出版社 2002 年版，第 25—26 页。

个体经济到集体经济的桥梁"[1]，这是中国共产党继土地革命、减租减息第一个革命之后的"第二个革命"，即通过合作运动实现生产制度上的革命，"从土地改革到发展劳动互助组织的两次变化，这是生产制度上的革命"[2]。抗战后期，胶东根据地发展起来的各种农业生产合作社，正在走向由个体经济向集体经济的道路，这些农业合作社的出现和发展，为解放战争胶东根据地合作运动的发展，以及1949年后的农业社会主义改造奠定了基础。

二 服务抗战

帮助根据地渡过经济困难，为抗战胜利提供经济保障，是抗日根据地开展合作运动的最重要使命。根据地面对是建立在一个个体经济基础上的、落后的、被敌人分割的农村环境，如何发展根据地经济，迅速提高劳动生产率，为抗战胜利提供经济支撑，是根据地面临的重要问题。为此，中国共产党开展了大生产运动，但"生产运动开展的基本关键，主要依靠组织起来"[3]，而在"在经济上组织群众的最重要形式"就是合作社。合作社能够把农村分散的劳动力组织起来，激发群众的生产积极性，提高劳动效率，促进农业增产。对此，毛泽东在1943年西北局高干会上曾给予高度评价："如果不进行从个体劳动转到集体劳动的第二个生产关系即生产方式的改革，则生产力还不能进一步发展。将个体经济为基础的劳动互助组织即农民的农业生产合作社加以发展，生产就可以大大提高，增加一倍或一倍以上。如果全边区的劳动力都组织在集体互助的劳动组织中，全边区一千四百万亩耕地的收获就会增加一倍以上。这种方法将来可推行到全国，

① 薛暮桥：《山东的群众生产工作》（1947年5月），山东省档案馆、山东社会科学院历史研究所合编《山东革命历史档案资料选编》第十九辑，山东人民出版社1985年版，第73页。

② 毛泽东：《切实执行十大政策》（1943年10月14日），中共中央文献研究室中央档案馆编《建党以来重要文献选编》第20册，中央文献出版社2011年版，第605—606页。

③ 耿光波：《山东省农林合作会议总结》（1946年1月），山东省档案馆、山东社会科学院历史研究所合编《山东革命历史档案资料选编》第十六辑，山东人民出版社1984年版，第150页。

在中国的经济史上也要大书特书的”[①]。在根据地的合作社必须担负起“保证供给、加紧生产、争取丰衣足食、保卫胶东、打败日寇的实际任务”[②]的号召下，根据地组织了消费、信用、运销、纺织、农业等各种各样的合作社，合作社在繁荣根据地经济，粉碎敌人的经济封锁上，发挥了重要作用。就纺织合作社来说，胶东根据地把70%以上的妇女组织起来从事纺织生产，1943年胶东根据地已经达到军民所需布匹的全部自给，1944年已有剩余供给其他地区。从前敌人用封锁洋布来增加根据地的困难，现在只得改用倾销洋布来企图阻挠根据地纺织手工业的发展，敌人的封锁政策是宣告失败了。

从农业生产来说，胶东根据地积极响应党中央“组织起来”的号召。东海区1945年“组织起来”占总户数的65%—90%，个别地区已有百分之百组织起来的，如文登的章村区百分之百组织起来的村子很多，乳山县的山东村、曹家、后庄等十多个村子，也百分之百的“组织起来”；中海区组织起来占总户数的65%—80%，北海区组织起来的占总户数的50%—80%，西海区组织起来的占总户数的50%—70%，南海区到1945年8月，全区90%的农户加入了农业互助组和生产合作社，西海区掖县到1945年5月有9233户农民组织2704个生产组。[③] 文登1945年各种互助组有10630个，参加户数33247户，占全县总户数的74%。[④]

组织起来的农民发动劳动竞赛，兴修水利，互相交流经验，推广精耕细作，促进了胶东根据地粮食产量的提高。1943年，东海开荒15000亩，增加粮食240万斤。[⑤] 1944年，胶东根据地组织了31050个变工组，共打井11386眼，疏通河道6063里，筑堤114里，灌溉面积达到638610亩，

① 毛泽东：《切实执行十大政策》（1943年10月14日），中共中央文献研究室中央档案馆编《建党以来重要文献选编》第20册，中央文献出版社2011年版，第605页。

② 《胶东区行政公署合作会议总结》（1945年），山东省供销合作社联合社史志办公室编《山东省供销合作社史料选编（1924—1949）》，内部发行，1991年，第260页。

③ 《胶东财经建设概况》，《大众报》1945年7月7日第6版。

④ 山东省档案馆、中共山东省委党史研究室：《山东的减租减息》，中共党史出版社1994年版，第459页。

⑤ 《东海召开劳动模范者代表大会》，《大众报》1944年3月8日第4版。

开荒375619亩。①1945年仅东海区昆嵛一县即打井1865眼，开渠1083条，筑堤73里，保护土地1025亩，疏通河道289里，保护土地2649亩，开荒1292亩，增加粮食30万斤。②劳动英雄张富贵村的生产达到了耕二余一，劳动英雄王伦海完成耕三余一。牙前县东涝都村姜福全是胶东劳动模范，他联合了富农、中农和贫农12户组织了互助组，1945年人均粮食706斤，比合作前有了较大的增加。从1944年7月到1945年6月，东海开荒17000亩，北海开荒22000亩，增加粮食产量390万斤（见表7－4、7－5、7－6）。粮食产量的提高，极大改善了根据地军民的生活，为胶东抗战的坚持和最后胜利奠定了丰厚的物质基础。

表7－4 邵家村1944年农业精种增加产量对比

年度	地瓜	大麦	小麦	谷子	豆子	豌豆	䅟子	杂粮
1943	487800	7200	49000	24000	38700	31200	14870	25351
1944	505700	9500	58800	32460	45790	41295	18484	43182
增产数	17900	2300	9800	8460	7090	10095	3614	17831

资料来源：《山东省合作社统计表》，山东省档案馆，G004－01－0065－002。

表7－5 北掖、黄县浇地与未浇地粮食产量比较 （单位：斤）

种类	麦子	谷子	苞米	高粱	豆子
浇地	300	360	400	300	220
未浇地	80	220	110	140	140
每亩差数	220	140	290	160	80

资料来源：《胶东财经建设概况》，《大众报》1945年7月7日第6版。

表7－6 胶东部分地区1945年粮食产量增加情况

县别	浇地亩数（亩）	每亩平均增产量（斤）	总增产量（斤）
北掖	113732	156	17742192
南掖	10892（四个区）	100	1089200
招远	6912	100	691200

① 《胶东农业生产的发展》（1945年2月18日），史敬棠等《中国农业合作化运动史料》（上），生活·读书·新知三联书店1957年版，第688—689页。

② 郭同峰、许以民：《胶东抗日根据地经济建设研究》，中共党史出版社2015年版，第100页。

续表

县别	浇地亩数（亩）	每亩平均增产量（斤）	总增产量（斤）
平度	2756	50	137800
昆嵛	2193.5	50	109675
总计	136485.5		19770067

资料来源：《胶东财经建设概况》，《大众报》1945年7月7日第6版。

三　改善民生

农业合作社和农业劳动互助通过劳动要素的重新整合，大大提高了劳动生产率，不仅增强了根据地的自救能力，更重要的是通过合作提高了农业产量，农民的收入增加了，农村贫穷落后的面貌开始改变。如组织起来的海阳邵家村，1943年未互助时副业收入只有57894元，1944年全村共赚288670元，是原来的五倍。互助组节省64个劳力，组织了运输队，从六辆小车、三个牲口，发展到了五十多辆小车，全年赚利117000元。全村土地1730亩，1944年打井12眼，互助组全年增产粮食53807斤，其他副业赚2万元。全村植棉56.9亩，产棉1138.5斤，自给达75%。纺织组全年赚7万元，合作社赚7.8万元。全村150户。过去78户穿不上棉衣，21户要饭的，经过一年的经营，到1944年没有一个要饭的了。1943年还向外村卖地，1944年不但没卖，倒有九家买了二十多亩地。东栖桃村联合社是一个集信用、纺织、医药、运输为一体的综合社，从1944年6月至11月，联合社共赚余利73107.5元，公积金20%，计14000元，公益金8%，计5600元，股本分红33%，合23118元，每元股本分红5角，劳动返还金17%，合12318元，社员每元分4角，交易返还金10%，合7924元，每元4分，职员奖励金10%，合7000元，剩余3147.5。[①] 在股本分红中，最多分红1000元，

① 编者注：原始资料中的分配比例计算有误。根据分配数额，各项分配比例应分别为：公积金19%、公益金7.65%、股本分红31.6%、劳动返还金16.8%、交易返还金10.8%、职员奖励金9.6%。

最少的分红 25 元；劳动返还金根据工作的不同而有所差别，纺花的社员最多能够得到的返还金 118.5 元，最少的 10 元，织布的社员最多可得 784 元，最少可得 270 元；交易返还金最多者得 922 元，最少得 60 元，社员不仅获得股本 50% 的红利，还分得了很多劳动返还金和交易返还金。[①] 文登 1943 年 259 处合作社，纯盈利 303973.52 元，下冷家纺织合作社，股金 35000 元，纯得利 7 万元。胶东的渔盐民过去受着渔盐行的残酷剥削，负债累累。在抗日民主政府的领导帮助下，根据地 8000 渔民、2500 余盐民经过合作社在经济上组织起来了。荣成瓦屋石村的 50 个渔民，过去负债 10 余万元，加入合作社后，不但负债还清，还买了挂网 60 口、渔船 2 只、地 19 亩，“渔盐民都有了衣裳穿，有饭吃，有工具用，生活改善了”[②]。山东文登的望海隋家村，1940 年 10 月以前，全村 58 户人家，“就有 19 个扛活的，21 个讨饭的，40 多条要饭棍；吃的是树叶、谷糠、地瓜蔓子粑粑、苞米穰子、花生皮子，个个浮肿得脸像生大麻风一样；穿的衣裳遮不住身子，冬天 30 多家穿不上破棉袄”。在大生产运动中，全村男女劳动力和半劳动力都参加了互助组，精耕细作，很快“全村做到了耕二余一的惊人成绩”，“村中还开设一个合作社，有两架织布机，妇女的纺织可供全村穿”，“每逢到年节时家家都能割肉买鱼，过冬全村都穿上了新棉袄”[③]。像这样的案例很多，所有这一切都表明，群众通过参加劳动互助和合作社，粮食产量增加了，收入提高了，生活逐渐由贫困变为富裕，正如毛泽东所说，合作社把群众的力量组织成为一支劳动大军“这是人民群众得到解放的必由之路，由穷苦变富裕的必由之路，也是抗战胜利的必由之路”[④]。

---

① 《东栖桃村联社结算半年账目净赚余利七万三千元，百分之六十一返还群众》，《大众报》1944 年 12 月 23 日第 3 版。

② 李刚：《胶东的合作事业》，《大众报》1944 年 1 月 15 日第 4 版。

③ 《由穷变富的望海隋家》，史敬棠等《中国农业合作化运动史料》（上），生活·读书·新知三联书店 1957 年版，第 689—692 页。

④ 毛泽东：《组织起来》（1943 年 11 月 29 日），《毛泽东选集》第 3 卷，人民出版社 1991 年版，第 932 页。

四　农村财富结构的变动

根据地的合作运动，有效整合了劳动要素，提高了劳动效率，农业增产，农民富裕，打破了敌人的经济封锁，更重要的是农村的财富结构重新分配，社会财富由富农向贫苦农民流动。

合作社的主体是贫农和中农，参加者以贫农、中农居多。据栖霞1944年的统计，栖福县参加合作社的成员中贫农占44%，中农占45.1%，富农只占0.9%，栖霞许家村组织的等价变工组没有一户富农参加。贫苦的农民加入合作社后，“生产产量增加了，销路推广了，摆脱了压迫剥削，改善了日常生活”[①]。东海一个社金1000元的油业合作社，不到几月工夫盈利4000元，“社员们都眉飞色舞，乐不可支”。海阳玉林间1943年组织犋犋生产以来，粮食产量明显提高，“过去全村讨饭吃的有40多个，现在一家也没有了”[②]。政府向农民的贷款，主要是通过合作社发放给农民，而“贷款的对象是荣誉军人、贫苦抗工属、烈属与贫农、中农，然后为富农”[③]。1943年北海信用合作社发放的农村贷款中，方格庄123户中，富农2户，中农52户，贫农69户；油家夼66户贷款户中，富农5户，中农24户，贫农37户。东海银行1945年春发放的贷款中，贫农和抗工烈属占94%，中富农占6%。[④]北海银行1945年发放的贷款中，贫农占86.7%，中农占13.0%，富农占0.30%。合作社向贫农贷款，引起了富农心理上的不平衡，有的富农说“政府这样扶助贫农增加生产……，能生产的没贷着，不能生产的贷到手里都买吃的了”，还有的讽刺说，“以前组织合作社都是富的拿社股，现在贫的也得拿社股”[⑤] 等，从一个侧面反映富农地位的下降以及对于这种下降的不甘。

① 《猛烈发展中的东海区合作事业》，《大众报》1941年11月12日第2版。

② 江风：《犋犋生产富裕了玉林涧》，《大众报》1944年3月2日第6版。

③ 中国人民银行金融研究所、中国人民银行山东省分行金融研究所：《中国革命根据地北海银行史料》第一册，山东人民出版社1986年版，第463页。

④ 同上书，第484页。

⑤ 北海支行：《信用互助社工作报告》（1943年），山东省档案馆，G039－01－0006－004。

表 7-7 1943 年北海信用合作社贷款成分比例

村名	成分	户数	百分之比（%）	金额（元）	百分之比（%）
方格庄	富农	2	1.6	75000	4.0
	中农	52	42.3	807000	42.5
	贫农	69	56.1	1015000	53.5
草埠村	富农	24	25.8	535000	29.2
	中农	33	35.5	885000	48.8
	贫农	36	38.7	410000	22.4
油家夼	富农	5	7.6	157000	16.1
	中农	24	36.3	305000	31.3
	贫农	37	56.1	513000	52.6
宋家埠	富农	9	13.6	105000	12.3
	中农	18	27.3	195000	22.8
	贫农	39	59.1	555000	64.9

资料来源：北海支行：《信用社互助社工作报告》（1943 年），山东省档案馆，G039-01-0006-004。

表 7-8 北海 1945 年春贷阶层分配统计

县别 \ 阶层	贫农			中农			富农		
	户	金额（元）贷款	占比（%）	户	金额（元）贷款	占比（%）	户	金额（元）贷款	占比（%）
全海区	42323	7897552	86.7	5057	1179594	13.0	121	27500	0.3

资料来源：北海专署：《北海 1945 年上半年农林合作工作总结报告》，山东省档案馆，G031-01-1381-001。

表 7-9 1944 年春贷阶层统计 （金额单位：元）

县别 \ 阶层	贫农		中农		富农		合计	
	户数	金额	户数	金额	户数	金额	户数	金额
东海	53900	4670000	5834	516000	178	30000	59921	5217000
北海	19685	3093000	3575	700000	146	28000	23406	3821000
西海	20063	3392000	2402	336000	63	16000	22528	3743000
莱东	1462	265000	102	20000	3	350000	1567	285000
总计	95110	11420000	11913	1572000	390	424000	107422	13066000
百分比	88.6	87.4	11.1	12.0	0.4	0.6	100	100

资料来源：中国人民银行金融研究所、中国人民银行山东省分行金融研究所：《中国革命根据地北海银行史料》第一册，山东人民出版社 1986 年版，第 469 页。

随着合作运动的开展，及其他经济政策的实施，农村的阶层结构有了比较明显的变化，其主要表现是中农阶层明显扩大，两极差距日益缩小，赤贫基本消灭或减少。山东文登的望海隋家，全村58户，贫雇农45户，中农9户，富农4户，地主1户，在全村745亩地中，贫雇农只占268亩，且都是薄地，每年入不敷出。大生产运动中，全村男女劳动力在张富贵的带领下，都加入了互助组，精耕细作，发展副业，全村中农富农占了75%，贫农只占20%，张富贵也由当年的扛活的而升为有36亩地的新型富农了。[①] 胶东的孙毓学未参加互助组前是“贫民头”，参加了互助小组后，不仅担任了小组长，还成为“小富农”。[②] 荣成东上墩村有一位妇女姓刘，家里不能维持生活，是一等贫农，自从加入了纺织合作社后，除维持生活外，还买了一头驴，三亩地，家里的生活已上升为中农。[③] 东海妇女劳动英雄于喜江，1940年的时候，是一个只有5亩薄地的贫农，经常吃不饱穿不暖，组织起来后，她积极响应政府发展生产的号召，参加纺织和农业劳动，至1944年，成了有好地10亩的中农，“全家过着饱暖的生活”[④]。据东海1944年统计，海阳十三区宅山泊村地主由3户降为2户，富农由7户增至13户，中农由37户增至51户，贫农由55户减至38户，雇农由8户减至5户，东海60%以上的贫农提高到中农生活。[⑤] 合作运动的开展，提高了农民的收入，农村内部原有的阶级结构开始发生变化，贫农上升为中农，中农上升为富农的现象比较普遍。

---

① 《由穷变富的望海隋家》，史敬棠等《中国农业合作化运动史料》（上），生活·读书·新知三联书店1957年版，第691页。

② 伯坚：《从“贫民头”到“小富农”》，《大众报》1944年5月16日第2版。

③ 胶东区工商管理局东海分局：《1944年东海合作工作总结报告》，烟台市档案馆，G001－001－201－086。

④ 《东海妇女劳动英雄——于喜江》，《大众报》1944年3月8日第4版。

⑤ 中国人民银行金融研究所、中国人民银行山东省分行金融研究所：《中国革命根据地北海银行史料》第一册，山东人民出版社1986年版，第471页。

第三节　合作运动与胶东抗日根据地乡村社会

合作社不仅是一个经济组织，具有经济功能，更兼具政治、社会的功能。20世纪60年代，英格尔斯通过对孟加拉国“库米拉”和以色列“莫沙夫”农业合作社的研究，认为合作社为农民发展提供了组织形式、使用资源和参与形式，入社的农民共同参与管理、使用和推广新技术，并且统一开展活动，增强了主体意识，从而变得现代化。因此，他提出了“合作社在促成（农民）现代化上是一所很有影响力的学校”①。中国农民散漫、各自独立，“犹如一盘散沙；只知有己，不知有人；只知有家，不知有国”②。如何将农民组织起来，共同完成抗日救国的民族大业，立足于地域社会之上的合作社组织，就成为最重要的手段之一。对于合作社所肩负的“工具理性”，当时的许多学者进行了论述。民国著名的合作工作者章元善在强调合作社对农民所肩负的使命时说，中国农民“涣然如一盘散沙，因合作之训练，而养成其组织能力……总之，合作确实解决农村问题的利器，农村中的‘穷愚弱私’四个问题，唯有运用合作组织才能解决”③。合作社除了改善经济外，“并可推进其他改进事业，解决其他问题”④。

对于抗日根据地而言，根据地的合作社也不仅仅充当着“抗日根据地的经济堡垒”的作用，它还具有改造社会制度的重要基础作用。合作社“是一种修身、养家、治村、富国的整套基本工作。它的出发点是由小而大，循序渐进。它是社会改进的全面工作”，在发挥合作社综合贯通社会组织的全能作用后，就能起到“进入社会全部都纳入合作组织系统之中公平生活的大同境界”⑤，

① ［美］英格尔斯等：《人的现代化——心理、思想、态度、行为》，殷陆君编译，四川人民出版社1985年版，第196页。

② 章元善：《合作事业的教育效能》，《教育与民众》1935年第7卷第3期。

③ 章元善：《合作在中国所负之使命》，《实业部月刊》1936年第1卷第7期。

④ 邹秉文：《解决中国农村问题之途径》，《东方杂志》1935年第32卷第1号。

⑤ 郑刚：《合作社的性质与任务》（1939年11月1日），杨德寿《中国供销合作社史料选编》第2辑，中国财政经济出版社1990年版，第268页。

它是中国共产党创新地“以合作社为契机，全方位推进乡村社会政治、经济、社会文化等方面的变革”①。这样的改革“生产工具根本没有变化，生产的成果也不是归公而是归私的，但人与人的生产关系变化了，是生产制度的革新，这是第二个革命”②。这场革命既是一场经济革命，也是一场政治和社会文化革命，它打破了传统的乡村秩序，推进了乡村社会政治、经济、文化方面的全面再造，对乡村社会秩序的建构产生了深远的影响。

一 新式乡村精英的形成

根据地的合作运动引起了乡村结构的深刻变动。在这场变动中，以贫农、中农、雇农为主体的农民阶层是合作运动的最大获利者，农村传统的乡绅权威结构发生改变，新的乡村精英开始出现。

合作社是弱者自愿联合起来的民主平等的组织，是群众依其需要，自愿组织起来为社员服务的组织。如何保证群众的利益，把合作社办成群众的组织，合作社的组织和领导就成为一个关键的问题。因此，培育既为群众所信任、受群众拥护又能贯彻党的方针政策的权威，就成为根据地合作运动成败的关键。1942 年，中央提出“民办公助”的方针后，根据地合作社的发展由公办向民办转变，这就意味着政府要从对合作社的领导、包办变为指导，政府要从合作社的实际运转中退出来，这在客观上要求有一批德才兼备的群众精英来领导和组织合作运动。从长远看，中国共产党领导的合作运动是中国新民主主义革命的重要组成部分，其最终目标是要实现无产阶级领导的社会主义社会。在农村推翻传统的以地主、富农为代表的封建半封建的剥削统治力量，使以贫下中农为代表的新的精英力量进入农村的基层权力中心，是中国革命的必然要求。在实践中，中国共产党逐步

① 马冀：《抗战时期陕甘宁根据地农业合作社的绩效分析》，《江西社会科学》2008 年第 2 期。

② 毛泽东：《论合作社》（1943 年 10 月），孙晓忠、高明《延安乡村建设资料》（二），上海大学出版社 2012 年版，第 117 页。

探索出一条以树立“劳动英雄”来培养新式乡村精英的经验。这样，在合作运动中，一批政治觉悟高，工作能力强的“大老粗”逐渐崭露头角，成为农村的新式权威。

培养劳动英雄、合作模范，以先进促后进始终是中国共产党推动合作运动的基本策略。从1938年开始，中共中央就开始宣传奖励劳动模范，涌现出了一大批为群众拥戴、敬仰的英雄模范和合作干部。如延安南区合作社，开始时该社干部也是派去的，但成立之后，它们就转向“从农村里挑选和群众有联系的人，再从办合作社的实际工作中培养出来”，而不指望上级指派。它们的经验证明，这样培养出来的干部像王耀明、李生章等，“他们了解情况，熟悉民情，和老百姓有联系，所以他们说话老百姓比较相信”[①]。这些干部大部分是贫雇农，与农村中的主体力量有共同的话语和境遇；他们通过自己的勤苦劳动成为人人羡慕的模范、英雄，既能够得到群众的广泛认同，又对群众有着强大的号召力。由于他们是从群众中产生的，是群众选举产生的，他们更能赢得群众的信任，更容易被群众接受，从而树立个人权威，成为根据地乡村社会中的“内生型精英”。

从群众中产生的这些“内生型精英”，在合作运动中充分发挥“带头作用、骨干作用和桥梁作用”[②]。这些精英模范“是生产积极分子，是劳动农民的典型和榜样。从群众中产生了劳动模范，又回到群众中去，让农民向他学习，这就是领导骨干与群众结合的原则……有了好榜样，群众就向他学，每项工作中有了这样的英雄和模范，大家向他看齐，就可把工作做好，这是新的工作方式”[③]。由于他们是在生产劳动中产生

① 中国财政科学研究院等：《抗日战争时期陕甘宁边区财政经济史料摘编·第7编·互助合作》，长江文艺出版社2016年版，第73页。

② 同上书，第370页。

③ 《山东省第二次行政会议生产总结报告（草案）》（1944年12月），山东省档案馆、山东社会科学院历史研究所合编《山东革命历史档案资料选编》第十三辑，山东人民出版社1983年版，第413页。

的，也决定了他们更容易从实际出发来组织和领导生产与劳动互助，只有“从群众中培养群众的先生（如劳动英雄）才能推动生产，才能发动群众”[①]。

在实践中，胶东抗日根据地十分重视培养这些精英力量。1944 年，胶东区行政公署通过了《关于劳动英雄代表大会选举和奖励办法的决定》，详细规定了劳动英雄、劳动模范、模范工作者的产生过程和当选标准，并由群众进行选举产生，根据地进行表彰。在根据地的鼓励下，胶东根据地涌现了一大批劳动模范和英雄。从 1944 年 2 月至 12 月，西海区的掖县、掖南等先后召开劳动英雄和劳动模范的代表会、表彰会。1944 年 3 月，东海选出农村劳动模范 41 人。1944 年，胶东培养劳动模范合计 1000 名[②]。1945 年 2 月 25 日，胶东行署召开胶东群英大会，评选出胶东一级的各业模范、英雄人物 38 名，如劳动英雄张富贵、杨秀芬，纺织劳动英雄王文英等。“事实证明，哪里的合作社是工人、贫农所谓的‘大老粗’干部，哪里的合作社就办得好。如海阳三区邵家兼营合作社，荣成鸿北的纺织合作社，牙前、朱村、古现的农业合作社，里面的主任、理事都几乎是目不识丁的男女‘大老粗’”[③]。这些“大老粗”干部大多是“劳动英雄”“生产模范”“积极分子”等，他们经过根据地政府的宣传表彰之后，个人威望得到了极大提升，逐步成为政府联系农民的纽带，也成为农民群众的示范和表率。

在根据地合作运动中产生的“内生型精英”，深刻改变了乡村社会传统的权威结构。在传统的封建秩序瓦解之后，农民翻身做了主人，社会地位大大提高，而在合作运动中产生的这些精英，就成为乡村社会中的新型权威，成为乡村与政府互动的桥梁和纽带，为根据地各种政策的

---

① 《民主思想 民主政策 民主作风》（1945 年 1 月），山东省档案馆、山东社会科学院历史研究所合编《山东革命历史档案资料选编》第十四辑，山东人民出版社 1984 年版，第 67 页。

② 《历年农林数字统计》，山东省档案馆，G031－01－1392－007。

③ 《胶东区行政公署合作会议总结》（1945 年），山东省供销合作社联合社史志办公室编《山东省供销合作社史料选编（1924—1949）》，内部发行，1991 年，第 262 页。

实施提供了有力的保障。

二 民主政治的培育

在中国历史上，根据地第一次真正实现了人民民主，广大群众的民主生活平台得到极大拓展，民主意识渗透到社会生活的方方面面。“三三制”的实践、各级参议员的选举、各级政府的产生乃至各种民众团体的成立和社会运动的开展，都贯彻着人民当家做主的精神，体现了民主的精髓。作为根据地经济领域重大变革的合作运动，充分贯彻了民主的原则，无论在人员组织、集体决策，还是在实际运行中，都积极地实践民主精神，体现平等参与的意识，成为根据地社会有序政治参与的一个重要方面，在一定程度上补充并推动了根据地的民主政治的发展。

（一）民主权利得到了可靠的制度保障

为推动合作社健康发展，山东省临时参议院于1940年颁布了《山东省合作社暂行规程》《山东省合作社暂行规程施行细则》《山东省县区联合社章程》等法规。1944年，在清理整顿合作社的过程中，胶东行政公署颁布了《胶东区合作社暂行规程施行细则草案》《胶东区合作社暂行规程草案》《胶东区县联合社模范章程》《胶东区区联合社模范章程》《胶东区消费合作社章程》《胶东区信用合作社章程》《胶东区产销合作社章程》等文件，对合作社的选举方式、社员权利及义务及民主运行方式等问题都做了详尽的规定。这些章程都明确规定，社员入社自愿，出社自由；入股自愿，出股自由；“社员不论购股多少，在社员大会内均享有同等之选举权、被选举权及建议表决权”①；社员大会是合作社的最高权力机关，社员大会要定期召开，合作社的盈余分配方案“非经社员大会决议不得执行”②；“社员有对合作社职员提出批判、质问，并有向理事会、

① 《胶东区消费合作社章程》（1944年5月），山东省供销合作社联合社史志办公室编《山东省供销合作社史料选编（1924—1949）》，内部发行，1991年，第72页。

② 《胶东区合作社暂行规程草案》（1944年5月），山东省供销合作社联合社史志办公室编《山东省供销合作社史料选编（1924—1949）》，内部发行，1991年，第60页。

监事会或社员大会请求罢免惩戒之权”① 等，这些原则的规定，使根据地合作社的民主实施有了法律法规的制度依据。同时，根据地政府还派合作指导员和相关工作人员到基层协助实施，使合作社的发展在制度上有了切实保障。

（二）民主能力得到了锻炼

宏观上的制度化的设计为合作社的民主实行提供了制度化的保障，而在微观的制度化运作中，群众的民主能力得到了锻炼。根据地的劳动互助组织是群众按照自愿原则结合在一起的。在互助组内，组长由大家民主选举产生，凡事大家商量，每个人都可以发表自己的看法，组长不民主、不称职就会被大家换掉，干活不努力就会被批评、降低分级或被开除。在合作社内，农民入社自愿，退社自由，合作社的理事、监事等都由社员民主选举产生，合作社的业务及重大事项也由社员代表大会决定，社员“敢给合作社提意见”。在合作社内，主任由社员选举产生，主任不称职，社员有撤换之权；合作社实行民主公议社务，社务有毛病，社员有批评之权。合作社的干部要遵守公约，“一、不投机，不取巧，不贪污，不浪费，不抗东，不骗伙。二、会议经常，要有记录，按期分红，数目要清。三、不高大，不主观，深入群众，真正为群众服务，积极发动社员提意见改正工作，受社员监督。四、有成绩不骄傲，有缺点要改正”②。

海阳榆林涧全村 170 户，共组织了 36 个互助小组，基础组 8 个，小组成员的户数是从 3 户到 6 户不等，“每个小组选举了一个小组长，检讨工作开会时间是在一早一晚或歇息时间。村中成立了一个生产委员会，由村中选举了 5 个委员，选举了劳动模范马光明同志担任主任委员，各委员分工掌握小组，生产委员会半月召开一次小组长联席会议，报告各组生产工作情形，讨论各组发生的问题。今春春耕以来已经开了三次小组长联席会

① 《胶东区合作社暂行规程草案》（1944 年 5 月），山东省供销合作社联合社史志办公室编《山东省供销合作社史料选编（1924—1949）》，内部发行，1991 年，第 58 页。

② 《莒南召开合作社主任联席会》（1944 年 12 月 7 日），山东省供销合作社联合社史志办公室编《山东省供销合作社史料选编（1924—1949）》，内部发行，1991 年，第 98 页。

议，现在全村每户和每个小组的生产计划都做了”[1]。这是1944年山东省第二次行政会议生产总结报告中的典型介绍，从这个介绍中可以看到现代民主政治所需要的基本的民主能力：民主选举、民主决策、民主管理。从来没有参加过政治生活的农民开始出头，老百姓在实践中开始学习管理自己的事、乡村的事以及国家的事，政治效能感大大提高，他们的政治参与热情被前所未有的激发起来了。

（三）守纪律的意识得到了熏陶

民主的另一个重要表现就是制度规范对于社员、合作社以及干部的约束机制。这种约束既“保证个体的主体权利不受侵犯”[2]，又规定了每一个自主个体都必须遵守的规则，保证把一切活动都纳入秩序的范围，并在规范的轨迹中运行。

胶东根据地的互助组和合作社都明确规定了社员的纪律，要求社员必须按照规定参加劳动与学习，不能参加者必须请假。如海阳后泊村，为推动本村的大生产运动，把本村有组织经验的和有农作经验的农民组织起来，经过民主讨论，研究制定了《后泊合作社组织搿犋办法》。办法规定，小组长是由大家民主选举产生的，“既经选出，大家都应服从他的领导，有问题开小组会解决”，同时规定，“上民校冬学时要保证全体到校，有事不去的，得向组长请假，由小组长负责向民校冬学负责人请假，小组长要监督组员学习”[3]。合作社中的每一个社员都要遵守纪律，在合作社的实践中，自由散漫、各行其是的农民已经慢慢学会了“遵守纪律和商量着办事”，农民身上已经显示出了作为个人现代性所具有的纪律、协商、民主的特质。

民主政治建设是根据地建设的重要内容。根据地民主政治的发展既需

① 《山东省第二次行政会议生产总结报告（草案）》（1944年12月），山东省档案馆、山东社会科学院历史研究所合编《山东革命历史档案资料选编》第十三辑，山东人民出版社1983年版，第388页。

② 伍柳氏：《论民主的价值》，《云南行政学院学报》2007年第4期。

③ 张勋：《后泊合作社组织搿犋办法》，《大众报》1944年6月5日第5版。

要健全的政治制度，也需要有培育民主的社会土壤。民主不仅需要公民参与意识，更需要组织和制度安排，“民主必须通过某种特定的组织结构和组织方式来实现”①。根据地的合作运动为开展民主实践，培育农民的民主参与提供了一个良好的平台。农民通过参与合作社的活动，合作社的价值、原则以及合作社的程序规范不仅会自觉不自觉地对农民的心理及行为方式产生影响，更重要的是在参与合作运动的过程中，已经蕴含了“民主选举、民主决策、民主管理、民主监督”的民主实践。

三　组织化程度的提高

合作社使农民个体的小生产状态被打破，农民的组织化程度得到较大提高。中国传统社会的基本特征是社会结构的“欠组织化”，组织程度严重不足，“农民素如一盘散沙，缺乏组织”。抗战爆发后，面对抗战的严峻形势，要取得抗日战争的胜利，必须把根据地的人力、物力、财力全部调动起来，这就需要在农民和政府之间建立一个渠道和载体，以渗透政府的意志和理念。于是，根据地建立了许多超地缘、血缘关系的新型社会组织，如农会、妇救会、青救会、儿童团及民兵组织等，这些组织在发动、组织群众从事抗日救亡方面发挥了重要作用。根据地开展的合作运动通过建立各种劳动互助组织和合作社，以业缘关系将农民组织起来，打破了农民的个体小生产状态。农民参加互助组后，村里的全劳力和半劳力混合编组，一些变工队订立了劳动公约，对劳动纪律提出了严格的要求。大家集体劳动，共同生产，没有要紧的事，不得随便不参加劳动，有要紧的事情必须请假，要遵从劳动纪律，工作要勤苦，反对懒惰等。同时，农业生产也要有计划，如海阳榆林涧村的36个互助小组，村中成立了生产委员会，选举了5个委员，分工掌握各个小组的情况，各个小组根据实际情况，制定生产计划，生产委员会半月召开一次小组长联席会议，报告各组生产工作情况。文登张富贵合作社的18名社员为保证全年各项计划的顺利完成，

① 燕继荣：《“中国式民主”的理论构建》，《经济社会体制比较》2010年第3期。

特立合同作凭证，规定“凡参加本组者最低一年为限，任何人不得中途不干，如有特殊情形须通过全组大会讨论通过”①。同时规定，每星期召开一次小组会议，每月召开一次小组全体组员大会，每月召开一次村生产组织联席会议等。这种纪律约束是以前不曾有的，它改变了农民传统的散漫、无组织的状态，松散的结构开始趋向组织化，农民的组织性、纪律性大大提高，为抗战胜利提供了基本的组织保障。

四　文明素养的进步

农民落后的根源不在于他们是农民，而在于他们生活劳动其中的社会组织和结构是传统的，正确地引入社会组织机构能刺激农民在态度、价值、知识和行为方面的一个基本转变。合作社是将民主、互助、平等现代价值理念内化于农民日常生活的主要载体。根据地利用合作社、互助组这种生产组织，引入了新的文化和风俗，培育了农民互助合作的精神和新型的劳动观念，为建设新的乡村社会创造了条件。

（一）农民的文化素质得到了提升

英格尔斯曾说过，合作社是改造农民的一所大学校。合作社作为群众性的经济组织，不仅具有组织群众进行生产，克服经济困难的经济功能，也具有文化教育的功能。“识字运动，是提高群众文化政治水平的先决条件”②。为了使农民学习与生产两不误，根据地在互助组、合作社、纺织小组等组织读书识字的扫盲运动，变工队、合作社既是生产单位也是学习小组，合作社就是农民的学校，在田间地头的每一个角落，随时随地地教农民认识与自己劳动和生活有关的字。许多合作小组规定了识字的数量，如文登土劳合作组公约规定每十天认识四个生字，全年识一千。段仲敏互助小组，全组组员认识了一百多个汉字，并都学会了新文字。《后泊合作社

① 《张富贵式的生产互助合作社生产计划》（1945），山东省档案馆，G031－01－1371－010。

② 张孝芳：《革命与动员：建构“共意”的视角》，社会科学文献出版社2011年版，第168页。

组织犋犋办法》规定，全体组员都要加紧学习，青年劳动者都要参加民校冬学。不识字的在农忙时每天要保证学会两个字。总之，“合作社像一个漏斗一样，将许多知识，都从这漏斗灌输入农民群众中”[①]。

（二）培养了民众的集体主义意识

“合作社是从个体经济发展到集体经济的桥梁，它使分散和落后的小生产逐渐地集体化”[②]。小农业和小手工业由于它的分散性，落后性，必然成为贫困和痛苦的渊薮，解决这个问题有两条道路，一是建立资本家大经济来摧毁小农业和小手工业，这就是旧民主主义的道路，二是用合作社来组织小农业和小手工业，把个体经济引向集体化方向发展，“为将来社会主义农村集体化准备必不可少的经济条件”[③]，这就是新民主主义的道路。中国共产党合作运动所追求的理念既与合作主义所追求的理念——消灭剥削，解除民生的痛苦相一致，但又有更高的革命目标，就是通过合作运动走向新民主主义和社会主义。合作运动不但是个体主义基础上的彼此合作，发展合作运动有着更高的目标，即实现政治革命与社会革命，合作不是目标，“只是手段与桥梁”[④]。在从个体经济走向集体经济的过程中，民众冲破了传统的以宗族、亲戚为中心的合作。传统的农村是一家一户的小农生产，农民的活动范围主要集中在家庭和邻居之间，其社会联系也主要局限于村庄内部，自发的互助合作（如传统的犋犋帮工）也基本局限于亲朋好友之间，“过去搭庄稼‘夥种’、牛犋变工、‘夥格牛’一类比较复杂的变工形式，只限于本族亲友之间，所以他的规模是狭小的。去年的劳动互助大多数是农民群众为了发展生产和完成任务而组织的，所以大多数已经冲破了本族亲友的圈子（虽然还有一部分是按本族亲友关系组织

① 章元善：《合作与经济建设》，商务印书馆 1938 年版，第 40 页。

② 薛暮桥：《怎样办合作社》（1945 年 1 月 13 日），山东省供销合作社联合社史志办公室编《山东省供销合作社史料选编（1924—1949）》，内部发行，1991 年，第 112 页。

③ 张闻天：《关于农村供销合作社赢利分红等问题的意见》（1949 年 4 月 24 日），杨德寿《中国供销合作社史料选编》第 2 辑，中国财政经济出版社 1990 年版，第 766 页。

④ 魏本权：《革命策略与合作运动——革命动员视角下中共农业互助合作运动研究（1927—1949）》，中国社会科学出版社 2016 年版，第 240 页。

起来的)”①。合作运动打破了传统的在差序格局基础上建立起来的互助，而是以现代社会的经济组织——合作社为中心进行集体劳动，“现在他们每个小组大伙一块干活，一块打算，剩下的工夫出去做短工、长工，贩柴草，做小买卖，要手艺（当木匠、瓦匠等），谁出去合适就叫谁出去。大家商议干活又快乐，又省工，干活又快，地种得也好”②。他们在合作的生产劳动中体验着集体生活的快乐，在这种集体主义的生活中，根据地民众经受着社会角色的重大转变，即从个体的小生产者向合作社社员身份的转变。

（三）公共生活空间不断拓展

在集体劳动互助的过程中，农民群众之间的社会联系得到了有效地加强。合作运动密切了群众之间的社会联系，拓展了群众的公共生活空间，农民从个人的小家庭走上了社会公共生活。根据社会资本理论，社会组织成员之间所形成的信任、规范和网络，能够通过推动协调的行动来提高社会的效率。社会成员间由于加强横向联系所形成的普遍信任越稳固，成员之间形成合作的可能性就越大，对于公共事务的关心程度也就越高，越能够推动社会向着合作互惠的方向发展。合作运动打破了农民狭小的地域、亲族的社交范畴，拓展了村庄内部的公共参与空间，逐步培养起广大群众的互助、合作和参与意识。经过互助合作，传统乡村中农民淡漠、狭隘、各人自扫门前雪的观念得到了改变，合作意识与互助精神得到了发育。如一些互助组规定给病人、抗属、民兵等代工不用还工，一些医疗合作社规定给贫穷的百姓看病不要钱等，农民出现了前所未有的团结。牟平的农民就提出了“大家一条心，黄土变成金；每人一条心，穷到骨头筋”“没有不下雨的天，没有不用人的人，贫富要互助”“人多了力量强，兵多了好

① 《边区劳动互助的发展》（1944 年 2 月 10 日），甘肃省社会科学院历史研究室《陕甘宁革命根据地史料选辑》第二辑，甘肃人民出版社 1983 年版，第 462 页。

② 《山东省第二次行政会议生产总结报告（草案）》（1944 年 12 月），山东省档案馆、山东社会科学院历史研究所合编《山东革命历史档案资料选编》第十三辑，山东人民出版社 1983 年版，第 389 页。

打仗"①，农民的互助团结意识日益增强。"组员们在政治上较前更为进步，对革命工作干得特别有劲，团结友爱的精神，大大提高了"②。这充分说明，互助合作运动中所搭建起来的村民之间的组织联系，不仅加强了互助合作，同时更加强了社会信任，从中形成的互惠、规范和合作与包容意识，为民主政治的发展提供了政治文化基础。

（四）更多的社会功能得到了发挥

互助合作运动中，根据地普遍建立了如农业、工业生产、运输、供销、信用、医药、农具、盐业、渔业、鞋业等各种类型的合作社，这些合作社涉及群众生活的方方面面，群众需要什么，合作社就办什么，合作社日益成为群众日常生活不可缺少的重要组成部分。由于合作社与群众的日常生活密切相连，合作社也就成了根据地乡村社会生活的枢纽，成为村民活动的组织载体。合作社除了组织生产之外，还办黑板报、识字组、冬学、夜校、合作学校、读报组、办婚丧、修道路、救济难民、优待抗属、拥护军队等，合作社实际承担起经济发展和社会服务的双重职能，合作社通过其公共服务职能的发挥，突破了原本作为经济组织的局限，成为推动根据地乡村建设的重要力量。

同时，通过互助组织，把全村所有具有劳动能力的人包括妇女、儿童甚至老人都组织起来，加入了生产劳动的大军中，在农民之间树立了一种对劳动及劳动者的新观念，对于懒惰及自私者进行批评教育，王伦海互助小组改造了一个懒汉，段仲敏互助小组中的二流子也干活了，1944 年牟平区合作社共改造了 25 个懒汉懒妇，根据地把所有具备劳动能力的人都卷入了大生产的热潮中。

"把群众力量组织起来，这是一种方针"。③ 合作社作为将众多群众组

① 《牟平 × 区妇女纺织竞赛》，《大众报》1943 年 4 月 28 日第 1 版。

② 胶东建校：《1944 年大生产运动的几个互助组与农业合作社的介绍》，山东省档案馆，G031 - 01 - 1374 - 014。

③ 毛泽东：《组织起来》（1943 年 11 月 29 日），《毛泽东选集》第 3 卷，人民出版社 1991 年版，第 930 页。

织起来的组织，其主要的职能是发展生产，但在抗战的特殊环境中，它又发挥着政治动员和文化教育的社会功能。毛泽东指出："这种生产团体，一经成为习惯，不但生产量大增，各种创造都出来了，政治也会进步，文化也会提高，卫生也会讲究，流氓也会改造，风俗也会改变；不要很久，生产工具也会有所改良。到了那时，我们的农村社会，就会一步一步地建立在新的基础的上面了"①。农民通过参加合作运动，民主意识和能力得到增强，社会地位大大提高，合作运动重构了农村的权威秩序，促进了农村现代因素的发育。

① 毛泽东：《必须学会做经济工作》（1945 年 1 月 10 日），《毛泽东选集》第 3 卷，人民出版社 1991 年版，第 1017 页。

结　语

胶东抗日根据地的合作运动是中国共产党抗日根据地合作运动的有机组成部分，通过对胶东抗日根据地的分析梳理，可以窥见中国共产党领导下的抗日根据地合作运动的大体概况。从发展历程来看，胶东革命根据地的合作运动经历了初步发展、普遍发展和整顿发展三个时期。1940 年之前，胶东根据地合作社发展基本处于萌芽时期，从地域上看，合作社发展不平衡，只在蓬黄掖小范围产生；从组织程度看，大多是自发的，即使是政府组织的，也没有经过充分的宣传动员，所以，合作社也并不巩固和健全。1941 年省战工会明确提出要“把发展合作社运动当作最重要的政治任务来完成”后，胶东根据地的合作运动进入了普遍发展时期，但是由于急于完成上级的任务，在合作运动中犯了官僚主义、命令主义、宗派主义、强迫包办等诸多错误，引起群众的不满，1943 年，经过对合作社的整顿，胶东根据地的合作运动步入了正轨。

从制度层面来看，胶东根据地合作运动是建立在比较完备的制度资源基础之上。从组织领导上看，一方面加强了根据地政府对合作事业的领导机构，建立了从公署—专区—县的合作指导机构，保证了合作社有组织有计划的发展；另一方面建立健全了合作社的组织领导机构，形成了村合作社—区合作社联社—县合作社联社—专区合作社联合社的组织体系，加强了合作社系统内的组织领导。从法律上来看，胶东根据地的合作运动以山东临时参议会颁布的《山东省合作社暂行规程》《山东省合作社暂行规程实施细则》以及《山东省县区联合章程》为指导，并在此基础上制定了《胶东区合作社暂行规程施行细则草案》《胶东区合作社暂行规程草案》《胶东区县联合社模范章程》《胶东区区联合社模范章程》《胶东区消费合作社章程》《胶东区信用合作社章程》《胶东区产销合作社章程》等一系列文件，成为指导胶东根据地合作社发展的重要法规。从资金来源看，1938年成立的北海银行成为胶东根据地合作社发展的坚强后盾，1944年北海银行东海支行对合作社的贷款占全年总贷款的69.5%。

从实践层面看，抗日根据地的合作运动是中国共产党合作思想形成发展的时期。在这一时期，中国共产党摒弃了苏区把合作社作为“阶级的组织”的政治属性，而是回归了合作社的经济本质属性，合作社是“各阶层的经济合作”。特别是1942年“民办”方针提出后，根据地的合作运动基本贯彻了世界合作运动通行的开放、自愿、民主、共享等原则，任何人除汉奸外，都可加入合作社，社员入社自愿，退社自由，民主选举，民主公议，社员不论股金多少，享有均等之选举被选举权等。而且根据地不墨守成规，而是从实际情况出发，在入股方式、股金形式等方面进行了独创性的发展。如在股金方面，由于根据地是位于落后的、被敌人分割的农村当中，农民相对比较贫困，组建合作社，需要农民资金入股，但对于贫困的农民来说，这是一个很大的难题。为了动员吸引农民参加合作社，根据地采取了灵活多样的入股方式，既可资金入股，亦可实物入股，也可劳力入股，做到有钱出钱、有力出力、有物出物，真正把根据地所有的人都吸引到合作社中来，极大地激发了群众的热情，使胶东根据地的合作社从1940年的54处，1941年就发展到823处，到1945年，合作社发展到近2400处，占据山东根据地合作社发展数量的50%左右。在劳动互助中，根据地也是从实际出发，根据农民的传统习惯和农村的实际情况组织不同的临时搭犋、短期变工、长期变工以及农业合作社，采取从低级到高级逐步发展的步骤和形式，逐步引导农民由个体经济走向集体经济的道路。

创新才能发展。抗日根据地的合作运动既不同于西方的合作运动，也不同于国民政府的合作运动。从合作类型来看，西方合作运动形成了英国以消费合作社为主导、法国以生产合作社为主导、德国以信用合作社为主导的三种模式，国民政府则是以信用合作社为主导，而根据地则是从实际需要出发，实现了合作社从消费合作社—生产合作社—综合合作社的转变。抗战初期，面对根据地商品奇缺，根据地大力倡导“创办消费合作社以平衡根据地内的物价”[①]。因此，在合作社发展初期，根据地消费合作社居多，生产合作社比较少，消费合作社能够占到合作社的90%左右；1942年大生产运动后，根据地面临的主要问题是解决根据地军民的生存需要，迫切需要扩大生产，为抗战提供经济支撑，政府明确要求要以生产合作社为主。这样，消费合作社的比例逐渐下降，1944年胶东组织的1765个合作社中，生产社占到50%，消费社只占21%；1944年以后，根据地渡过了最艰苦的阶段，根据地的群众不再满足于温饱，而是要求增加收入。于是，以延安南区合作社为代表的综合性合作社就迅速发展，综合性合作社集生产、消费、运输、信用等于一体，体现了“供销并举，综合经营，系列服务”的特点，根据地明确提出要实现农业合作、手工业合作、金融合作三者的结合，这可以说是“三位一体”合作的最早尝试。根据地合作社的发展轨迹充分体现了中国共产党创新性的因时、因地的灵活发展策略，也是中国共产党的成功经验之一。

合作社是一个经济组织，实现的是经济功能，但根据地的合作社还兼具政治和社会使命。合作社的经济使命毋庸赘述，就其政治使命而言，根据地的合作运动“是为政治服务的一种运动”，这是由中国革命的性质所决定的。中国革命是反帝反封建的民主革命，即反对日本帝国主义及阻碍抗日力量发展的封建势力，“领导农村，走上建设新民主主义的道路”。但是中国是一个落后的农业国家，要想完成新民主主义社会的建设任务，必须领导广大群众的农村走向工业生产的道路，“合作运动是促进农村走向

① 《论改善人民的生活》，《大众报》1940年10月7日第1版。

工业化的唯一途径”，“是建设新民主主义社会的重要道路”[①]。1940 年毛泽东在《新民主主义论》中指出，抗战胜利后，中国要建立一个新民主主义国家，实行新民主主义经济，而实行新民主主义经济，必须消灭小生产、小农业的无政府状态，解决这个问题的方法有两种，一种是资本主义的方法，另外一种就是新民主主义的方法，“这就是‘组织起来’的方法，也就是新民主主义经济所要求的合作社的道路”，“必须将千百万小生产者组织起来，才能消灭他们中间的无政府状态和落后性”。也就是说，一方面，合作社是改造小农个体经济的工具，另一方面，合作社是从个体经济发展到集体经济的桥梁，是使农业成为新民主主义经济的必由之路，而在改造个体经济基础上发展起来的合作经济，已经“具有社会主义的因素”，“这样的经济，就是新民主主义的经济”[②]。所以说，根据地的合作运动不但承担着加强生产，粉碎敌人的经济封锁，改善群众生活等任务，更承担着战略功能，即合作运动被纳入了新民主主义经济建设的轨道，合作经济与国有经济、私人经济共同构成了新民主主义经济的主体，合作经济是搭建通向社会主义的桥梁。[③] 合作社还具有社会改造的功能，实行合作，“组织互助，逐渐集体化，这就逐渐削弱封建经济的支配，走上经济上独立平等而又合作的丰衣足食”，既为战争的胜利奠定了物质基础，农民也实现了经济上政治上的翻身，人民负担减轻了，生活改善了，“政治觉悟有显著的变化了”，“社会各阶级达到真正的生产团结合作，家庭和睦了，有了民主了，公私两利了，社会的互助友爱的风俗也生长提高了”[④]。因此，合作社具有治社会之本之功效，这种认识与 20 世纪 60 年代英格尔斯对合作

① 董东复：《怎样组织合作社》（1943 年 6 月），杨德寿《中国供销合作社史料选编》第 2 辑，中国财政经济出版社 1990 年版，第 488—489 页。

② 毛泽东：《新民主主义论》（1940 年 1 月），《毛泽东选集》第 2 卷，人民出版社 1991 年版，第 679 页。

③ 魏本权：《革命策略与合作运动——革命动员视角下中共农业互助合作运动研究（1927—1949）》，中国社会科学出版社 2016 年版，第 249 页。

④ 《民主思想　民主政策　民主作风》（1945 年 1 月），山东省档案馆、山东社会科学院历史研究所合编《山东革命历史档案资料选编》第十四辑，山东人民出版社 1984 年版，第 67 页。

社作用的分析有异曲同工之处。我们今天来审视合作社的社会改造功能，应该回归到合作社本身。国际合作社联盟在庆祝联盟成立100周年的代表大会上通过了《关于合作社特征的宣言》，重申了合作社的价值和原则，合作社具有“关心社区”和“教育”的功能，基于合作社价值中的社会责任与关怀他人的基本伦理追求，为增进社会大众的利益做贡献一直是合作社组织的旨趣，我们既不能无视或否认合作社具有的这种社会功能，也不能夸大视其为改造社会的万能之匙。

习近平指出：“重视历史、研究历史、借鉴历史，可以给人类带来很多了解昨天、把握今天、开创明天的智慧。”历史是过去的现实，现实是未来的历史，研究根据地的合作运动对当下正在进行的合作事业有一定的启示。

第一，恪守合作社的原则是合作社健康发展的根本。从胶东根据地合作社的发展历程看，根据地什么时候坚持了合作社的原则，合作社就能发展壮大，背离合作社的原则，合作社就得不到群众的拥护，合作社发展就走入歧路。根据地合作社步入正轨是1942年中央明确提出“民办公助”的方针后，胶东根据地合作社才出现了大发展的局面。

第二，避免运动式的施政方式。保证战争供给，改善群众生活，为抗战胜利奠定物质和经济基础，这是抗日战争时期中国共产党面临的急迫的现实问题。要解决这个问题，就必须把根据地的男女老幼全部动员组织起来开展大生产运动，“而最好的组织形式和组织方式之一，就是合作社”，扩大合作社运动，是抗日根据地“一个最迫切的战斗任务”[①]。但是，在一个缺乏“内生性需求”又处于动荡的战争环境下，如何快速地组织合作社以尽快适应战争的需要，在实践中最有效和最成功的经验就是运动式的社会动员。这种方式快速、有效，立竿见影，但这种方式产生的严重后果就是在工作中容易出现强迫命令、包办代替、官僚主义等错误倾向，违背了

① 《新华日报》社论：《论合作社》（1939年9月27日），杨德寿《中国供销合作社史料选编》第2辑，中国财政经济出版社1990年版，第264页。

合作社的原则，这也是胶东根据地在合作运动发展过程中不断出现波折的重要原因。运动式的施政方式是在特定的社会情景中采取的非常规的社会治理手段。但是，根据路径依赖理论，制度变迁过程中存在着报酬递增和自我强化的机制，这种机制使得制度变迁一旦走上某一路径，它的既定方向会在以后的发展过程中自我强化，并且影响人们将来可能做出的选择。[①]虽然我国已经进入了市场化的、常规化的经济发展轨道，但是战争年代所形成的非常规的、革命时代的施政方式依然在今天留有印记，突出数字工程、完成数量指标是运动式思维的最好注脚，这在今天的合作事业发展中特别应当注意。

第三，重视合作社的组织功能。首先，合作社是一个经济组织，是组织群众进行生产“最好的组织形式”[②]。只有建立合作社和变工组等合作互助组织，大生产运动才能得以有组织地、大规模地进行，根据地的“经济活动，一切通过合作社，这是我们合作运动的最高目标”[③]。在合作运动的发展中，根据地始终坚持合作社是群众自愿联合的经济组织的理念；其次，合作社是实践群众路线的组织。改善群众生活，照顾群众利益，为群众服务是合作社的本质要求，“合作社是为群众服务的经济组织，这是合作社最主要的特点”，它的主要目的“是为群众服务，是为群众解决生产上和生活上的困难”[④]。毛泽东指出：“合作社的性质，就是为群众服务，这就是处处要爱护群众，为群众打算，把群众利益放在第一位”[⑤]。只有合作社能够真正为群众服务，它才能得到群众的拥护，才能使中国共产党最

① ［美］道格拉斯·C. 诺斯：《制度、制度变迁与经济绩效》，刘守英译，生活·读书·新知三联书店 1994 年版，第 11—13 页。

② 董东复：《怎样组织合作社》（1943 年 6 月），杨德寿《中国供销合作社史料选编》第 2 辑，中国财政经济出版社 1990 年版，第 488 页。

③ 晋察冀边区行政委员会：《为实现抗战建国纲领而奋斗（节录）》（1939 年 4 月），杨德寿《中国供销合作社史料选编》第 2 辑，中国财政经济出版社 1990 年版，第 262 页。

④ 薛暮桥：《怎样办合作社》（1945 年 1 月 13 日），山东省供销合作社联合社史志办公室编《山东省供销合作社史料选编（1924—1949）》，内部发行，1991 年，第 111 页。

⑤ 毛泽东：《论合作社》（1943 年 10 月），孙晓忠、高明《延安乡村建设资料》（二），上海大学出版社 2012 年版，第 118 页。

终赢得群众，为抗日战争的胜利提供强大的群众支持与动力。合作社要实现为群众服务的目的，必须“走群众路线”，把群众发动起来，在“群众自愿的原则下组织起来”[①]，将合作运动发展为群众认可、支持和全面参与的群众运动的过程，就是贯彻群众路线的过程。因此，合作运动是“党—群众关系建构的中介”[②]，合作社也是党实践群众路线的组织；再次，合作社还是一个教育组织。对社员进行教育是合作社的基本原则，根据地更加宽泛了合作社的教育职能，根据地的合作社既是识字班又是生产经验交流班，还是政策学习班等。几乎根据地的每一个合作社、变工队、纺织小组等都开展读书、识字扫盲活动，“既可以提高文化政治认同，又可以交流生产与变工经验”[③]，“凡是有好的读报组和黑板报的地方，那里对政府支持法令和上级号召就容易贯彻，生产教育各项工作就容易开展”[④]。党的政策就是通过这样的组织和方式顺利地灌输给广大群众并得到彻底贯彻执行。在今天的中国农村，合作社发展十分迅猛，截至2017年9月，我国有农民专业合作社数量193.3万家，入社农户超过1亿户。农民专业合作社已成为新型农业经营主体、现代农业建设的中坚力量和影响农民生产生活的重要组织。当前，我国正在大力实施乡村振兴战略，组织振兴是乡村振兴的重要内容，如何充分发挥合作社组织功能，使其成为新时期乡村振兴的重要力量，成为贯彻国家政策、组织群众的中介和桥梁，是当前迫切需要和值得研究的课题。

---

① 《胶东区行政公署合作会议总结》（1945年），山东省供销合作社联合社史志办公室编《山东省供销合作社史料选编（1924—1949）》，内部发行，1991年，第259页。

② 魏本权：《革命策略与合作运动——革命动员视角下中共农业互助合作运动研究（1927—1949）》，中国社会科学出版社2016年版，第223页。

③ 陈元晖：《老解放区教育简史》，教育科学出版社1982年版，第123页。

④ 《关于发展群众读报办报与通讯工作的决议》（1944年11月16日），《红色档案 延安时期文献档案汇编》编委会《红色档案·延安时期文献档案汇编·陕甘宁边区政府文件选编》第8卷，陕西人民出版社2013年版，第427页。

附录一
《胶东区合作社暂行规程施行细则草案》

（一九四四年五月）

第一条 本细则依合作社暂行规程第78条制定之。

第二条 合作社不受任何行规之限制。

第三条 合作社业务范围之规定，以社员能实行合作之区域为标准。

第四条 凡在合作社暂行规程施行前成立合作社，自规程施行之日起，依照规程自行改组，向所在县工商局为设立之登记。

第五条 凡在规程施行前成立合作社，其实际性质不合乎规程之规定者，应按照性质更改名称（商店或工厂），以免混合，有碍合作事业之发展。

第六条 县工商局接受合作社登记呈请后，如审核与规程相符，即应批示准予成立，发给登记证；否则应指示更正令其重新登记。

第七条 合作社于必要时得设立分社，并向所在县工商局登记。

第八条 合作社登记成立后，应即开始经营。

第九条 合作社登记证由各海区工商局印制，转发给县工商局备用。

第十条 各县工商局应备置合作社登记簿，其样式由胶东工商局定之。

第十一条 合作社增减每股金额，得经社员大会决议通过后，须通知或公告债权人，并声明于20日期限内提出异议。

在前项所规定的期限内，如债权人表示异议时，合作社非将其债务清偿或提供相当之担保者，不得减少社股金额。

第十二条 合作社因减少社股金额声请登记者，应叙明公告结果，并附送社员大会决议财产目录及资产负偿表。

第十三条 如公积金超过股金总额时，其每年应提之数由社员大会决定之。

第十四条 合作社公积金得由社员大会决定，作为发展业务或公共事业之用。

第十五条 合作社理事、监事，不得兼任其他相同性质合作社之职务。

第十六条 合作社得依章程之规定选出不超过理事、监事名额半数之候补理事、监事；候补理事、监事不能参加理事会、监事会。

第十七条 社员人数超过200人以上，如因战争或其他特殊情形不召开社员全体大会时，得临时按地区之便利分组举行，并依各组社员人数推选代表出席全体代表大会。

第十八条 如机关、团体、商店、工厂为社员时，表决权由其代表1人行之。

第十九条 当地县工商局或事务所，得派员审查合作者之账簿，各种簿、钱、书、表等项，并得指导编造及记载方法。前项检查不得妨碍合作社之营业。

第二十条 合作社清算人就任后，应呈报当地县工商局。

第二十一条 县工商局得随时令清算人报告事务，必要时得派检查人。

第二十二条 清算人于清算完结后，应附县社员大会承认之清算终了报告书，向县工商局呈报。

第二十三条 合作社联合社股金额，每股不得超过20元。

第二十四条 合作社区联合社或合作社县联合社，得按实际需要可或先或后设立之，一般应以现有之区域为限。

第二十五条 特种合作社在业务上有单独联合之必要时，可成立特种联合社，不以现有之区、县为界，不加入区联社，但须加入县联社。

第二十六条 本细则合作社联合社准用之。

第二十七条 本细则草案根据省战工会颁布之《合作社暂行规程施行细则》，按照本行政区具体情形，经胶东区工商管理局制定，与合作社暂行规程草案同日施行。

附录二

《胶东区合作社暂行规程草案》

（一九四四年五月）

第一章　总则

第一条　本行政区所有之合作社除另有规定外，均依本规程规定办理之。

第二条　合作社为法人。

第三条　合作社业务规定如下：

一、生产合作社：凡经营种植、饲养、农田水利、牧畜、造林开荒、纺织、线织及制造一切农村日用品和职业上之用品者均属之。

二、运销合作社：凡经营社员农业生产品、工业生产品之联合推销者均属之。

三、消费合作社：凡直接供需并置办社员生活之日用品及职业上之用品者均属之。

四、信用合作社：凡经营农业生产之放款及农村之储蓄者均属之。

第四条　合作社得视其人力、资力及事实上之需要，于上列各种业务中专营一种或兼营数种。

第五条　合作社一律为有限责任。

第六条 合作社之业务及责任，应于名称上表明之。

第七条 不依照本规程所组织之商店、工厂及未经所在地县工商局登记者，一律不得用合作社名称。

第八条 合作社必须切实遵照一切法令及社章，应在一般工商业中起模范作用。

第九条 各合作社有可请求县工商局介绍由银行低利贷款，并有利用公共场所之优待权利。

第二章 设立

第十条 消费及信用合作社至少有 21 人以上才得设立，生产及运销合作社至少有 11 人以上才得设立。

第十一条 合作社设立人应召集创立会，通过章程，选举监事、理事、组织社务会，于 20 日内附具社章及合作社登记表，呈请县工商局为设立之登记。

第十二条 合作社社章应记明下列事项：

一、名称；

二、业务；

三、社址；

四、社股金额及交纳方法；

五、结算时间；

六、盈利之分配及损失之分担；

七、公积金公益金之规定；

八、社员出社及除名之规定；

九、社务之执行及职员免之规定；

十、解散之事由；

十一、其他处理社务事项。

第十三条 合作社登记之事项，除前 1 至 7 项外尚须有下列事项：

一、男女社员人数、股数及资金总数。

二、理、监事人数及常务理、监事姓名。

前项登记事项有变更时，应于 10 日内为变更登记，在未登记前不得依其变更对抗善意第三人。

第十四条 县工商局接到该项呈请后，应在 10 日内为准否之批示。

第十五条 合作社在领到登记证后成立。

第三章 社员

第十六条 凡属公民，任何人均可入股为合作社社员。

第十七条 合作社成立后凡愿入社者，经社员 1 人之介绍即可入社。

第十八条 新社员对于入社前合作社所负之债务与旧社员同一责任。

第十九条 新加入社员，合作社应将其所认购之社股连同原有之社股共计资金总数，于结算后向县工商局作补充之登记。

第二十条 如社员有出外或参加部队等事情，应以其法定继承人为代表，业务结算时如本人仍未回，即认为原社员退股其法定继承人入股，社员死亡者亦同。

第二十一条 社员于业务结算时可请求退社，但其股金总数占全社总资金 1/5 以上者，其退社须在结算期两个月前，向社提出申请书；如其退股对合作者有重大影响者，经社员大会议决，可分期撤股，延长出社时期。

第二十二条 社员除名，应经社务会议出席理事、监事 3/4 以上决议，以书面通知被除名之社员，并报告社员大会（除名之事由社章规定之）。

第二十三条 出社社员仍得依第 17 条之规定再请入社。

第二十四条 社员出社时除社章特别规定外，合作社应将其所入股金连同应得红利一并退还。

消费合作社得以货物折价偿付出社社员之股金。

第二十五条 社员不论股金多少，在社员大会内均享有同等之选举权、被选举权及建议表决权。

第二十六条 社员有对合作社职员提出批判、质问，并有向理事会、监事会或社员大会请求罢免惩戒之权。

第二十七条 社员大会之开会及决议，如有违犯本规程第 55 至 59 条之规定时，得由县工商局宣告其决议案无效，或经全体社员 1/2 以上之联名，声请县工商局宣告其决议案无效。

第四章 社股

第二十八条 社员认购社股以股为单位，股数不限。

第二十九条 社股金额每股至少 1 元，至多不得超过 5 元，每人入股数目不限制。

第三十条 社员认购社股除现款外，可以粮食、山货及其他物品折价代付股款，但须与合作社共同商妥折价。

第三十一条 社员认股应一次交纳，并可继续入股。

第三十二条 为奖励妇女、儿童参加合作社，得实行储蓄入股（章程另定之）。

第三十三条 社员非经理事会之同意不得让出社股，或以之担保债务；如经同意让出之社股，社股被让人继承对于合作社之权利义务；业务结算后，作为让与人退股、被让人继股；被让人如非社员时认为新入股，可依第 17 条规定办理。

第三十四条 股息多少由会员大会议定之，不受一分五厘之限制，如结账无盈余时不得发息。

第五章 结算及盈余之分配

第三十五条 合作社每3个月或6个月结算一次（结算期分每3月底、6月底、9月底、12月底），但不分红。会计每年终了结算方得分红。

第三十六条 合作社盈余，原则规定四种分配方法，应由社员大会民主议决通过一种，于社章规定之。

一、合作社盈余，除依次弥补累积损失及付股息，应将所余划为百分比例分配如下：

（一）公积金20%（限于准备弥补合作社之损失及发展业务之用，并应以一部存入信用合作社及银行）；

（二）公益金5%（限于作公益事业用）；

（三）职员奖励金15%（应以劳绩大小比例分配之）；

（四）余额为社员交易额退还金，分配办法，以社员对合作社交易额之多寡为标准比例分配。

二、合作社盈余，除依次弥补累积损失，应将所余划为百分比例分配如下：

（一）公积金20%；

（二）公益金5%；

（三）职员奖金15%（应以劳绩大小比例分配）；

（四）股金分红20%，按股金多少比例分配；

（五）余额为社员交易额返还金，分配办法，以社员对合作社交易额之多寡为标准比例分配。

三、合作社盈余，除依次弥补累积损失外，应将所余划分百分比例分配如下：

（一）公积金20%；

（二）公益金5%；

（三）股金分红 20%；

（四）其余额为职员及工人返还金，按劳力之大小比例分配。

四、合作社盈余，除依次弥补累积损失外，应提出公积金 20%，公益金 5% 外，应将所余划为百分比例分配如下：

（一）股金分红 40%，按社员所出股金多少比例分配；

（二）职员及工人返还金 60%；

以上四、三两办法，生产社采用较为相宜。职员与工人均为社员，平日每人每日酌给硬支算作社内使费开支，需要脱离生产的社里供给伙食，每人应得的返还金数，应按生产品的多寡及工作成绩的高低确定之。

前项盈余之分配非经社员大会决议不得执行，前项公积金如超过合作社股金总额时得由社员大会议决变更每期应提之数。

第六章 职员

第三十七条 合作社设理监事，统由社员大会选举，总名额数不得超过 15 名。

第三十八条 理事任期 3 年，每年得改选 1/3；监事任期 1 年，均得连选连任。理事、监事在任期内如被社员大会罢免时，得改选继任人，以补足其任期为限。

第三十九条 理事、监事不得互相兼任，监事不得兼任社内任何职务。

第四十条 理事依本规程及合作社章程之规定与社员大会之决议，执行社务并互推常务理事 1 人，对外代表合作社。

第四十一条 理事违反前条规定，致合作社受损害时，对于合作社应负赔偿之责任。

第四十二条 理事会应置备社员登记名簿及社员大会记录。

第四十三条 理事会应置备社会大会开会 5 日前，造具财产目录、资产负债表、业务报告表，并以一份送交监事会，但召集临时社员大会时不在此限。业务结算后，理事会除应备置前项书表外，并应制盈余分配表。

第四十四条 前条所列之书表，社员及债权人均得查阅。

第四十五条 监事应互推常务监事1人，其职权如下：

一、监察合作社财产状况。

二、监察理事执行业务状况。

三、依照43条所规定的各表，监事为执行前项职务认为有必要时，得召集临时社员大会。

第四十六条 理事、监事如有违犯政府各种政策法令或合作社章程及其他不法行为时，得由社员大会全体社员过半数之决议罢免之，其失职时亦同。

第四十七条 合作社因业务之需要得聘用非理事之职员，由理事会任免之。

第四十八条 监事及不脱离生产之理事，一律为无给职。

第四十九条 凡脱离生产之合作职员（包括理事），其得待遇以能养活一个人之生活为原则，其具体办法由社员大会规定之。

如得社员拥护，亦可享受社员代耕，及代服劳役之待遇。

第七章 会议

第五十条 合作社会议分下列四种：

一、社员大会为合作社最高权力机关。范围小的合作社，3个月或半年召开一次；范围大的合作社半年或1年召开一次。

二、社员会：如果理事会和监事会有不能单独解决之社务时，由理事会与监事会共同组织社务会议解决之。

三、理事会每半月召开一次。

四、监事会每半月召开一次。

第五十一条 社员大会由理事会召集之，其职权如下：

（一）制定或修改社章；

（二）决定合作社经营性质与方针；

（三）决定合作社业务计划；

（四）决定与审核预决算；

（五）审核账簿，检查资财；

（六）选举或罢免合作社理、监事及职员；

（七）听取职员报告及生活学习报告。

前项大会之召集应于3日前，以书面载明大会召集之事由及提议事项，通知社员。

第五十二条 理事会于必要时得召集临时社员大会，经全体社员1/5以上之联名，亦得以书面或口头声明提议事项及理由；请求理事会或监事会召开临时社员大会，前项请示提出后，于5日内不予召集会议时，原声请社员得联名自行召集开会；召集临时社员大会，前项请求提出后，理事会或监事会，由社员公推社员1人为主席。

第五十三条 社员大会开会时，每一社员有一表决权。

第五十四条 社员不能出席社员大会时，得以书面委托其他社员代理之，同一代理人不得代表两个以上之社员。

第五十五条 社务会由理事会召集之，其主席由理事、监事互推之。

第五十六条 理事会或监事会，会议分别由常务理事或常务监事召集之；在理事会召开时，非理事之职员得列席陈述意见。

第五十七条 所有上列社员大会、社务会、理事会、监事会，除有特别规定外，均须有全体应出席人数过半数之出席始得开会；过半数同意，始得决议。

第八章 解散及清算

第五十八条 合作社因下列各项事情之一者解散之：

一、章则所定解散之事由发生。

二、社员大会决议解散。

三、社员不足法定人数（消费合作社及信用合作社 21 人，产销合作社及运销合作社 11 人）。

四、与其他合作社合并。

五、解散之命令。

前项第二款、第四款应有全体社员 3/4 以上之出席，1/3 以上之同意。

第五十九条 合作社决议解散，应向县工商局登记。

第六十条 合作社如合并时，应于 20 日内向县工商局分别以下列各项声请登记。

一、因合并而存续之合作社，为变更之登记。

二、因合并而消减之合作社，为解散之登记。

三、因合并而另立之合作社，为设立之登记。

第六十一条 合作社于解散时，应组织清算委员会清理之。

第六十二条 合作社解散或合并时，应于 20 日内分别通知各债权人并公告之。同时声明自公布解散或合并后，20 日以内债权人得提出异议，合作社不为前项之通知及公告或在指定之期内提出异议之，债权人不为清偿债务或不提供对于其债务相当之担保者，均不得依其解散或合并，对抗债权人。

第六十三条 合作社之解散，其清算人除合作社章程另有规定或由社员大会另行选任外，以理事充任之。

不能依前项之规定产生清算人时，县工商局得因利害关系人之声请选派人清算。

第六十四条 清算人职权如下：

一、了解现务；

二、收取债权清偿债务；

三、分配剩余财产。

清算人为执行前项职务，有代表合作社为一切行为之权。

第六十五条 清算人有数人时，关于清算事务之执行，依其过半数表决之；但对于第三人各有代表合作社之权。

第六十六条 清算人就任时期，即按合作社情形造具资产负债及财产目录，提交社员大会请求承认。清算人遇有询问时，应将清算情形随时答复。

第六十七条 清算人于就任后15日内，应以公告方法催告债权人限期报明债权，对已知债权人并应分别通知。

前项报明时期，限期不得少于15日。

第六十八条 清算人于清算事务终了时，即应造具报告书，提交社员大会请求承认。

第六十九条 清算人清算完结后，应于10日内呈报县工商局备案。

第七十条 两个以上之合作社或两个以上之合作社区联合社，因区域或业务上的关系，得设立合作社区联合社或合作社县联合社，以便统一领导协助进行。

第九章 合作社联合社

第七十一条 合作社联合社为法人。

第七十二条 合作社对于加入或退出合作社区联社，应经各该合作社社员大会之决议；合作社对于加入或退出合作社县联合社，应经各该合作社区联合社代表之决议。

第七十三条 合作社区联合社或县联合社之代表大会，以各该合作社或合作社联合社代表大会之代表组织之。

前项代表之名额，依合作社社员或合作社联合社所属合作社社员之人数比例定之。

第七十四条 合作社区联合社或县联合社之理事、监事，由合作社或合作社区联合社之代表大会之社员代表选任之。

第七十五条 合作社区联合社或县联合社，其所属之合作社或合作社区联合社，仍保持各个组织上及业务经营上之独立性；合作社联合社不得随意对之入股或强派干部。

第七十六条 除各本社章程及法令另有规定外，本规程关于合作社之规定，合作社联合社准用之。

第十章 监督

第七十七条 合作社违犯政府一切政策、政令或规程之规定及社章者，县工商管理局得勒令其改组或解散之。

前项之违犯法令、章程，如确因合作社职员违背社章及社员大会之决议而为之者，应由各该职员负责。如因被勒令改组或解散合作社受损害时，得依本规章第 41 条之规定，向各该负责职员要求赔偿。

第十一章 附则

第七十八条 本规程施行细则另定之。

第七十九条 本规程根据省战工会颁布之《合作社暂行规程》，按照本行政区具体情形，经胶东工商管理局判定施行。

第八十条 本规程如有未尽事宜，得以命令修改之。

附录三

《后泊农业合作社军民犋公约》

第一条 参加合作社土地之地主，其每年收入为两部分：

甲、按照过去同等经营应得之同等收入；

乙、对该土地所投入之额外劳力，应与军队按劳力比数同样分红。

第二条 参加合作社土地之地主，对该土地每年应投入与往年同等之劳力与肥料。

第三条 参加合作社土地与过去同等经营收入量之估计，应按各该土地质量与每平具体年景由全体会议共同评定之。

第四条 参加合作社土地之全部收入扣除地主按第一条甲项所规定之收入及军民额外投入之劳力与肥料后，其余利润分红办法规定如下：

甲、军民额外投入之劳力与肥料，应按市价折成股票，以同等比数分红；

乙、如经营无利，则军队按吃亏主义原则，其额外劳力与肥料可低于市价计算，或低于应得之比数分红，而参加合作社土地地主所出之劳力与肥料，最低不得低于市价计算。

第五条 军民犋期限暂定为一年，期满后如仍愿继续，则另定新约。

第六条 军民犋期满后，各农户对各该土地仍继续精种，解决办法规定如下：

甲、各农户于对参加犄犋土地所投入之额外劳力而分得收入里，每亩扣除大豆饼两片及水车股票一个；

乙、各农户额外劳动力之投入应与军队协商；

丙、各农户所扣除之豆饼及水车股票必须每季使用，以保证土地产量不得过度降低。

第七条 各参加合作社土地之地主与井的关系：

甲、参加合作社土地之地主皆为合作社之一员，应享有公井之使用权；

乙、如改为水田，办法另订之；

丙、井水与社外土地出卖之收入，各农户以所参加合作社之土地每亩为一个分利股，井所在地之地主应每亩为两个分利股。

第八条 井与所在地主的关系：

甲、军队使用井的期限为六年，期满后把井交出；

乙、井所在地之地主因挖井、修水道所受之土地损失，应由各农户每年按亩交出一定租价，租价应按井所在地二亩的一般产量交纳；

丙、井所在地之地主，可免费用水；

丁、军队将井交出后，可成立“后泊水利委员会”负责管理该井（该委员会目前尚无此种必要，可暂不成立）如大家不另推举负责人时，井所在地之地主有管理之义务，并得一定报酬（如使用拉水牲口，看管水具应得之收入等）。

第九条 井与参加合作社土地以外之土地的关系：

甲、参加合作社土地地主之未参加合作社土地，在一定距离内可廉价用水；

乙、参加合作社土地地主之未参加合作社土地，有用井优先权；

丙、未参加合作社之地主的土地，因灌溉用水之价格另订之。

第十条 租地户与井的关系：

甲、以租地户资格参加合作的之土地，其用水权之年限为六年，如地主租地在六年前即不得享受第七条之优待；如在六年以后，则由“井的公管委员会”决定之。

第十一条 军队将井交出后，各参加合作社土地之地主如何管理公井及对社外土地之用水权，其办法将来自订。

第十二条 本公约如有不适宜处，得由军民𫏋惧委员会临时商定修正之。

第十三条 本公约自通过之日起施行。

（《大众报》1944年6月5日第五版）

参考文献

一　资料类

[1] 北京八路军山东抗日根据地研究会：《胶东抗日根据地·文献2〈胶东大众报〉选编》，中共党史出版社2014年版。

[2] 常连霆主编，中共山东省委党史研究室、山东省中共党史学会编：《山东党史资料文库》第7—20卷，山东人民出版社2015年版。

[3] 常连霆主编，中共山东省委党史研究室：《山东党的革命历史文献选编（1920—1949）》第3—8卷，山东人民出版社2015年版。

[4] 丁世良、赵放：《中国地方志民俗资料汇编（华东卷·上）》，书目文献出版社1995年版。

[5] 甘肃省社会科学历史研究室：《陕甘宁革命根据地史料选辑》第二辑，甘肃人民出版社1983年版。

[6] 华北解放区财政经济史资料选编编辑组：《华北解放区财政经济史资料选编》第一辑，中国财政经济出版社1996年版。

[7] 山东省档案馆、山东社会科学院历史研究所合编：《山东革命历史档案资料选编》第3—20辑，山东人民出版社1981—1986年版。

[8] 山东省财政科学研究所、山东省档案馆：《山东革命根据地财政史料选编》第5辑，济南印刷八厂印，1985年。

[9] 山东省妇联宣传部:《山东妇运资料选》,内部发行,1983 年。
[10] 山东省供销合作社联合社史志办公室编:《山东省供销合作社史料选编(1924—1949)》,内部发行,1991 年。
[11]《山东省农业合作化史》编辑委员会:《山东省农业合作化史料集·续编》,山东人民出版社 1991 年版。
[12] 山东省税务局税史编写组:《山东革命根据地工商税收史料选编》第 2 辑,内部发行,1984 年。
[13] 山东省税务局税史编写组:《山东革命根据地工商税收史料选编》第 3 辑,内部发行,1985 年。
[14] 陕甘宁边区财政经济史编写组、陕西省档案馆:《抗日战争时期陕甘宁边区财政经济史料摘编·第 7 编·互助合作》,陕西人民出版社 1981 年版。
[15] 史敬棠、张凛、周清和等:《中国农业合作化运动史料》(上),生活·读书·新知三联书店 1957 年版。
[16] 孙晓忠、高明:《延安乡村建设资料》(二),上海大学出版社 2012 年版。
[17] 魏宏运:《抗日战争时期晋察冀边区财政经济史资料选编·第 3 编·工商合作》,南开大学出版社 1984 年版。
[18] 杨德寿:《中国供销合作社史料选编》第 2 辑,中国财政经济出版社 1990 年版。
[19] 章有义:《中国近代农业史资料》第 3 辑,生活·读书·新知三联书店 1957 年版。
[20] 政协烟台市文史资料研究委员会《烟台文史资料》编辑部:《烟台文史资料·第 20 辑·纪念抗日战争胜利 50 周年专辑》,内部发行,1995 年。
[21] 政协章丘市文史资料研究委员会:《章丘文史资料》第 12 辑,内部发行,1996 年。

[22] 中共莱州市委党史资料征集研究委员会:《莱州市党史资料》第三辑，内部发行，1990年。

[23] 中共中央文献研究室中央档案馆编:《建党以来重要文献选编》第14—22册，中央文献出版社2011年版。

[24] 中国财政科学研究院主编，陕甘宁边区财政经济史编写组、陕西省档案馆编:《抗日战争时期陕甘宁边区财政经济史料摘编·第7编·互助合作》，长江文艺出版社2016年版。

[25] 中国革命博物馆编:《解放区展览会资料》，文物出版社1988年版。

[26] 中国近代纺织史编辑委员会:《中国近代纺织史研究资料汇编》第4辑，内部发行，1989年。

[27] 中国人民银行金融研究所、中国人民银行山东省分行金融研究所:《中国革命根据地北海银行史料》第一册，山东人民出版社1986年版。

[28] 中国人民政治协商会议荣成县委员会文史资料研究委员会:《荣成文史资料》，内部发行，1987年。

[29] 中国社会科学院经济研究所中国现代经济史组:《革命根据地经济史料选编》(中、下)，江西人民出版社1986年版。

[30] 中华全国妇女联合会妇女运动历史研究室编:《中国妇女运动历史资料(1937—1945)》，中国妇女出版社1991年版。

二 馆藏档案

[1] 北海支行:《信用互助社工作报告》，山东省档案馆，G039-01-0006-004。

[2] 北海专署:《北海1945年上半年农林合作工作总结报告》，山东省档案馆G031-01-1381-001。

[3]《从互助中富起来的文登县高村区的望海隋家》，山东省档案馆，G031-01-0281-004。

[4]《姜子熊互助组是怎样实行了等价交换》，山东省档案馆，G031－01－1372－017。

[5] 胶东区工商管理局：《冯局长在胶东工商管理局直属县局合作纺织干部会议上的总结报告》，山东省档案馆，G031－01－1359－001。

[6] 胶东区工商管理局：《栖福县局合作工作总结报告》，山东省档案馆，G031－01－1306－005。

[7] 胶东建校：《1944 年大生产运动的几个互助组与农业合作社的介绍》，山东省档案馆，G031－01－1374－014。

[8] 胶东区党委：《关于大力教育群众，整理农村组织建立青年团、妇代会，筹办合作社，大力组织生产的指示》，山东省档案馆，G024－01－0125－004。

[9] 胶东行政公署：《胶东生产工作总结》，山东省档案馆，G004－01－0374－009。

[10] 胶东行政公署：《一九四六年合作农村工作成绩的统计》，山东省档案馆，G016－01－0004－010。

[11] 胶东行政公署实业处：《胶东合作材料》，山东省档案馆，G018－01－0010－003。

[12] 胶东行署：《劳动模范代表大会记录》，山东省档案馆，G031－01－1360－002。

[13]《胶东一九四五年至一九四六年农业情况》山东省档案馆，G031－01－1392－008。

[14]《劳动模范代表大会及纺织工业展览会报告》，山东省档案馆，G031－01－1360－003。

[15] 吕明仁：《西海地委关于生产互助经验介绍》，山东省档案馆，G024－01－0521－019。

[16]《群众运动材料—丙种类型村典型调查》，山东省档案馆，G031－01－1573－003。

[17] 山东省行政工作会议：《生产组总结报告》，山东省档案馆，G004 - 01 - 0026 - 007。

[18]《山东省合作社统计表》，山东省档案馆，G004 - 01 - 0065 - 002。

[19] 山东省政府：《历年农林数字统计》，山东省档案馆，G031 - 01 - 1392 - 007。

[20]《省行政会议劳动互助记录》，山东省档案馆，G004 - 01 - 0394 - 002。

[21]《一九四三年至一九四六年山东省农业、变工、互助、组织、面积、村庄、人口统计表》，山东省档案馆，G004 - 01 - 0064 - 017。

[22]《张富贵式的生产互助合作社生产计划》，山东省档案馆，G031 - 01 - 1371 - 010。

[23]《1944 年合作纺织工作总结报告》，烟台市档案馆，G005 - 001 - 037 - 143。

[24]《北分局合作会议报告》，烟台市档案馆，G005 - 001 - 037 - 155。

[25]《东海区纺织工作与合作事业总结》，烟台市档案馆，G001 - 001 - 198 - 053。

[26]《二三四五月四个月的生产总结报告》，烟台市档案馆，G005 - 001 - 159 - 002。

[27]《合作会议报告》，烟台市档案馆，G005 - 001 - 037 - 165。

[28] 胶东工商管理局东海分局：《1944 年东海合作工作总结报告》，烟台市档案馆，G001 - 001 - 201 - 086。

[29]《通令—关于整顿改进合作事业的指示》，烟台市档案馆，G001 - 001 - 015 - 075。

[30]《西栖县委 1944 年生产工作总结》，烟台市档案馆，G005 - 001 - 063 - 117。

三 清、民国时期的著作及文献

[1] 方汝翼、贾瑚修，周悦让、慕容翰纂：《增修登州府志 · 卷六》，清光

绪七年（1891 年）刻本。

[2]《济阳县志·卷一》，乾隆三十年刻本。

[3] 胶济铁路管理局车务处：《胶济铁路经济调查报告》分编第 1 册（即墨县），青岛文华印刷社 1934 年版。

[4] 李天骘主修，岳庚廷编纂：《荣成县志·卷一》，道光二十年刊本。

[5] 梁秉锟修，王丕煦等纂：《莱阳县志》（卷一、卷二），1935 年铅印本。

[6] 刘国斌修，刘锦堂篡：《（四续）掖县志·卷三》，1935 年铅印本。

[7] 施闽章等修纂，任旋续修：《登州府志·卷八》，康熙三十二年（1694 年）刻本。

[8] 宋宪章等修，于清泮等篡：《牟平县志·卷三·风俗》，1936 年铅印本。

[9] 宋宪章等修，于清泮等篡：《牟平县志·卷四》，1936 年铅印本。

[10] 宋宪章等修，于清泮等篡：《牟平县志·卷五》，1936 年铅印本。

[11] 孙葆田等纂：《山东通志》（1—10 册）华文书局股份有限公司印行，1969 年。

[12] 万邦维修，张重润等纂：《莱阳县志·卷二》，清康照十七年（1678 年）刻本。

[13] 袁绍昂等纂修：《济宁县志·卷四》，1927 年铝印本。

[14] 赵琪等纂：《胶澳志·卷二》，1928 年铅印本。

[15] 赵英作修纂：《鱼台县志·卷一》，清光绪十五年（1899 年）刻本。

[16] 蔡斌咸：《本省农村社会固有组织在农村建设上的评价》，《浙江建设月刊》1936 年第 10 卷第 2 期。

[17] 陈波：《山东栖霞县丧礼之一斑》，《新运导报》1937 年第 5、6 期合刊。

[18] 董时敏：《改良农村旧式会社与农村合作》，《民间》1935 年第 1 卷第 18 期。

[19] 高紫庭：《福山县之社会及农村》，《农业周报》1935 年第 4 卷第 5 期。

[20] 蓝梦九：《中国农村固有合作雏形的记载》，《乡村建设旬刊》1932 年第 2 卷第 2 期。
[21] 刘行冀：《中国耕中问题》，《中国实业》1935 年第 1 卷第 12 期。
[22] 章元善：《合作事业的教育效能》，《教育与民众》1935 年第 7 卷第 3 期。
[23] 章元善：《合作与经济建设》，商务印书馆 1938 年版。
[24] 章元善：《合作在中国所负之使命》，《实业部月刊》1936 年第 1 卷第 7 期。
[25] 郑厚博：《我国原有合作制度之介绍》，《农行月刊》1937 年第 4 卷第 1 期。
[26] 朱轶士：《从合会之优点说到信用合作》，《农行月刊》1936 年第 3 卷第 6 期。
[27] 邹秉文：《解决中国农村问题之途径》，《东方杂志》1935 年第 32 卷第 1 号。

四 民国时期报纸杂志

《乡村建设旬刊》《农行月刊》《民间》《浙江建设月刊》《中国实业》《农业周报》《新运导报》《教育与民众》《实业部月刊》《东方杂志》《大众日报》《大众报》《解放日报》《渤海日报》

五 著作类

[1] 常连霆主编，中共山东省委党史研究室：《中共山东专题史稿》第 3 辑，山东人民出版社 2015 年版。
[2] 陈国庆：《胶东抗日根据地减租减息研究》，合肥工业大学出版社 2013 年版。
[3] 辞海编辑委员会：《辞海》，上海辞书出版社 1979 年版。
[4] 段木干：《中外地名大辞典》第 6—7 册，（台湾）人文出版社 1981

年版。
[5] 范晔选，李虎等译：《文白对照后汉书》（下），三秦出版社 2004 年版。
[6] 费孝通：《乡土中国》，生活·读书·新知三联书店 1985 年版。
[7] 高文学：《中国自然灾害史·总论》，地震出版社 1997 年版。
[8] 高玉峰主编，中共威海市委党史研究室：《中共威海地方史》第 1 卷，中共党史出版社 2005 年版。
[9] 耿相新、康华：《标点本二十五史·辽史、金史、元史—金史》，中州古籍出版社 1996 年版。
[10] 郭铁民、林善浪：《中国合作经济发展史》（下），当代中国出版社 1998 年版。
[11] 郭同峰、许以民：《胶东抗日根据地经济建设研究》，中共党史出版社 2015 年版。
[12] 贾文毓、李引：《中国地名辞源》，华夏出版社 2005 年版。
[13] 蒋玉珉：《合作经济思想史论》，安徽人民出版社 2008 年版。
[14] 李金铮：《借贷关系与乡村变动——民国时期华北乡村借贷之研究》，河北大学出版社 2000 年版。
[15] 李秋洪：《中国农民的心理世界》，中原农民出版社 1992 年版。
[16] 李占才：《中国新民主主义经济史》，安徽教育出版社 1990 年版。
[17] 梁漱溟：《梁漱溟全集》第 2 卷，山东人民出版社 2005 年版。
[18] 林飞：《济宁市金融志》，山东人民出版社 1995 年版。
[19] 刘敦愿、逄振镐：《东夷古国史研究》第 1 辑，三秦出版社 1988 年版。
[20] 刘廷銮、孙家兰：《山东明清进士通览（清代卷）》，山东文艺出版社 2015 年版。
[21] 毛泽东：《毛泽东文集》第 2 卷，人民出版社 1993 年版。
[22] 毛泽东：《毛泽东选集》第 2、3 卷，人民出版社 1991 年版。

[23] 毛泽东:《毛泽东选集》卷一,人民出版社 1969 年版。
[24] 毛泽东:《毛泽东选集》,东北书店 1948 年版。
[25] 逄振镐、江奔东:《山东经济史(近代卷)》,济南出版社 1998 年版。
[26] 平度市史志编纂委员会:《新编青岛地方志简本·平度简志》,五洲传播出版社 2002 年版。
[27] 青岛市史志办公室编:《青岛市志·民政志》,中国大百科全书出版社 1996 年版。
[28] 任月英,山东省地方史志编纂委员会:《山东省志·妇女团体志》,山东人民出版社 2004 年版。
[29] 山东省档案馆,中共山东省委党史研究室:《山东的减租减息》,中共党史出版社 1994 年版。
[30] 山东省妇联妇运史编辑室:《山东妇女运动历史大事记(1919 年 5 月—1949 年 10 月)》(征求意见稿),内部发行,1986 年。
[31] 山东省栖霞县志编纂委员会:《栖霞县志》,山东人民出版社 1990 年版。
[32] 山东省钱币学会、临沂市钱币学会:《北海银行在沂蒙》,中国金融出版社 2014 年版。
[33] 山东省烟台市农业局编:《烟台农业志》,山东省出版总社烟台分社 1988 年版。
[34] (汉) 司马迁:《史记》,岳麓书社 1998 年版。
[35] 唐禄庭、唐志梅:《东莱史话》,齐鲁书社 2006 年版。
[36] 天津市社会科学界联合会、中共中央编译局马恩室:《马克思恩格斯学说集要》下册,天津人民出版社 1995 年版。
[37] 王贵宸:《中国农村合作经济》,山西经济出版社 2006 年版。
[38] 王晓光:《烟台市纺织志(1958—1985)》,内部发行,1989 年。
[39] 王志民:《山东重要历史人物》第 1 卷,山东人民出版社 2009 年版。
[40] 魏本权:《革命策略与合作运动——革命动员视角下中共农业互助合

作运动研究（1927—1949）》，中国社会科学出版社 2016 年版。
[41] 魏光兴、孙昭民：《山东省自然灾害史》，地震出版社 2000 年版。
[42]（唐）魏征撰：《简体字本二十四史·隋书·1·卷 1—31》，中华书局 1999 年版。
[43] 许嘉璐主编；倪其心分史主编：《二十四史全译·宋史》第 3 册，汉语大词典出版社 2004 年版。
[44] 薛暮桥：《抗日战争时期和解放战争时期山东解放区的经济工作》，人民出版社 1979 年版。
[45] 薛暮桥：《论新民主主义经济》，冀南书店 1946 年版。
[46] 薛暮桥：《薛暮桥文集》第 2 卷，中国金融出版社 2011 年版。
[47] 烟台地区行政公署出版办公室：《胶东风云录》，山东人民出版社 1981 年版。
[48] 烟台市民政志编纂办公室：《烟台民政志》，内部发行，1987 年。
[49] 岳海鹰、唐致卿：《山东解放区史稿（抗日战争卷）》，中国物资出版社 1998 年版。
[50] 张曼茵：《中国近代合作化思想研究（1912—1949）》，上海书店出版社 2010 年版。
[51] 张思：《近代华北村落共同体的变迁　农耕结合习惯的历史人类学思考》，商务印书馆 2005 年版。
[52]（清）张廷玉：《明史》第 1 册，岳麓书社 1996 年版。
[53] 张孝芳：《革命与动员：建构“共意”的视角》，社会科学文献出版社 2011 年版。
[54] 张振国：《当代中国经济大辞库（农业卷）》，中国经济出版社 1993 年版。
[55] 支军：《胶东文化撮要》，山东人民出版社 2015 年版。
[56] 中共山东省委党史研究室：《中共胶东地方史》，中共党史出版社 2005 年版。

[57] 中共文登市委党史研究室:《中共文登地方史》第 1 卷,山东人民出版社 2002 年版。

[58] 中共烟台市委党史研究室,烟台市档案局:《中共烟台历史大事记(1919—1949)》第 1 卷,中共党史出版社 2003 年版。

[59] 中共烟台市委党史资料征集研究委员会:《中共胶东区党史大事记(1937—1949)》,中共党史资料出版社 1990 年版。

[60] 中共中央马克思恩格斯列宁斯大林著作编译局:《列宁选集》第 4 卷,人民出版社 1995 年版。

[61] 中国大百科全书出版社编辑部:《中国大百科全书·中国地理》,中国大百科全书出版社 1993 年版。

[62] 中国农村惯性调查刊行会:《中国农村惯行调查》第 4 卷,岩波书店 1955 年版。

[63] 中国农业银行烟台市分行:《烟台农村金融志(1840—1985)》,内部发行,1989 年。

[64] 中华人民共和国妇女联合会:《马克思恩格斯列宁斯大林论妇女》,中国妇女出版社 1990 年版。

[65] 中央档案馆:《中共中央文件选集》(1939—1940),中共中央党校出版社 1991 年版。

[66] 中央文献研究室、中国井冈山干部学院:《毛泽东在中央革命根据地斗争时期的调查文集》,中央文献出版社 2010 年版。

[67] 朱晓鹏:《走向发展之路——合作社会主义研究》,当代中国出版社 2003 年版。

[68] [美] 黄宗智:《华北的小农经济与社会变迁》,中华书局 2000 年版。

[69] [美] 明恩溥著:《中国乡村生活》,午晴、唐军译,时事出版社 1998 年版。

[70] [美] 舒尔茨(Schultz,T. W.):《改造传统农业》,梁小民译,商务印书馆 1987 年版。

六 论文类

[1] 冯越、倪进:《抗战时期毛泽东农业互助合作思想之考察——以陕甘宁边区为例》,《中国矿业大学学报》(社会科学版)2006 年第 4 期。
[2] 何伟福:《抗日根据地合作社述论》,《安徽农业科学》2011 年第 28 期。
[3] 贺文乐:《晋西北抗日根据地的革命动员与互助合作》,《党的文献》2017 年第 3 期。
[4] 贺文乐:《农业互助合作运动中的农民心态——以太行边区壶关县为中心(1945—1949)》,《太原理工大学学报》(社会科学版)2014 年第 1 期。
[5] 贺文乐:《农业互助合作运动中各阶层参与度分析——以晋绥边区偏关县为例》,《农业考古》2012 年第 6 期。
[6] 胡友孟:《冀中平原抗日根据地的合作运动》,《商业经济研究》1988 年第 8、9、10、11 期。
[7] 黄爱军:《华中抗日根据地的合作经济》,《军事历史研究》2015 年第 4 期。
[8] 江沛:《华北抗日根据地的社会变迁评析》,《抗日战争研究》2000 年第 2 期。
[9] 李常生:《晋西北根据地妇女劳动力资源开发探析——以纺织妇女为例》,《山西大同大学学报》(社会科学版)2011 年第 6 期。
[10] 李传敏:《胶东革命根据地的经济建设》,《烟台师范学院学报》(哲学社会科学版)1989 年第 3 期。
[11] 李金铮:《土地改革中的农民心态:以 1937—1949 年的华北乡村为中心》,《近代史研究》2006 年第 4 期。
[12] 李祥瑞:《合作社经济在陕甘宁边区经济建设中的地位》,《西北大学学报》(哲学社会科学版)1981 年第 3 期。
[13] 梁家贵:《抗日战争时期中共领导的山东妇女工作》,《理论学刊》2005

年第 4 期。

[14] 刘大可：《山东解放区的农业互助合作运动》，《东岳论丛》1991 年第 3 期。

[15] 刘玲：《建国前土地改革中乡村社会农民心态态势探究》，《求索》2007 年第 11 期。

[16] 刘萍：《对华北抗日根据地妇女纺织运动的考察》，《抗日战争研究》1998 年第 2 期。

[17] 刘显利、曾长秋：《论抗日根据地的农业生产互助合作运动》，《延安大学学报》（社会科学版）2015 年第 2 期。

[18] 刘晓丽：《山西抗日根据地的妇女纺织运动》，《晋阳学刊》2005 年第 3 期。

[19] 马冀：《抗战时期陕甘宁根据地农业合作社的绩效分析》，《江西社会科学》2008 年第 2 期。

[20] 梅德平：《共和国成立前革命根据地互助合作组织变迁的历史考察》，《中国农史》2004 年第 2 期。

[21] 彭泽益：《清前期农副纺织手工业》，《中国经济史研究》1987 年第 4 期。

[22] 宋凤西：《老会》，《民俗研究》1989 年第 4 期。

[23] 宋文瑄：《山东抗日根据地的财经政策及基本经验》，《东岳论丛》2002 年第 4 期。

[24] 王俊斌：《抗日根据地时期的互助合作运动》，《山西档案》2016 年第 2 期。

[25] 王晓荣、李斌：《陕甘宁边区互助合作运动的社会治理功能论析》，《宁夏大学学报》（人文社会科学版）2011 年第 3 期。

[26] 王智东：《中共抗日根据地救灾研究——以山东分区为例》，《福建党史月刊》2009 年第 2 期。

[27] 魏本权：《革命与互助：沂蒙抗日根据地的生产动员与劳动互助》，《中

共党史研究》2013 年第 3 期。

[28] 伍柳氏:《论民主的价值》,《云南行政学院学报》2007 年第 4 期。

[29] 徐有礼:《试论抗日根据地的农业互助合作》,《郑州大学学报》(哲学社会科学版)1993 年第 6 期。

[30] 许青春、戴彦臻:《近现代山东灾荒的历史考察》,《理论学刊》1999 年第 4 期。

[31] 燕继荣:《“中国式民主”的理论构建》,《经济社会体制比较》2010 年第 3 期。

[32] 杨丹伟:《抗日战争与乡村社会治理模式的变迁——以华中抗日根据地为中心》,《青岛大学师范学院学报》2005 年第 3 期。

[33] 俞小和:《调整与变迁:淮北抗日根据地的互助合作运动》,《安徽史学》2013 年第 4 期。

[34] 苑书耸:《晋察冀抗日根据地的互助合作运动》,《山西农业大学学报》(社会科学版)2013 年第 9 期。

[35] 张国祥:《论山西妇女纺织运动》,《经济问题》1982 年第 9、10、11 期。

[36] 张玉玲、迟丕贤:《山东抗日根据地和解放区妇女的教育及启示》,《妇女研究论丛》2005 年第 4 期。

[37] 周婷婷:《以乡村民众的视角探寻历史发展的多面性——以土改前山东根据地农民互助状况为例》,《山东社会科学》2012 年第 3 期。

[38] 朱玉湘:《山东抗日根据地的经济建设》,《东岳论丛》1981 年第 6 期。

[39] 卞国凤:《近代以来中国乡村社会民间互助变迁研究》,博士学位论文,南开大学,2010 年。

[40] 陈晨:《苏北革命根据地合作社与乡民生活(1941—1949)》,硕士学位论文,苏州大学,2016 年。

[41] 李玉敏:《民主革命时期国共两党合作社经济政策比较研究》,博士

学位论文，东北师范大学，2007 年。

[42] 王俊斌：《改造农民：中国合作化运动研究——以山西省保德县为中心》，博士学位论文，首都师范大学，2009 年。

[43] 周婷婷：《20 世纪上半期山东乡村互助研究》，博士学位论文，山东大学，2012 年。